KB068710

예술의 한계로서 형법과
형법의 정당성으로서 예술

예술형법

이상돈 저

머 리 말

예술은 고단하고 힘든 삶에서 우러나오는 해방의 몸짓이다. 그 몸짓을 통해 우리는 현실의 삶을 그런대로 견뎌낼 수 있다. 그렇기에 예술은 죽음충동에 사로잡힌 사람들을 이 세상에 붙잡아 주는 아름다움이라고 말할 수 있다. 이것이 예술적 표현의 자유가 보장되어야 할 근원적인 이유이다. 하지만 예술적 표현이 도덕을 배후로 둔 법의 규범적 요청을 모두 무시할 정도로 극단적으로 자유로워진다면, 역설적이게도 예술적 표현과 그 예술성은 오히려 줄어들 수 있다. 사회의 금기가 해체될수록 해방적 관심이 약화되고, 예술적 표현의 동기도 줄어들기 때문이다. 그러므로 도덕을 배후에 둔 형법이 예술적 표현에 최소한의 한계를 설정하는 일은 도덕을 위한 것일 뿐만 아니라, 예술을 위한 것이기도 하다. 여기서 모든 형법적 규제를 해체하고 예술적 표현의 자유에 어떠한 제한도 둘 수 없다는 주장은 포스트모던 시대에 때늦은 자연법적 권리를 주장하는 것임을 알아야 한다. 또한 그처럼 처분불가능한 (unverfügbar) 권리로서 예술적 표현의 자유를 주장하는 것은 민주 사회로 발전하면서 1990년대 중반 이후 급격히 쇄진해진 민중예술운동과 정치적 연장선에 있는 것일 수도 있다.

그러나 어떤 지점에서 예술과 형법이 하나가 되는, 바꿔 말해 아름다움이 정의가 되고, 정의가 곧 아름다움이 되는 것인지는 쉽게 알 수가 없다. 형법학이 관리해 온 음란성이나 이적성의 의미론(semantics)은 그런 지점을 밝혀내는 데 실패했다. 법원이 즐겨 사용하는 논증언어들, 이를테면 '건전한 도의감정', 보통사람의 '성적 수치심', '예술성에 의한 음란성의 완화' 등은 단지 빈 공식일 뿐이다. 그 빈 곳을 채우는 것은 법관 개인의 주관적 가치판단과 예술에 대한 몰이해 그리고 정치적 편견들이다.

법학과 법실무가 간과한 점은 예술의 형법적 한계지점을 밝히는 작업이란 애당초 법적 의미론이나 법언어의 사용규칙을 통해 이루어질 수가 없다는 점이다. 이성법적 논증으로는 예술에 대한 형법적 규제가 예술을 위한 것이면서 동시에 형법의 적정성을 실현하게 되는 지점을 찾을 수가 없다. 그런 지점은 오로지 예술작품에 대한 '비평'을 통해서만 그때그때 판단될 수 있을 뿐이다. 이 책은 비평이 작품 밖에서 행하는 전문적 감상이 아니라 작품 안에서 그 예술성을 구성하는 요소이면서, 동시에 예술을 규제하는 형법의 규범을 올바르게 구성하는 행위임을 보여줄 것이다. 이를 통해 이 책은 법예술비평(legal criticism of art)이라는 새로운 영역을 개척하고자 한다.

이 책의 법예술비평은 대법원의 판례에 등장한 유명한 사건이면서, 우리사회에서 공론화가 되었던 작품들을 주로 대상으로 하고 있다. 그처럼 공론화되었던 사건의 작품에 대한 법예술비평을 하는 경우에 그 저작자는 이미 공인이고 그의 작품은 역사적 의미를 갖는 것이므로 실명을 그대로 사용하기로 했다. 이 책의 법예술비평은 비판적인 관점에서 전개되는 경우에도 그 작품의 예술성을 학문적으로 논증함과 동시에 그 예술성을 상호주관적으로 구성하는 것임을 독자들이 기억해 주었으면 하는 바람이 있다. 또한 작품의 사진 등은 가능한 최소화된 크기로 그리고 인터넷에서 누구나 접근가능한 사진을 '퍼옴'으로써 이 책의 학술적인 법예술비평에 도움을 주기 위한 목적으로만 이용하고 있다. 지적재산권을 존중하기 위해서이다. 대법원에서 음란물로 유죄판결을 받은 작품에 대해서는 대법원의 판단을 존중한다는 의미에서 필자가 임의로 필요최소한의 범위에서 모자이크 처리를 하고 있다. 그 작품의 예술성을 높게 자평한 저작자들에게는 매우 미안한 일이지만, 예술과 (형)법 사이에, 저작자와 법원 사이에(inbetween) 있는 법예술비평가로서는 그것이 가장 최선일 듯하다. 저작자의 깊은 이해와 아량을 다시 한번 구하고 싶다. 하지만 그 작품 사진들은 인터넷을 검색해보면 누구나 쉽게 원래의 모습을 확인할 수 있음도 부언해둔다.

또한 이 책의 논증 가운데 일정한 부분들은 내가 이미 펴낸 책 『미술비평과 법』(법문사, 2013)과 논문 "예술과 형법의 상호형성관계"(고려법학 제68호, 357~384쪽)를 다시 활용하고 있음을 밝혀둔다. 이 두 저작물이 기초가 되어 이 책의 예술형법론이 건축되었다고 할 수 있다. 특히 미술에 대한 형법적 통제에 관련한 설명부분은 앞의 책에서 다룬 내용과 광범위하게 일치한다. 그러나 이 책은 미술뿐만 아니라 소설, TV 드라마, 무용 등의 다양한 장르로 확장하고 있고, 앞서 언급한 논문에서 설계된 예술형법이론은 대법원에서 판결을 받은 작품들에 대한 구체적인 법예술비평으로 이어지고 있다. 이런 확장과 연장을 통해 예술형법론이라는 새로운 학문분과가 좀 더 확고하게 터잡을 수 있을 것으로 기대해본다. 두 저작물의 구체적인 활용부분은 가능한 한 이 책의 해당부분에서 다시 개별적으로 언급할 것이다.

그리고 이 책에서 펼치는 나의 법예술비평 작업은 2012년 2학기 고려대학교 대학원 세미나에서 병행적으로 수행된 것들임을 말해두고 싶다. 이 자리를 빌려 당시 나의 세미나에 참여해 준 모든 대학원생들에게 감사의 마음을 전한다. 그리고 이 책의 교정작업을 맡아 준 고려대학교 대학원생 탁가영, 박명화, 권지혜 양에게 특별히 고마운 마음을 전한다. 끝으로 이 책을 만든 박영사 사람들께 진심어린 감사의 마음을 전한다.

2014년 4월

이 상 돈

차   례

제1부   예술형법의 일반이론

제2부   예술의 음란성과 형법

제 4 부　　예술의 모방성과 형법

제 1 부

예술형법의
일반이론

[1]
예술형법의 개념

I. 예술을 규율하는 형법

예술이란 무엇인가? 어떤 예술이론도 이 물음에 간단명료한 답을 갖고 있지 않다. 이런 답을 얻지 못한 채 형법은 어떤 작품의 예술성 판단을 전제로, 그 작품의 음란성이나 이적성 또는 모방성을 문제 삼는다. 하지만 형법도 예술을 규제할 때조차 여전히 예술이 무엇인지를 정의내리지 않는다. 법원은 심지어 예술작품의 예술성을 제대로 판단하지 않은 채 음란성이나 이적성 또는 모방성을 이유로 작가를 처벌하고, 작품을 몰수하기도 한다. 사실 형사사법은 예술을 개념화하거나 작품의 예술성을 비평적으로 판단할 능력이 없다. 그렇지만, 형법은 예술을 현실적으로 통제하고 있고, 그런 형법을 넓은 의미에서 예술형법이라고 이름 지을 수 있다.

1. 전문형법으로서 예술형법

이런 넓은 의미의 예술형법에는 예술작품의 거래에서 발생하는 다양한 법적 문제들, 이를테면 위작에 대한 책임, 옥션이나 감정인의 전문가 책임, 문화재에 대한 일탈행위(예: 절도, 밀반출 등), 예술작품 거래를 통한 탈세 등의 문제들에 대한 형법적 통제가 포함된다. 이런 예술형법은 '예술과 형법'(art and criminal law)이라고 부르는 것이 적절하다. 왜냐하면 이런 예술형법은 예술작품의 예술성을 판단하지 않고, 단지 이를 '전제'한 채 예술작품에 관한 비즈니스를 규율하는 형법이기 때문이다. 물론 예술 비즈니스 영역의 특성을 반영한 규범적 요소를 갖는다는 점에서는 그런 예술형법도 전문형법의 성격을 띤다. 그러나 이 전문형법은 예술성이란 무엇이며, 어떻게 평가되어야 하는지, 예술작품에 대한 형법의 통제가 형법의 정당성에 어떤 결과를 가져다주며, 동시에 예술작품의 예술성에 어떤 영향을 미치는가 등의 문제를 다루지 않는다. 하지만 예술 개념은 모든 예술형법에서 전제되고 있으며, 예술형법에 의해 제도적으로 규정된다.

(1) 예술 개념의 외연

법은 예술 개념을 통일적으로 정의하지는 못하고 있다. 하지만 개별법, 특히 관세법은 관세법의 목적을 위해 예술을 기능적으로 개념화하고 있다.

1) 관세법의 예술 개념

관세법(별표 제97류)은 무관세율을 적용하는 예술품에 회화, 데생, 파스텔, 판화, 인쇄화, 석판화, 조각, 조상(彫像), 100년을 초과한

도자기류, 악기를 포함시킨다. 미국 연방대법원 판결의 발전을 보면 관세법상 면세대상이 되는 예술품은 〈순수예술→추상예술[1]→모든 예술〉의 세 단계로 확대되어 왔다. 그러나 EU 규정 731/2010은 비디오 아트(video art)와 같은 '설치미술'을 관세법상 예술품으로 다루지 않는다. 한편 우리나라 관세법 제30조 제1항 제3호 및 동법 시행령 제18조 제4호는 공예와 디자인을 같은 부류로 취급하여 디자인에 해당하는 응용미술작품을 예술로 인정하지 않는다. 이는 예술과 공예를 구분하는 일반적인 입장과 상반된다. 이에 비해 저작권법 제2조 제15호는 회화 등과 마찬가지로 응용미술작품도 저작권을 인정한다. 저작권의 창작성 요건이 예술성과 상통하는 요소가 있다는 점을 고려하면, 저작권법은 응용미술작품을 예술의 하나로 취급하는 것이라고 볼 수 있다. 이렇듯 법에서 예술 개념은 그 외연조차 확실하게 정해져 있지 않다.

2) 음악, 미술, 무용, 연극, 영화 그리고 소설

이 책에서 다루는 예술형법의 범위는 형법이 그 예술성을 판단하는 예술의 범위에 의해 좌우될 수 있다. 흔히 예술의 대표적인 장르로 음악, (회화, 조각과 조형, 설치 등의) 미술, 무용(춤), 연극 그리고 (종합예술로서) 영화 등이 있다. 그런데 문학은 예술일까 아니면 예술과는 별개의 분야일까? 문학인들은 문학을 학문으로 분류하거나 심지어 예술과 동일시하는 것에 대해 동의하기 어려울 것이다. 헌법은 예술의 자유(제22조 제1항)를 규정할 뿐 문학의 자유를 따로 규정하지 않는다. 따라서 법적으로는 문학을 학문과 예술 가운데 어디에든 귀속시킬 수밖에 없다. 문학작품은 논증의 방식이 학문

---

1 가령 새의 모습이 뚜렷하지 않지만 마치 나는 새의 추상적 이념을 표현한 Bird in Space라는 작품을 예술품으로 인정한 Brabcusi v. United States 1928 참조.

과 다르고, 영화의 원작이 되기도 한다는 점에서 영화예술과 같이 예술로 분류하는 것이 적절하다.

(2) 예술 개념의 내포

예술 개념의 내포는 더욱 더 불명확하다. 법에서 예술 개념의 내포는 거의 "결정불가능성(indécidabilité)의 시련"[2](the ordeal of unde-cidability)을 겪고 있으며, 그래서 예술을 규율하는 법은 마치 유령[3]과도 같다. 물론 예술 개념의 내포를 ① 직접적 쾌락, ② 기술 또는 기교, ③ 양식, ④ 새로움과 창조성, ⑤ 비평, ⑥ 재현, ⑦ 특별한 초점, ⑧ 표현적 개성, ⑨ 감정적 침투, ⑩ 지적 도전, ⑪ 문화적 전통, ⑫ 상상적 경험의 특성으로 파악하는 분석적[4] 관점이 얼마간 도움은 줄 수 있다. 그러나 이런 분석적 관점도 예술과 비예술을 명확하게 경계 지을 수는 없다.

여기서 어떤 인간의 작품이 예술성을 생성하여 법적으로 예술작품으로 인정될 가능성은 궁극적으로는 그 사회의 비평담론과 그 작품에 대한 예술비평에 의존한다고 볼 필요가 있다. 이때 예술비평을 법적 판단에서 정형적으로 수행할 수 있도록 하기 위해, 예술성은 편의상 양식적 특성을 생성시키는 예술성과 그 작품이 주는 메시지의 사상적 특성을 생성시키는 예술성으로 나누어 볼 수 있다.

---

2 John D. Caputo, *Deconstruction in a Nutshell: A Conversation with Jacques Derrida* (Fordham University Press, 1997), 138쪽.

3 Jacques Derrida (진태원 옮김), *마르크스의 유령들* (이제이북스, 2007) 참조.

4 이 요소들은 자신의 개념정의를 자연주의적 개념정의(naturalist definition)라고 보는 Denis dutton, "A Naturalist Definition of Art", *The Journal of Aesthetics and Art Criticism* (Vol. 64, No. 3, 2006), 367쪽 참조.

2. 예술적 형법으로서 예술형법

이 책이 주로 다루려는 예술형법은 예술과 형법이 아니라, 작품의 '예술성' 또는 미학적 가치(aesthetic value)를 직접 규율하는 형법을 가리킨다. 가령 (도덕적 관점에서) 음란물이나 (정치적 관점에서) 이적물과 예술작품을 구별하는 규범적 기준으로서 기능하는 형법, 작품의 예술성 속에 구성적으로 표현된 작가의 고유한 인격에 대한 침해여부를 판단하는 형법(예: 저작인격권침해죄) 등을 들 수 있다. 이런 형법은 예술과 비예술을 구분해 주는 규범적 기준으로 기능한다.

이런 형법은 예술 밖에 있는 것이 아니라 예술 안에 있게 된다. 형법이 곧 예술적 기준이 되는 것이다. 거꾸로 작품의 예술성에 대한 (예술비평적) 판단은 형법규범을 구성한다고 볼 수 있다. 즉, 예술이 형법 안에 들어가 있는 것이다. 예술성은 음란성이나 이적성을 근거짓는 요소에도 불구하고 어떤 작품을 법적으로 예술(작품)로 승인하고 하고, 그로 인하여 음란성이나 이적성을 통제하는 형법규범의 내포와 외연을 설정해주기 때문이다. 그렇기에 이런 예술형법은 예술영역의 전문형법 또는 예술 비즈니스 형법의 성격을 넘어서 예술과 형법이 융합된 제도로서 예술형법이 된다. 이런 예술형법은 영어로 artistic criminal law(예술적 형법)이라고 번역하는 것이 적절하다. 이 책이 다루는 예술형법이란 형법을 통해 예술이 생성되고, 예술에 의해 형법이 형성되는 관계에 있는 전문형법을 가리킨다.

Ⅱ. 예술형법과 표현형법

예술은 작가의 미학적 세계를 표현한다. 그렇기에 예술의 자유는 표현의 자유를 전제한다. 그러나 이와는 정반대로 모든 표현이 예술적 표현이 되는 것은 아니다. 이 점은 표현의 자유를 마치 처분불가능한(unverfügbar) 자연법적 권리인 것처럼 숭배하는 최근의 정치적 흐름 속에서 쉽게 간과되기도 한다.

1. 예술과 표현의 경계로서 예술성

우리사회에서 공론의 중심에 놓였던 표현의 자유라는 개념은 우리나라 헌법이 명문으로 규정하는 개념이 아니다. 이 개념은 미국 수정헌법 제1조의 "freedom of speech"를 번역한 개념이다. 하지만 예술작품이 아닌 표현(물)들이 존재한다. 그런 표현(물)의 자유는 우리나라에서는 예술의 자유(제22조 제1항)가 아니라 행복추구권(제10조)이나 양심의 자유(제19조), 언론·출판의 자유(제21조) 또는 열거되지 않은 권리(헌법 제37조 제1항) 등에서 도출될 수 있다. 하지만 학문과 예술의 자유, 언론과 출판, 집회와 결사의 자유, 더 나아가 양심의 자유 등은 모두 표현의 자유를 실현하는 대리인들이다.

(1) 표현물과 예술작품의 구분

물론 (예술이 아닌) 표현(물)과 예술(작품)의 경계는 모호하다. 그렇기 때문에 표현물에 대한 형법의 규제와 예술작품에 대한 형법의 규제는 뒤섞이기 쉽다. 여기서 중요한 점은 표현물과 예술작품은 형법적 규제 이전에 이미 구분되어 있는 것이 아니라 형법(체계)의 예술성에 대한 법적 판단에 의해서 '비로소' 서로 구분되는 것이다. 물론 이런 현상은 현대사회에서 빚어진 일이다. 무엇보다 예컨대 팝아트(pop art)나 설치미술(installation art)에서 보듯이 예술이 그 장르의 유형적 특징이나 양식적 특성에 의해서는 더 이상 일반 표현물과 차별화될 수 없게 되었기 때문이다. 가령 만화 같은 그림은 장르에 따른 일반적 구분으로는 회화가 아니지만, 예술성이 인정된다면 그것 역시 다른 회화와 마찬가지로 예술작품이 될 수 있다.

(2) 예술비평의 담론과 형법적 예술비평

따라서 예술형법은 일단(prima facie) 모든 표현물들을 규율의 대상으로 삼을 수밖에 없다. 물론 실천적으로는 넓은 의미의 예술형법에서 전제된 예술 개념에 해당하는 작품들을 주로 다룰 수 있다. 하지만 일반 표현물인지 예술작품인지는 형법이 그 표현이나 작품의 예술성을 검토한 뒤에 비로소 결정된다. 예술성이 전혀 없다고 판단되면, 그 작품은 예술의 개념에서 배제되고 (예술 외의) 표현물이 된다. 최소한의 예술성이 인정되어 예술의 범주에 들어오는 작품(예술작품)이더라도 그 예술성의 높낮이, 많고 적음에 따라 예술작품은 여전히 음란물(형법 제243조 내지 제245조)이나 이적물(국가보안법 제7조 제5항)로 취급될 수 있다. 이 또한 형법에 의한 예술성 심사에 따라 결정된다. 이러한 과정을 도표로 표현하면 다음과 같다.

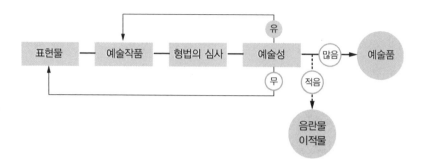

이렇게 보면 형법이 예술이나 표현의 자유 위에 있는 것처럼 여겨질 수 있다. 그러나 이는 형법적 통제의 논리적 구조를 설명한 것뿐이다. 형법이 예술성을 심사할 때 스스로 고유한 판단잣대를 갖고 있지 않다. 형법은 예술계의 비평담론으로부터 그 잣대를 가져오고, 예술비평의 담론은 예술인 그리고 그들과 미학적 소통을 전개하는 모든 시민들에 의해서 형성되고, 진행된다. 형법은 바로 그런 담론과 소통해야 한다. 그런 소통을 원활하게 해주는 헤르메스(hermes) 기능을 수행하는 지식, 즉 형법과 예술비평을 가로지르는 지식을 개발하고 관리하는 분과로서 (형)법적 예술비평이 성립할 수 있다. 이 책의 제2부~제4부는 그런 형법적 예술비평의 분과를 개척하는 시도이다.

2. 표현영역의 단계적 영역구분

위의 설명에서 형법실무자들은 어떤 표현이나 작품에 대해 형법의 적용을 검토할 때 언제나 표현물을 규제하는 형법, 즉 표현형법과 예술형법을 동시에 생각해야 한다. 물론 예술성이 인정되지 않은 표현물에 대해 일반 표현물로 취급할지 아니면 예술작품으로 취급할지는, 그 표현물이 예술의 장르에 속하는 것인지에 대한 시민사회의 일반적 이해에 따라 결정된다. 그런데 일반 표현물이라면 예술성이 없거나 약하지만 장르나 양식으로 볼 때 예술로 분류되는 '예술적이지 못한 예술작품'보다는 좀 더 강한 형법적 통제를 받게 된다. 표현의 자유는 예술의 자유보다는 그 보호정도가 약한 기본권으로 운영되어야 하기 때문이다.

(1) 일상, 정치, 학문, 예술의 영역 구분

예술이 아닌 표현물의 경우에도 그 표현이 어떤 사회영역에서 이루어졌는지가 매우 중요하다.

1) 영역의 단계적 구분의 원리

왜냐하면 표현의 자유는 일상영역보다는 정치영역, 정치영역보다는 예술영역에서 더 강하게 보장되어야 하기 때문이다. 그 이유를 살펴보자.

㈎ **일상영역**　　일상영역은 사람들이 문화적, 역사적으로 소통하며 합의해가는 (물론 변화가능한) 정당한 규범의 질서로 짜여지므로, 그 규범질서를 깨뜨리는 표현의 자유는 그 규범질서의 부당성을 문제제기하고, 장기적인 변화를 도모하는 소통의 과정을 위한 전제로서만 보장된다. 그러므로 예컨대 포르노 물건들을 주택가 골목에 공공연하게 전시하는 행위는 형사처벌되어 마땅하다.

㈏ **정치영역**　　이에 비해 정치적 의사형성의 과정으로서 행해지는 표현들은 한 단계 더 강하게 보호되어야 한다. 정치적 의사형성은 민주사회에서 공동체의사를 형성하며, 이는 일상생활에도 구조적인 변화를 가져오기 때문이다.

㈐ **예술영역**　　하지만 정치적 의사형성도 오랜 역사를 통해 전

승된 문화 속에 침전된 도덕관념의 기반 위에서 이루어지는 것이며, 그 도덕관념은 정치적 공동체의 존속을 위해 불가피한 것일지라도 인간들에게는 억압적인 것일 수 있다. 그런 억압으로부터 해방을 상징적으로 도모하여 인간정신을 돌보는 기능을 수행하는 것이 바로 예술이다. 그러므로 예술적 표현의 자유는 가장 강하게 보호되어야 한다.

㈐ 학문영역   학문적 표현은 정치적 표현과 예술적 표현 그 사이의 보호를 누릴 수 있어야 한다. 학문적 표현은 일상이나 정치의 도덕적 배후나 과학적 진실을 되묻는다는 점에서 일상적 표현이나 정치적 표현보다 더 많은 자유를 누려야 한다. 그러나 다른 한편 학문적 표현은 예술적 표현과는 달리 단지 상징적이거나 상징을 통해 현실을 형성하는 차원을 넘어서 직접적으로 일상과 정치의 현실을 변화시키는 실제적 행위라는 점에서 예술적 표현보다는 적은 자유를 누려야 하는 것이다.

2) 영역구분의 예시적 설명

㈎ 일상영역   개인이 자기나 타인의 성기를 클로즈업 하여 찍은 사진을 일반적으로 접근이 가능한 개인 블로그나 홈페이지 등에 올려놓았다면, 일상영역의 도덕적 질서를 깨뜨린다는 점에서 형법적으로 통제되어야 한다. 가령 미술교사가 자신의 홈페이지에 부부의 알몸사진을 게재한 행위는5 그것이 개념예술적 퍼포먼스(conceptual performance)로 평가될 수 없는 한, 일상영역에서의 표현행위가 된다. 그러므로 그런 표현행위가 특히 교사의 가르침을 받는 학생들의 생활세계에서 지켜져야 할 도의관념을 근본적으로 부

---

5 김인규 미술교사가 〈우리부부〉라는 이름으로 홈페이지에 게재하여 형사처벌된 사건에 대한 예술비평으로 아래 [5]단락 참조.

정하고, 학생들에게 도덕적 허무주의(nihilism)를 확산시키는 것일 수 있다. 그런 행위에 대한 형법의 개입은 허용된다.

⑷ **정치영역**　　그러나 정치적 자유는 이보다 더 넓게 보호된다. 가령 과거 베트남 전쟁 당시 미국 종군기자가 공습으로 화상을 입고 울며 도망가고 있는 베트남 소녀, 〈환 티 킴 훅크〉(Phan Thi Kim Phuc)의 나신을 찍은 사진(1972년)을 신문에 게재하는 것은 형법적으로 허용된다. 그것은 정치영역에서 전쟁이 가져오는 인권침해의 잔혹상을 알리고, 인권의 중요성에 대해 세계시민들과 소통하는 정치적 표현행위이기 때문이다.

⑷ **학문영역**　　학술적 논의 맥락에 들어온 음란물은 이보다 좀 더 넓은 보호를 받는다. 가령 최경태 화가의 〈여고생〉 작품처럼6 법원에 의해 음란물로 판정된 화가의 그림을 그것이 음란물인지 예술작품인지 학술적으로 논의하는 논문이나 저서에 게재하는 것은 형법적으로 문제 삼을 수 없다. 다만 인터넷상의 블로그에서 게시할 때에는 그 블로그가 학술적 논의의 고유한 매체로서만 기능하는 것이 아니기 때문에, 블로그가 마치 (학술)저서와 같이 기능할 정도로 그 구성이 짜여 있고, 그 논의의 맥락도 충분히 학술적 의미가 드러나는 이론적 논의나 학술사적 논의에 의해 형성되어 있어야 한다.

⑷ **예술영역**　　마지막으로 예술의 영역에서 표현의 자유는 가장 강하게 보장된다. 가령 구스타프 쿠르베(Courbet Gustave)(1819~1877)가 그린 〈세상의 근원〉(L'Origine du monde)은 여성의 음부를 정밀하고 사실적으로 그려놓고 있다. 사실주의 회화의 시작으로 인정되는 이 그림을 개인이 블로그에 올려놓아 보통의 시민들과 감상을

6　이에 대해 자세히는 아래 [4]단락 참조.

주고받는 행위는 예술을 향유하는 것이다. 그러므로 형법은 이를 허용해야 한다.

3. 예술영역과 다른 영역의 구분의 상대성

얼핏 예술활동으로 보이지만 실제로는 다른 영역에 속하는 행위인 경우도 있다. 예술은 실제의 세계에서 일어나는 규제로부터 받은 인간의 자기억압적 스트레스를 해소하는 기능을 한다. 그런데 이 기능이 상징의 세계가 아니라 실제의 세계에서 수행되면, 그 활동은 예술영역에서 벗어난 것이 된다. 그런 경우란 보드리야르 (J. Baudrillard)의 시뮬라시옹(simulation)[7] 이론이 말하는 바와 같이 예술작품의 상징적 이미지에서 갖는 체험적 의미가 현실적 의미로서 실제세계에서 발현될 때를 말한다.

(1) 보드리야르의 하이퍼리얼과 예술

보드리야르는 〈유혹에 대하여〉(De La séduction)에서 미디어가 계발한 성욕이 가짜현실을 만드는지를 밝혀낸다. 그는 미디어의 모델들이 계발해주는 성욕을 시뮬라크르(simulacre 흉내)라고 부른다. 예컨대 포르노를 볼 때 우리가 느끼는 현실감은 바로 이 시뮬라크르라는 인공물이라 할 수 있다. 이 시뮬라크르는 사실 원본이 없는 이미지인데도, 그 이미지는 마치 현실인 것처럼 느껴진다. 이 이미지가 ─특히 미디어에 의해─ 시뮬라시옹에 의해 과잉으로 생산될수록 그 현실은 단지 하이퍼리얼(hyper-real)이 될 뿐이다. 그렇

---

7 J. Baudrillard (하태환 역), *시뮬라시옹: 포스트모던 사회문화론(Simulacre et simulation)* (민음사, 1992), 12~13쪽 참조.

기에 포르노를 보는 사람들은 그 이미지를 현실에서 재연하고 싶어하며, 때때로 재연을 시도한다. 그러나 그런 시도를 통해 사람들은 해방된 성을 경험하는 것이 아니다. 오히려 포르노에 의한 시각적 감응이 진행될수록 사람들은 자신이 억압되는 경험을 하게 된다.[8] 그러나 이런 시뮬라크르는 포르노뿐만 아니라 음란한 표현의 회화에서도 마찬가지일 수 있다. 따라서 음란함이 없는 누드회화와 사실주의를 가장한 누드회화의 법적 차이는 그런 하이퍼리얼을 생산해 내는가에 달려 있다고 볼 수 있다.

(2) 예술영역에서 일상영역으로

〈나체의 마야〉는 스페인의 낭만주의 화가이자 인상파의 시원을 이루는 고야(Francisco Goya)가 어느 귀족부인을 그린 명화이다. 이 그림을 성냥갑에 새겨 넣어 판매한 행위는 음화제조와 판매죄(형법 제243조 제244조)로 처벌될 수 있다. 이런 행위는 예술품을 단순하게 상업적으로 사용(예: 옥션의 수익지향적 작품거래)하는 정도를 넘어서 그 작품 속의 〈나체〉를 예술의 생성과 감상이 이루어지는 맥락에서 빼내어, 마치 포르노를 대신하는

▲ Francisco Goya, The Nude Maja (La maja desnuda), 1800년경 [9]

기능을 수행하는 상업적 사용의 맥락에 집어넣기 때문이다.

1) 이용과 언급의 차이

여기서 상업적 사용이란 예술철학자 아서 단토(Arthur C. Danto)가 말하는 미술비평의 이론적 개념인 언급(mention)에 해당한다. 그는

---

8 J. Baudrillard (배영달 역), *De La séduction (유혹에 대하여)* (백의출판사, 2002) 참조.
9 그림사진은 구글(https://www.google.co.kr) 이미지 검색에서 나온 사진을 퍼옴.

그림의 이용(use)과 언급(mention)을 구별한다.[10] 즉, 기존의 가치 있는 그림을 사용하는 방식이 그 그림이 원래 보여주는 것을 표현하는 경우에 그 그림은 '이용'되는 것이라고 본다. 이에 비해 (그림 자체의 감상이 아니라, 다른 목적을 위해) 원래 그림처럼 보이도록 표현한다면 그 그림은 단지 '언급'되고 있을 뿐이라고 한다. 예를 들어 위조화는 원래의 그림을 언급할 뿐, 이용하는 것이 아니다. 이 언급의 개념은 예술품을 그것이 본래적 기능을 수행하는 영역으로부터 다른 사회영역으로 이동시키는 행위라고 볼 수 있다.

2) 언급으로서 음화제조판매

이 사건에서 대법원은 다음과 같은 이유로 음화제조판매죄의 유죄를 인정하였다.

> "비록 명화집에 실려 있는 그림이라 할지라도 이것을 예술 문학 등 공공의 이익을 위해서가 아닌 성냥갑 속에 넣어 판매할 목적으로 그 카드사진을 복사, 제조하거나 시중에 판매하였다면 명화를 모독하여 음화화시켰다 할 것이고 그림의 음란성 유무는 객관적으로 판단해야 할 것이다."[11]

(개) 공익성과 예술적 이용의 차이　여기서 〈나체의 마야〉를 성냥갑에 인쇄하여 판매한 행위의 문제점은 공익을 위한 것이 아니었다는 점에 있지 않다. 옥션의 명화 거래도 수익성, 때로는 심지어 사기적 성격의 거래를 하기도 한다. 그럼에도 옥션이 〈나체의 마야〉를 판매하는 행위는 음화제조판매죄에 해당하지 않는다. 옥션의 거래는 그 그림을 '언급'하는 행위가 아니라 '이용'하거나 그 이용

10　이러한 구별에 관한 이론으로 Arthur C. Danto, *After the End of Art* (Princeton University Press, 1997), 205쪽 아래 참조.
11　대법원 1970. 10. 30. 선고, 70도1879 판결.

을 돕는 행위이기 때문에 〈나체의 마야〉를 예술영역에 머무르게 한다. 〈나체의 마야〉를 인쇄한 성냥갑은 원래의 명화 〈나체의 마야〉가 보여주는 것을 표현하고 있는 것이 아니라, 그 명화처럼 보이도록 표현하고 있을 뿐이며, 사실은 포르노와 유사한 기능을 수행하도록 사용되고 있을 뿐이다.

(ㄴ) **비평의 오류**   유죄판결을 두고 당시 언론은 우리 현실의 '비예술성'과 편견에 대해 경종을 울리기도 했다.[12] 그러나 이용과 언급의 구분에 의하면 그 성냥갑은 〈나체의 마야〉를 예술로서 이용하는 것이 아니라 언급하는 상업적 사용행위이다. 이를 처벌하는 현실을 비예술성으로 바라보는 것은 오히려 비예술적이다.

그런 비평과는 정반대로 명화 속의 "그 아름다운 모습이 백주(白晝)의 명동에 나타난다면 이것은 이맛살이 찌푸려질 일이 아닐 수 없다"고 하면서 성냥갑 제조판매행위를 "명화에 대한 모독"이라고 보는 미술비평가 손동진의 비평[13]이 더 적절한 비평이다. 그러나 그는 에로티시즘의 명화는 나체 그 자체를 그대로 그리는 것이 아니라 분식(粉飾)해서 표현해야 한다고 주장했는데, 이는 부적절한 비평이다. 성냥갑 속의 나체의 마야와 그 원본 그림은 색감의 표현 등에서 엄청난 질적 차이가 있고, 그 차이는 오히려 분식이라고 말할 수 있을 정도이기 때문이다. 그가 말하는 분식성이란 나체를 사실주의적으로 그리지 말고, 표현주의적으로 그리라는 요구인 듯하다. 그러나 사실적이든 표현적이든 그것은 작가의 예술적 취향과 정신에 따라 선택할 문제일 뿐이다.

---

12 경향신문 (1970. 10. 31.) 기사 〈나체의 마야〉의 내용임.
13 손동진, "나체화와 에로티시즘", *동아일보* (1970. 11. 6.), 논단 참조.

Ⅲ. 예술의 형법적 한계와 그 판단의 해석학적 구조

1. 예술의 대항적 요소로서 음란성, 이적성, 모방성

예술가가 만든 작품일지라도 그것이 생성하는 예술성이 매우 약해진다면 예술적 표현의 자유를 누리기 어렵다. 형법이 예술성의 높낮이를 판단할 때 견주는 예술성의 대항적 요소로는 크게 음란성, 이적성, 모방성이 있다.

(1) 음란성과 예술성

예술형법이 음란물로 취급할 가능성이 있는 예술작품은 에로티카의 예술작품이다. 그러나 예술작품이 외설적이라고 하여 모두 형법적 제재를 받는 것은 아니다. 예컨대 예술작품과 포르노 사이의 양식적 차별성이 사라짐이 심할 경우에, 그 예술작품은 더 이상 예술이 아니라 음란물로 분류되어 몰수될 범죄적 물건이 되고만다. 가령 소설도 음란한 성의 묘사가 많으면 음란물로 취급되기가 쉽다. 그러나 이 예술적 표현의 형법적 한계는 음란성을 완화시키는 예술적 승화가 있는 한 아직 시작되지 않는다고 보아야 한다.
예컨대 마광수 교수의『즐거운 사라』나 장정일의『내게 거짓말을 해봐』가 음화제조반포죄에 해당하는지를 판단하려면, 성적 표현이 양적으로 많음에도 불구하고, 그 표현들이 예술적으로 승화되고 있는 것인지를 자세히 들여다보아야 한다. 이 작업은 법적인 예술비평[14]을 필요로 한다. 그리고 이 비평은 소설의 문체나 내레

---

14 『즐거운 사라』에 대한 법적 예술비평은 뒤의 [6]단락 Ⅰ.,『내게 거짓말을 해봐』

이선의 방식과 같은 '양식'의 차원에서 뿐만 아니라, 주제로 표현되는 '사상'의 차원에서, 그리고 두 차원에 모두 관계되는 소설의 '구성'적 차원에서도 이루어져야 한다.

(2) 이적성과 예술성

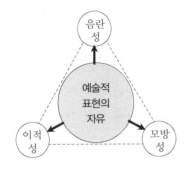

예술적 표현행위도 민주적 법치국가의 헌정질서를 존중해야 한다. 그 기본질서를 파괴하는 정치적 실천으로서 예술행위를 한다면, 바로 그 예술행위를 할 자유를 부정하는 자기모순에 빠질 뿐만 아니라, 다른 사람들이 누려야 할 예술의 자유의 공동체적 기초를 위태롭게 할 수 있기 때문이다. 따라서 예술적 표현행위가 형법상 내란이나 외환의 일환으로 이루어지거나 국가보안법상 이적행위로서 이루어지게 되면, 더 이상 예술의 자유로 보호받을 수 없다.

예술의 이적성이 문제되기 쉬운 예술작품은 대체로 참여예술의 영역에 속한다. 참여예술은 정치적 사상을 미학적 체험의 의미로 구성하기도 한다. 그렇게 미학적 체험의 의미로 변환된 정치적 사상의 정도가 심해지면, 참여예술의 작품은 정치적 포스터나 선전·물과의 경계를 허물게 되고 정치현실에서 실제적인 영향요소로서 기능하게 된다. 민중미술가로 활동했던 신학철 화가의 〈모내기〉가 이적표현물로 유죄판결[15]을 받은 것도 이러한 맥락에서 이해할 수

는 뒤의 [6]단락 Ⅱ. 참조.
15 대법원 1998. 3. 13. 선고, 95도117 판결.

있다. 그러므로 참여예술이 정치적 표현의 자유보다 더 강한 표현의 자유를 누릴 수 있으려면, 정치적 포스터나 선전물과의 '양식적' 차별성을 그만큼 더 많이 보여주어야 한다. 또한 작품이 표현하는 사상은 이적성으로 명확하게 해석되지 않을 정도로 다의적인 해석의 가능성을 충분히 남겨두는 것이어야 한다.16

(3) 모방성과 예술성

작품의 예술성은 다른 작품을 모방함으로써 감소된다. 모든 예술작품은 상호텍스트성이 말해주듯, 이전 작품에 대한 얼마간의 모방에서 비롯된다. 예술 자체가 애당초 자연에 대한 모방(mimesis)에서 비롯되었고, 모방을 조금씩 다르게 모방하는 것이 곧 예술의 역사라고 이해할 수도 있다. 그러나 법적으로는 하나의 작품이 다른 작품을 모방하더라도 비록 완전한 새로움(novum)을 갖출 필요는 없지만, 나름의 고유성(originality)을 갖지 못한다면, 그 작품은 다른 작품의 저작권을 침해하는 것이 된다. 그럴 때 그 작품은 더 이상 예술이 아니라 예술을 침범하는 범죄적 수단, 즉 형법상 몰수되어야 할 물건이 되고 만다.

2. 성찰적 과정으로서 법적 예술비평

이처럼 예술작품의 음란성, 이적성, 모방성은 예술과 형법을 가장 자주 만나게 만드는 요소이다.

---

16 신학철 화가의 〈모내기〉에 대한 법적 예술비평은 뒤의 [7]단락 참조.

(1) 형법과 예술의 상호적 성찰과정으로서 법적 예술비평

하지만 이 만남은 형법이 예술작품을 일방적으로 통제하는 관계
가 아니라, 형법과 예술이 함께 각자 자신을 반성하는 과정이 되
기도 한다. 이를테면 형법은 예술작품의 음란성, 이적성, 모방성을
이유로 작가를 처벌하고, 작품을 몰수하는 등의 제재를 가함으로
써 도덕적 질서를 유지하지만, 그런 통제가 과잉이거나 부적절할
때에는 오히려 형법이 정당성에 대한 의문에 직면하게 되기 때문
이다. 마찬가지로 예술작품은 법적 제재를 무릅쓰고 작가정신을
표현함으로써 미학적 쾌락을 생성시키는 것이지만, 그런 예술적
표현이 포르노나 정치선전 포스터 또는 다른 작품과의 차별성을
가지지 못할 때에는 오히려 그 작품은 예술성에 대한 의문에 직면
하게 된다. 그렇기에 형법뿐만 아니라 예술작품도 그 둘이 만나는
상황에서는 언제나 각자 자신의 역할과 기능이 적절한지를 되돌아
보는 성찰을 수행해야 한다. 이 성찰은 형법과 예술작품 모두에게
동시적으로 요구되며, 작품비평을 통해 동시적으로 수행된다. 이
때 작품비평이란 법적 관심 및 법적용에 중요한 요소들(예: 형법의
비례성, 명확성)의 관점에서 예술작품의 예술성을 비평하는 작업, 즉
법(학)적 예술비평(legal criticism of art)을 말한다.

(2) 선이해의 반성과 역사성

이 법적 예술비평은 해석학적 구조를 갖는다. ① 예를 들어 법원
은 그 음란성이나 이적성이 문제가 된 예술작품에 대한 재판에서
작품비평을 하기 전에 이미 −때로는 본격적인 작품비평을 아예
하지도 않은 채− 선이해(Vorverständnis)에 의해 '그 작품은 음란물

이라거나 이적표현물이다'라는 형법적 판단을 내리기 쉽다. ② 그러므로 예술작품을 통제하는 형법은 예술을 모르는 반문화적 권력이 되기 쉽다. 물론 법관의 어떤 선이해도 작품을 이해하는데 완전히 무용하거나 유해한 것은 아니다. ③ 법관의 선이해는 작품이해에 있어 언제나 기능하는 것이지만, 성찰적으로 기능할 수 있도록 해야 한다. 이를 위해 법관은 재판하고 있는 예술작품에 대한 예술비평에 귀를 기울여야 한다. 법관이 예술비평에 귀 기울일수록, 그의 선이해는 작품의 예술적 의미를 제대로 이해하게 만드는 방향으로 수정된다. 여기서 예술비평은 법관이 예술작품을 형법적으로 올바르게 통제하도록 그의 선이해를 바르게 형성할 수 있게 해준다고 할 수 있다. 또한 예술비평은 다양한 비평적 관점과 비평이론의 변화에 따라 무한히 다를 수 있기 때문에 역사성을 갖는다고 할 수 있다. 이처럼 예술비평의 역사성은 예술작품을 재판해야 하는 법관(개인 또는 집단)의 선이해도 역사적으로 변화하게 만들며, 그에 따라 예술작품에 대한 형법적 통제도 역사적으로 변화하게 만든다.

(3) 예술비평의 법학적 선이해

④ 하지만 형법적 판단의 선이해를 이끌어 가는 예술비평의 기능을 두고, 예술작품에 대한 형법적 통제가 예술비평계와 비평가의 손에 일방적으로 달려있다고 말해서는 안 된다. 예술비평에 사용되는 이론과 지식은 오늘날 무수히 많고, 다양하기 때문에 그 이론과 지식은 법적 관점에서 법률가에 의해서 선별되고 이용되기 때문이다.

❖ 비평작품의 예시적 설명 ❖

지금까지의 설명을 소설 『분지』의 반공법 적용 사건을 예로 설명해보기로 한다(아래 ①~④는 위의 설명 단락 표시와 관련된 예시적 설명임). ① 소설 『분지』가 이적표현물이라고 본 판례[17]는 그 이적성에 대한 선판단(Vorurteil)으로 인해 그 소설이 갖고 있는 정신분석학적 차원의 의미는 전혀 읽지도 못했고, 그로 인해 그 작품에 대한 비평은 제대로 이루어지지도 못했다. 그런 비평의 상실은 주로 의미를 생성시키는 맥락을 제거한 채 소설의 문구(예: 반미적 표현들)나 그림의 대상(예: 성기묘사)에만 집착하기 때문에 일어나곤 한다. ② 물론 소설 『분지』에서 반미적 표현들이 소설 속 주인공의 체제이념적 좌표를 파악하는데 무의미한 것이 아니다. ③ 소설 『분지』에 대한 재판 당시 우리나라 비평계에서는 정신분석학적 비평을 거의 알지 못했기 때문에 『분지』를 읽는 데 매우 중요한 부분, 이를테면 주인공 만수의 어머니가 미군에게 겁탈당한 자신의 음부를 보라고 만수의 얼굴에 들이댄 부분은 아예 그 의미가 읽힐 수가 없었다. ④ 가령 소설 『분지』에서 주인공 만수가 미군의 부인을 강간하고 향미산(向美山)에서 미군에게 포위되어 폭격으로 죽음 일보 직전에 처하게 된 상황에서 자신에게 음부를 들이댔던 어머니에 대한 기억을 재생하면서 고백하는 전체 과정은 오이디푸스 콤플렉스에 관한 프로이트(Freud)의 이론을 비평지식으로 사용할 것인가, 또한 사용한다면 어떤 방식으로 프로이트의 이론을 이해하고, 작품 분석에 적용할 것인가에 따라 그 의미가 다르게 밝혀질 수 있다.

비평이론과 지식의 선별 및 적용은 법률가가 주도한다. 물론 그런 선별과 비평은 법원에서 감정의견을 제출하는 비평가들의 예술비평에서도 이루어지는 것이지만, 어떤 비평가를 감정인으로 사용할 것인지는 여전히 법관에게 달려있기 때문이다. 또한 법관은 비평가들의 서로 다른 감정의견들 가운데 어느 하나를 선택함으로써

---

17 서울형사지방법원 1967. 6. 28. 선고, 66고14198 판결.

작품에 대한 예술비평의 향방을 스스로 조정할 수 있다. 바로 이런 법관의 선별과 선택은 다시금 작품에 대한 그의 선이해에 의해 제약받을 수밖에 없다. 그러므로 여기서 법관의 선이해가 예술비평을 제약하고, 예술비평이 다시 법관의 선이해를 제약하는 '해석학적 순환'(hermeneutischer Zirkel)[18]이 발생함을 알 수 있다. 예술작품에 대한 형법적 통제는 법관이 이 해석학적 순환에 어떻게 들어가고, 어떻게 빠져 나오느냐에 달려 있게 된다.

Ⅳ. 예술작품에서 중심과 주변의 구분

예술작품에 대한 대법원의 형법적 판단을 보면, 종종 예술작품에서 중심과 주변(부수적인 것)을 구별하는 경향을 보여준다. 가령 소설의 서문(또는 작가의 말)이나 해제는 본문과 구별하여 작품 외적 요소라고 보는 것이다.

❖ 비평작품의 예시적 설명 ❖

가령 소설 『무궁화 꽃이 피었습니다』가 실존했던 이휘소 박사의 명예를 훼손했는가를 판단할 때 법원은 서문(작가의 말)에서는 실명을 거론하되 사실만으로 말해야 하고, 소설부분에서는 가명(이용후)으로 이휘소 박사를 모델링하여 허구적인 내용을 묘사해도 명예훼손이 되지 않는다는 이분법을 취했다. 그러나 이러한 소설과 서문의 이분법이 형법적 판단에서 타당한 것일까? 이 이분법을 해체했다고 가정하자. 그리고 모델소설이 서문이든 본문이든 실존인물을 추정케 하는 언급을 하고 있다고 하자. 그러면 그 소설이 묘사하는 허구적 내용은 적어도 역사적 진실일 가능성이 있을 때에만 명예훼손을 하지 않는다고 보아야 한다.

---

18 이에 관해서 자세히는 이상돈, 법이론 (박영사, 1996), 제2절 참조.

1. 에르곤과 파레르곤의 이분법 해체

대법원의 이와 같은 이분법은 데리다(Derrida)가 말하는 에르곤(ergon)과 파레르곤(parergon)의 이분법에 견줄 수 있다. 데리다에 의하면 이성철학의 전통에서, 특히 칸트의 미학 개념에서 에르곤은 완성된 작품으로, 파레르곤은 작품 옆에서 작품에 덧붙여진 채, 에르곤에 대립되는 것으로 이해된다.[19]

(1) 데리다의 루크레티아 해석

데리다는 이 점을 루카스의 루크레티아 그림을 예로 설명한다.

❖ **루크레티아의 자살과 루카스의 그림** ❖

루크레티아(Lucretia)는 BC 6세기경 로마인 콜라티누스의 아내로서 정절로 유명한 여자이다. 콜라티누스가 술취한 채 누구의 아내가 더 정절이 깊은지를 시험하자는 내기를 했고, 고대로마의 마지막 왕인 타르키니우스의 아들인 섹투스 타르키니우스(Sextus Tarquinius)는 루크레티아의 침실로 들어가 사랑을 애걸하고, 듣지 않으면 자신의 종을 죽여 나체로 그녀 옆에 둠으로써 종과 간통하다가 죽음을 당한 것으로 하겠다는 협박도 했다. 결국 루크레티아는 무너졌고, 이후 남편과 시아버지에게 말했다. 그들은 명예를 위해 복수를 결의했지만, 루크레티아는 그들이 보는 앞에서 칼을 빼들고, 자신의 가슴을 찔러 자결하였다.

▲ Lucas Cranach, Lucretia, 1533[20]

이 일을 계기로 일어난 분쟁으로 로마의 왕정이 무너지고, BC 509년 공화정이

---

19 이하의 1. 2. 3.의 단락은 이상돈, *미술비평과 법* (법문사, 2013), 67~77쪽을 옮겨오거나 요약 재구성한 글임.

20 그림사진은 구글(https://www.google.co.kr)의 이미지 검색에서 나온 사진을 퍼옴.

데리다의 이 그림비평은 루크레티아의 하반신 쪽을 덮고 있는 투명한 천을 파레르곤이라고 보는 이성주의적 사고에 대해 의문을 제기하는 것이다. 즉, 이성주의적 사고에서 보면 루크레티아 그림에서 파레르곤인 얇은 천은 나체를 장식하는 동시에 나체(특히 음부)를 감추면서 루크레티아의 표현된 육체와 경계를 이룰 뿐 그 육체 자체의 아름다움 밖에 있는 주변적인 것이 된다.[21] 하지만 데리다가 보기에 이렇게 표현된 본질의 안과 밖, 중심과 주변, 본질과 잉여의 경계를 결정하는 것은 불가능하다. 이 그림에서 단검(短劍)이나 목걸이도 파레르곤일 수도 아닐 수도 있기 때문이다. 그러나 데리다가 보기에 이처럼 부수적이고 외재적인 잉여를 떼어내보면 에르곤, 즉 작품의 중심은 결핍(lack)을 보이기 시작한다.[22]

그런 결핍이 없다면 파레르곤은 처음부터 필요하지도 않았을 것이기 때문이다. 그러므로 양자는 서로 모순될지라도 구조적으로 분리가 되지 않으며, 해체는 그처럼 분리되지 않는 것의 해체가 되어야 한다.[23] 데리다는 파레르곤은 이론적인 허구(theoretical fiction)이며, 이 허구의 내용과 대상은 형이상학 또는 존재신학(ontotheology)일 뿐이다.

---

21 Jacques Derrida, "Parergon", *The Truth in Painting* (trans. Geoff Bennington and Ian Meleod, (The University of Chicago Press, 1987), 54~55쪽.

22 J. Derrida, 위의 책, 59쪽.

23 J. Derrida, 위의 책, 59~60쪽.

(2) 동양화의 농담과 여백

이성과 비이성의 경계와 대립이라는 이분법을 해체하기 위해 데리다가 비평한 미술작품은 에르곤과 파레르곤의 해체를 역설하기에는 궁색하다. 그보다 우리나라의 전통적인 동양화를 보자. 농담(濃淡)과 여백(餘白)이라는 동양화의 전통적 양식이 파레르곤의 해체를 이해하기에 더 적합하다. 동양화에서 칠해진 부분과 그렇지 않은 여백은 에르곤과 파레르곤으로 이분될 수 없다. 여백없이 칠해진 부분은 그 미학적 가치를 생성시킬 수조차 없다. 그렇기에 여백이라는 파레르곤은 주변적인 것, 본래적 아름다움의 밖에 있는 잉여의 것이 아니라 본래적 아름다움을 안에서 구성하는 요소가 된다. 따라서 동양화에서 에르곤과 파레르곤은 완전하게 해체된다. 아니 해체될 경계를 가지고 있지 않다.

2. 에르곤과 파레르곤의 구성

여기서 에르곤과 파레르곤이 구조적으로 분리되기 어렵다는 데리다의 분석은 그 둘이 '개념적'으로도 구분되어서는 안 된다는 것으로 이해해서는 안 된다.[24]

(1) 에르곤과 파레르곤의 미학적 평등과 기능적 차등

루크레티아의 몸과 얇은 베일의 천이나 단도는 개념적으로, 존재적으로(ontisch) 구분된다. 동양화에서 묵으로 그린 부분과 여백

---

24 이하의 설명은 주로 이상돈, *미술비평과 법* (법문사, 2013), [2]단락의 Ⅲ.2.에서 가져온 것임.

은 —농담의 기법으로 무수히 많은 단계적 차이가 구분될 수 있을 지라도— 물리적으로 구분된다. 그러므로 에르곤과 파레르곤의 경계 해체는 작품의 예술성을 구성하는 요소로서 에르곤과 파레르곤을 차별화해서는 안 된다는 것을 의미할 뿐이다. 즉 에르곤과 파레르곤은 미학적으로 평등한 것일 뿐, 존재적으로 똑같은 것은 아니다. 이렇게 에르곤과 파레르곤을 존재적으로 구분할 때, 아름다움의 미래적 차원을 바라볼 수 있게 된다. 에르곤과 파레르곤이 작품의 예술성을 '미학적으로 평등하게' 구성한다고 해서 그 둘이 현재 작품의 아름다움을 형성하는 '기능적' 차이도 없음을 뜻하지는 않는다. 가령 <루크레티아의 자살> 회화에서 그림으로 형성화된 그녀의 몸이 발산하는 아름다움과 그녀의 음부를 살포시 가리는 베일과 같은 천이 그녀의 몸을 더욱 아름답게 만드는 '기능'은 구별되어야 한다. 이것은 마치 영화의 주연과 조연의 차이와도 같다. 조연 없이 영화가 살기 어렵지만, 주연과 조연의 역할과 기능의 차이는 여전히 있다는 것이다.

(2) 전미래 시제

에르곤과 파레르곤이 현재 작품의 예술성을 형성하는 기능에서 차이가 있다고 할 때, 그 차이는 현재 시점의 상태로 고정된 것이 아니라 미래에 변화될 가능성 속에서 인정되는 것이다. 즉, 현재 작품의 예술성을 가령 조연의 역할과 기능으로 구성해주는 파레르곤은 언젠가 주연처럼 예술성을 구성하는 에르곤이 될 미래의 가능성이 있다. 그런데 이 미래적 변화의 가능성은 현재의 예술성 판단을 구성하는 것임에 주목할 필요가 있다.

가령 루크레티아의 음부를 가리는 베일 천이 더 두꺼워지고 불

투명해질 때, 그녀의 몸이 더 아름다워질 가능성과 덜 아름다워질 가능성이 전제된 가운데, 현재의 가림이 미학적 요소로 기능하는 것이다. 어느 경우이든 현재 그림 속의 베일 천에 의한 가림이 기능적으로 구성하는 아름다움이 어떤 것인지는 그 천이 다르게 변화하는 미래에 가서야 비로소 판명되는 것이다. 여기서 현재의 예술성을 미학적으로 평등하게 구성하는 에르곤과 파레르곤의 기능적 차등은 오로지 그것들이 변화하는 경험을 지나서 미래에 과거를 회고할 때 비로소 가장 예술적'이었던 것이 될 것이다.'

3. 정의로서 에르곤과 파레르곤으로서 실정법

지금까지 설명한 에르곤과 파레르곤의 이분법과 해체적 구성을 법과 정의에 적용해보자.

(1) 자연법적 사고와 이분법

법이 추구하는 정의는 에르곤이고, 정의가 없는 법은 정의 밖에 있으면서 정의에 괜스레 덧붙여 있는 잉여의 것으로서 파레르곤이 된다.[25] 정의롭지 않은 실정법은 자연법적 사고에서는 제거되어야 하고, 제거되어도 무방한 파레르곤이 되는 것이다. 가령 헌법이 가족제도의 기초로 삼는 양성(헌법 제36조 제1항)간의 애정이 에르곤이면, 동성애는 파레르곤이 된다. 따라서 이성주의적 사고에서 동성애는 제거되어도 되는 것이었다.

---

25 이러한 설명으로 John D. Caputo, "Dreaming of the Innumerable: Derrida, Drucilla Cornell, and the Dance of Gender", *Derrida and Feminism* (Routledge, 1997), 141~160쪽 참조.

(2) 법의 전미래 시제

이런 양성의 평등을 기초로 한 가족제도는 제헌 헌법(1948. 7. 17.)에서는 규정되지 않았다. 이는 양성애를 선택하지 않은 것이 아니라 단지 가족 내의 평등 문제를 등한시한 결과이다. 양성의 평등을 기초로 한 가족제도는 1980. 10. 27. 전부 개정된 헌법 제34조 제1항에 처음 등장한다. 가령 제헌 헌법부터 최근 동성애자의 혼인권을 논의하게 되기 전까지 헌'법'(의 양성 기초 가족제도에 관한 규율)은 각각의 제정과 시행 시점에서 바라볼 때 동성애 혼인권의 법제화가 정의로운 법이라고 인정되기 이전의 미래시점까지 정의로웠던 것이 된다. 다시 말해 제헌 헌법부터 지금까지 가족제도의 양성기초에 대한 규율은 에르곤이고, 동성애는 파레르곤 이었지만, 이 이분법은 현재 유지되기가 어려워진 것이다.

(3) 에르곤과 파레르곤을 해체하는 법

하지만 동성애는 오랜 세월 범죄로 취급되었던 역사를 뒤로하고, 비로소 인권의 하나로 관용되기 시작했고, 최근에는 동성애자의 혼인권이 실정법상 권리로까지 승인되는 국가도 등장하기 시작했다. 이런 변화는 에르곤과 파레르곤의 이분법을 해체하는 것이 된다. 그러나 이 해체의 실천적 결론이 반드시 동성애자의 혼인권 인정으로 나아가는 것이 아님에 주의할 필요가 있다. 왜냐하면 그것은 양성애와 동성애를 에르곤으로 설정하고, 미혼자나 다른 가족형태(예: 여성 2명과 남성 1인)를 또 다른 파레르곤으로 설정하는 새로운 이분법을 생성시킬 수 있기 때문이다.

(4) 구성적 해체의 사안특수성

또한 에르곤과 파레르곤의 경계해체는 법에 의한 획일적 규율이 아니라 각 사안의 고유성을 최대한 살리는 다양성의 규율에 의해 이루어질 수 있어야 한다. 예컨대 동성애자에겐 사회보장의 수혜권을 상호보장하거나 입양권을 인정하는 등의 (가칭)시민적 결합체의 승인만으로 충분하며, 혼인제도를 양성(兩性)의 결합으로 보는 문화를 전승한 사람들의 가족제도에 관한 권리도 보호하기 위해서는 동성애자의 혼인권을 인정해서는 안 된다. 이 한에서 동성애와 이성애는 법적으로 여전히 구분되는 것이 된다. 물론 이런 구분은 에르곤과 파레르곤의 이분법 도그마에 서 있는 것이 아니라 그 도그마의 해체를 넘어서 에르곤과 파레르곤을 새롭게 구분하는 법을 구성하는 것이라 할 수 있다.

더 나아가 에르곤과 파레르곤의 구성적 해체는 때로는 그 둘을 구분하고, 때로는 그 둘을 구분하지 않는 법의 해석작용으로 실현될 수도 있다. 가령 제명은 파레르곤이며, 에르곤인 작품 자체와는 구분된다는 이분법은 하나의 작품에 대한 저작권 침해여부를 판단할 때는 원칙적으로 유지할 수도 있다. 예컨대 만화제명 "또복이"는 사상 또는 감정의 표명이라고 볼 수 없어 저작물(저작권법 제2조 제1호)로서 보호받을 수 없다고 보는 것이다.[26] 그러나 예컨대 무용

---

[26] 대법원 1977. 7. 12. 선고, 77다90 판결 참조. 이런 입장은 상표법의 적용에서도 마찬가지이다. 이를테면 '저작물의 제호나 캐릭터의 명칭은 그 자체만으로는 사상 또는 감정의 표현이라고 보기 어려워 저작권법 제2조 제1호에서 저작권의 보호대상으로 규정한 저작물이라고 할 수 없고, 따라서 특단의 사정이 없는 한 누구나 이를 자유롭게 사용할 수 있는 것이므로, 비록 저작물이나 그 캐릭터가 주지·저명한 것이라고 하더라도 저작물 자체 또는 캐릭터 자체에 내재된 재산적 가치는 별론으로 하고 이러한 제호나 캐릭터의 명칭에 어떤 재산적 가치가

극「행복은 성적순이 아니잖아요」의 저작권을 그 뒤에 제작된 같은 제명의 영화가 침해하는 지를 판단하려면, 무용극과 영화라는 서로 다른 예술장르를 가로지르는 비교분석을 해야 하고, 이 경우에 얼핏 플롯(plot)이 없어 보이는 무용극의 퍼포먼스와 플롯이 있는 영화 사이의 실질적 유사성의 판단을 하기 위해서는 무용극의 퍼포먼스를 그 제명 「행복은 성적순이 아니잖아요」를 고려한 채 바라보아야만 한다. 그러므로 무용극에서 제명은 저작권의 대상이 된다고 보아야 한다.

화체되어 있다고 할 수는 없으므로, 상표를 등록하여 사용하는 행위가 저작권을 침해하는 행위라고 할 수 없는 이상은, 저명한 저작물의 제호 또는 그 캐릭터의 명칭을 모방한 표장을 사용한다는 사실만으로 저작물에 내재된 재산적 가치를 직접적으로 침해하는 행위로서 상표법 제7조 제1항 제4호 소정의 공공의 질서 또는 선량한 풍속을 문란하게 하는 행위라고 할 수 없다."(특허법원 2003. 8. 14. 선고, 2003허2027 판결)

[2]
예술성의 의미와 형법의 반성

Ⅰ. 예술성의 세 가지 요소

형법이 예술작품을 규제할 때에는, 그 음란성이나 이적성 또는 모방성을 완화시키는 예술성을 판단하지 않을 수 없다. 예술성을 외면하고 외형상 등장하는 음란성, 이적성, 모방성만을 이유로 예술작품을 통제하는 형법은 반(反)문화적 권력일 뿐이기 때문이다.

1. 예술의 구성적 요소로서 미학적 쾌락

예술성을 판단하는 형법적 작업방식을 설명하기에 앞서 예술의 구성요소로서 미학적 쾌락을 간단히 설명하기로 한다. 칸트(Kant)에 의하면 예술이란 사람(주체)이 미학적 쾌락(aesthetic pleasure)을 체험하게 되는 대상이다. 여기서 첫째, '미학적'이라고 함은 아름다움만을 의미하는 것이 아니라 추함을 의미하기도 한다. 예술은 추함의 체험을 통한 쾌락도 지향한다. 하지만 이 둘을 아울러 예술의 '아름다움'이라고 개념화할 수 있다. 둘째, 예술작품이 '쾌락'을 준다는 것은 예술작품을 통해 주체가 아름다움(또는 추함)을 체험하고, 그로부터 일어나는 기쁘고 즐거운 상태를 지속하려는 판단과 의지의 작용을 말한다. 이와 같은 미학적 쾌락은 예술작품을 '구성'하는 본질적 요소가 된다. 이런 미학적 쾌락은 ① 단순한 감각(sense)과 구분되는 형식, 즉 아름다운 대상의 형식(form)이 된다.[1] 또한 ② 미학적 쾌락은 디자인처럼 어떤 목적을 위한 것이거나 목적에 의해 결정되는 것이 아니다. 이 미학적 쾌락은 작품이 생성된 문화의 자기반성적 과정 속에서 주체가 가령 해방감을 체험하는 등의 방식으로 달성된다. 그렇기에 미학적 쾌락은 "목적 없는 합목적성"(Purposiveness without a purpose)[2]을 갖는다고 할 수 있다.

2. 예술성의 세 가지 차원

어떤 작품이 법적으로 예술성을 인정할 수 있을 만큼 미학적 쾌락을 생성시키는지를 판단하는 작업은 예술성을 생성시키는 세 가지 차원에서 이루어질 수 있다.

- 첫째, 예술작품이 예술성을 생성시키는 대표적인 요소는 무엇보다도 그 작품이 취하고 있는 양식(style)이나 형식(form)의

---

1 Rachel Zuckert, "A New Look at Kant's Theory of Pleasure", *The Journal of Aesthetics and Art Criticism* (Vol. 60, No. 3, 2002), 242쪽 아래 참조.
2 Rachel Zuckert, 앞의 논문, 특히 245쪽 참조.

아름다움이나 추함이다.

- 둘째, 예술작품에 불어 넣은 작가의 사상은 미학적 쾌락을 생성시키는 또 다른 대표적인 요소이다.
- 셋째, 포스트모던 아트에서 보듯 어떤 작품의 예술성은 그 작품에 대해 예술성을 밝히고, 예술적 의미를 부여하는 사회적 의사소통, 특히 전문가들의 예술비평과 예술담론에 의해서 생성될 수 있다.

그러므로 작품의 예술성을 생성시키는 요소는 크게 양식, 사상, 비평으로 분류할 수 있다. 형법이 예술을 규제할 때에는 그 예술성을 판단해야 하고, 예술성을 판단할 때 형법은 적어도 이 세 가지 차원에서 그 예술성을 비평적으로 검토해야 한다.

(1) 양식적 예술성

어떤 작품이 예술성을 갖고 법적으로도 예술작품으로 인정받기 위해서는 그 작품의 양식적 특성이 미학적 쾌락을 발생시킨다는 '보편적' 체험을 가능케 하는 것이어야 한다. 그런데 이 미학적 쾌락의 보편적 체험이 가능할 수 있는 것은 그런 양식이 미학적 쾌락을 가져다준다는 예술담론이 특수한 문화적 맥락 속에서 역사적으로 전개되고, 사람들이 그 담론의 과정 속에서 학습된 결과이다. 가령 인상주의 회화가 아름답게 느껴지는 것은 화가가 주체가 되어 자연에 대한 시각중심의 감각적 체험내용을 캔버스라는 '평면'에 담아 놓는 양식성을 바탕으로 한다. 여기서 '시각성', '감각성', '표현성', '평면성' 등은 인상주의 회화의 양식적 특성이 된다.

❖ 이 책의 비평작품에서 예시적 설명 ❖

① 최경태 화가의 〈여고생〉은 얼핏 포르노물과 유사하지만, 칙칙한 색깔로 표현함이나 모델의 멍한 얼굴표정, 기계적이고 단순한 성기의 표현, 상업적 그래픽 방식의 원용 등과 같은 양식적 차이를 보임으로써 포르노물과 최소한의 구별을 하게 한다. 하지만 대법원 판사들에게는 포르노물과 확연히 구별하게 만드는 양식적 예술성을 보여주지 못함으로써 음란물로 취급되어 유죄판결3을 받았다. ② 미술교사 김인규 화가의 〈우리부부〉가 음란물로 유죄판결을 받은 것4도 포르노 사진과의 양식적 차이를 보여주지 못했기 때문이다. 또한 그 사진은 사진이 단순한 현실의 재현기술이 아니라 예술이 되기 위해 필요한 광학기술적 미학성, 이를테면 예리한 초점이나 광학의 작용으로만 나타낼 수 있는 오묘한 톤(색조), 디테일의 극단적 선명함 등과 같은 기술적 정교함과 통합된 심미적 가치를 생성시키지 못했다. 이런 사진의 양식적 예술성의 부족은 그 외설적 표현내용에 대한 형법적 통제를 면할 수 없게 한다. ③ TV 드라마의 예술성은 TV 화면의 제한성 때문에 배우의 얼굴을 크게 잡는다든지, 청각적 효과음을 강화한다든지, 자극적 표현을 감행하는 등의 양식적 특성을 갖는다. 이 특성은 드라마가 생성시키는 미학적 이미지를 강화하고, 감동을 증대시키는 데 기여한다. 하지만 TV 드라마의 일상성, 교육적 기능성 등으로 인해 드라마는 진실을 왜곡할 위험을 수반하기 쉽다. ④ 문학에서 양식적 예술성은 주로 문체와 구성에서 나타난다. 음란물로 유죄판결 받은5 소설 『즐거운 사라』가 외설성을 가지면서도 포르노물과 다른 것은 1인칭 화법을 통해 성체험의 감각적 쾌락에 빠진 '즐거운' 사라를 '생각하는'(thinking) 사라로 만드는 구성과 섬세하고 깊이 있는 리얼리즘적 묘사언어들과 같은 문체라고 할 수 있다.6

---

3 대법원 2002. 8. 23. 선고, 2002도2889 판결.
4 대법원 2005. 7. 22. 선고, 2003도2911 판결.
5 대법원 1995. 6. 16. 선고, 94도2413 판결.
6 소설 『즐거운 사라』에 관해 자세한 비평은 [6]단락 Ⅰ. 참조.

(2) 사상적 예술성

예술작품은 감정이나 사상을 표현하고 있고, 따라서 그 사상에 의해 예술성이 생성되고 인정될 수 있다.

1) 사상의 예술구성

이 점은 특히 포스트모던 예술의 영역에서 분명하게 드러난다. 리히텐슈타인(Lichtenstein)의 팝아트(pop art)가 만화 같은 겉모습에도 불구하고 예술이 되는 것은 모던회화의 내러티브를 종결짓는 전복적 사상 때문이다. 이처럼 양식보다 사상에 의해 예술성을 확보하려는 흐름은 20세기 후반 줄곧 이어졌다. 가령 듀샹 (Henri Robert Marcel Duchamp)의 샘(fountain)이라는 작품은 변기를 갤러리에 전시한 것인데, 이처럼 일상의 사물(예: 변기)이 예술이 되는 것은 '일상의 사물도 예술이 될 수 있다는 새로운 개념'의 독창성 때문이다. 그러나 변기를 샘이라는 예술작품으로 변화시키는 힘은 예술과 비예술, 즉 일상의 경계를 허물겠다는 사상(thoughts) 그 자체 때문이 아니다. 사상은 예술보다 철학에 의해 더 간명하게 선언될 수 있다. 그러므로 사상적 예술성이란 사상이 일정한 사회적 (정치적, 교육적, 도덕적 등) 기능을 하는 것을 두고 하는 말이 아니다. 사상적 예술성이란 사상이 예술성을 생성시키는 양식과 같은 기능을 할 때 인정할 수 있는 것이다. 변기가 샘이라는 작품이 되는 것은 예술에는 양식이 없다는 사상 자체 때문이 아니라 그런 사상을 통해 '양식 없는 양식성'을 생성하기 때문이다.

2) 미적 가치의 내향적 구성

또한 사상적 예술성이란 사상이 예술을 구성한다는 차원만이 아니라 예술이 표현하는 사상의 가치에 의해서도 생성된다. 그러나 이때 예술이 생성하는 사상적 가치는 예술작품의 외향적인(extrinsic) 효과로서가 아니라 내향적인(intrinsic) 미적 가치의 구성, 바꿔 말해 작품의 심미적 표현에 내면화되어 있을 때 비로소 인정될 수 있다.

> ❖ 이 책의 비평작품에서 예시적 설명 ❖
>
> ① 가령 신학철 화가의 〈모내기〉는 그 회화의 표현적 양식 속에 작가의 정치적 사상이 담겨 있는 것이 아니라, 그 회화의 외향적 효과가 "피지배계급이 파쇼독재정권과 매판자본가 등 지배계급을 타도하는 민중민주의 혁명을 일으켜 연방제통일을 실현한다는 북한 공산집단의 주장과 궤를 같이하"고 "반국가단체인 북한 공산집단의 활동에 동조하는 적극적이고 공격적인 표현물"7이라는 판단을 받았기 때문에 국가보안법 위반으로 형사처벌된 바 있다. ② 「서울 1945」는 매우 빈약한 근거를 갖고 이승만 전대통령이 여운형 암살 사건의 배후라는 이미지를 생성함으로써 역사해석의 정치적 당파성을 보인 바가 있다.8 그런 정치적 당파성은 드라마의 외향적 효과로서 기능하고, 예술작품의 정치적인 외향적 효과는 정치적 선전물과의 차별성을 약화시킴으로써 그 예술성이 약화되기 쉽다.

그러므로 내향적 효과로서 사상성이란 그 예술작품으로 인해 정치적 이념의 좌우를 편가르는 것이 아니라 그 둘을 가로지르는 사상의 성찰적 수행을 의미한다. 다시 말해 사상의 한 편에 서는 것이 아니라, 서로가 다른 편의 사상을 관점교환적인 태도로 바라보면서, 상대편의 사상을 자기변화의 계기로 수용하는 성찰을 촉진시키는 기능을 할 때 내향적 효과로서 사상성이 인정될 수 있다.

---

7 대법원 1998. 3. 13. 선고, 95도117 판결.
8 이에 대해 자세히는 [10]단락 참조.

(3) 비평적 예술성

예술성을 생성시키는 세 번째 요소는 비평 또는 비평담론이다. 비평가들의 비평작업은 작품의 예술성에 관한 담론을 형성하며, 그 담론은 어떤 작품의 예술성을 생성시킨다. 가령 한국 영화예술사에서 큰 족적을 남긴 김기덕 영화의 「피에타」는 비평에 의해 그 예술성이 높게 인정된 대표적인 사례이다. 하지만 「피에타」보다는 그 이전의 김기덕 영화들, 예컨대 「나쁜 남자」가 더 (양식적, 사상적) 예술성이 높다고 볼 수도 있다. 여기서 만일 「피에타」가 어떤 점에서 「나쁜 남자」보다 예술성이 낮은 것인지를 밝힌다면, 「피에타」에게 인정된 높은 예술성이란 바로 비평(담론)에 의해 생성된 것임이 드러나게 된다. 동시에 이를 통해 비평이 예술성을 생성시킨다는 점도 입증된다. 이를 위해 먼저 「피에타」의 양식적 예술성과 사상적 예술성을 분석하고, 이와 구별되는 비평적 예술성을 설명하기로 한다.

1) 「피에타」의 양식적, 사상적 예술성

영화에서 양식적 예술성은 흔히 '영상미'라고 표현한다. 김기덕의 영화는 영상의 양식적 아름다움이 높지 않다. 조악한 다큐멘터리의 영상과 크게 차이가 있어 보이지 않는다. 이는 아마도 저예산으로 제작되기 때문일 것이다. 「피에타」가 비록 베니스 영화제에서 황금사자상을 수상하였지만, 영상미에서는 「나쁜 남자」보다 상당히 떨어진다고 본다. 이를 입증하듯이 「피에타」는 제작비가 1억 5천만 원(홍보비 7억 원)인 데 비해 「나쁜 남자」는 13억 5천만 원이다. 이런 상황에서 김기덕 영화의 예술성은 마치 포스트모던 회화들과 마찬가지로 '사상'에 의해 구성될 수밖에 없다.

「나쁜 남자」는 대립하는 성향들을 서로 교차하여 보여주는 스토리 구성을 통해 정신분석학적인 '의식의 전일성'(Einheit des Bewußtseins)을 완전하게 보여준다.

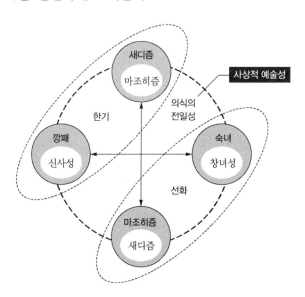

주인공인 깡패 한기는 깡패성에 내재된 신사성과 여주인공 선화를 향한 죽음을 무릅쓴 순수욕망을 형성화하며, 숙녀였던 선화는 숙녀성에 내재된 창녀성을 형상화한다. 또한 가학적인 한기가 선화를 향해서 도덕적 피학성의 성향을 보여주며, 반대로 피학적인 선화는 한기를 향해서 도덕적 가학성을 보인다.[9] 「나쁜 남자」는 이성적 자아가 억압해 온 인격적 특성인 그림자와 마주하는 의식을 관객들에게 열어줌으로써 선과 악, 새디즘과 마조히즘의 이분법적 대립을 넘어서는 순수욕망의 아름다움을 생성시킨다.

---

9 이러한 영화비평으로 이상돈·민윤영, *법정신분석학입문* (법문사, 2010), [11] 단락 참조.

이에 비해 「피에타」는 '의식의 전일성'을 좀 더 불완전하게 보여준다. 영화 속 주인공인 악의 화신 강도(이정진 분)는 그가 죽음으로 몰고 간 한 피해자의 엄마(조민수 분)가 그의 엄마라고 하면서 접근하자, 그녀를 엄마라고 알면서도 강간을 한다. 하지만 강도는 그 뒤로 점차 그 엄마 아닌 엄마에게 애착을 가질 줄 아는 인간의 모습으로 선회하기 시작한다. 그리고 그 가짜 엄마가 강도에게 똑같은 고통을 주기 위해 자살을 감행하자, 강도는 그 죽음을 자신이 한 악행의 결과로 받아들인다. 그리고는 속죄를 위해 또 다른 피해자의 트럭 밑에 몰래 자신을 매닮으로써 길바닥과 주행하는 트럭 사이에서 몸이 으깨지며 피가 터져 나오는 죽음을 선택한다. 이러한 강도의 행적은 악의 화신에서 속죄하는 도덕적 인간이 되는 일차선형적인 변화를 보여준다. 이 작품에서는 악인 속의 선인, 선인 속의 악인이 교차되는 설정이 없다는 점에서 의식의 전일성이 미약하다. 이 점에서만 보면 「피에타」는 「나쁜 남자」에 비해 마치 도덕교과서와 같으며, 그 점에서 예술성도 떨어지게 된다.

2) 비평적 영상미

하지만 엄마를 강간하는 도덕적 인간성의 죽음(thanatos)과 같은 —그리고 서양사회에서 마지막 남은 터부(tabu)인— 오이디푸스 콤플렉스의 해체를 통하여 엄마에 대해 애착(즉 eros)을 갖기 시작하는 반전은 주목할 만하다. 강도의 변화과정에서 엄마를 강간한 사건은 그 이전과 그 이후를 시간적으로 나누는, 바꿔 말해 가로로 진행되는 인간성 변화의 시간을 나누는 (비시간적) 선분(線分)으로 기능한다. 이때 선분은 수직적이다. 엄마를 강간하는 것은 도덕적 인간의 죽음인데, 이를 통해 엄마를 사랑하기 시작하는 반전은 악에서 선으로, 지옥에서 천상으로의 수직적 변화를 의미하기 때문

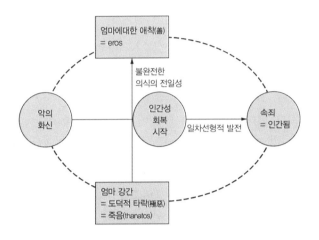

이다. 이 변화는 죽음을 무릅씀으로써 악의 화신 안에 내재한 인간성의 회복이라는 아름다움을 생성시키기 시작한다. 악인이 극악(極惡)을 통해 자기 안의 인간성을 깨어나게 하는 자기부정은 순수욕망이며, 그 순수욕망을 통해 인간성이라는 거룩한 아름다움, 즉 숭고미를 생성시키게 한다. 그런 점에서 「피에타」의 영상에는 숭고미가 생성된다. 이는 「피에타」의 예술성을 구성하는 핵과 같다. 이처럼 「피에타」는 악에 선이 내재된 모습을 보여주지만, 악과 선의 관계는 수평적으로도 악에서 선으로, 수직적으로도 악에서 선으로 변화하는 모습으로만 그려진다. 위의 그림은 이를 잘 보여준다. 이 점에서 여전히 「피에타」는 「나쁜 남자」보다 '의식의 전일성'을 일그러뜨린다고 할 수 있다.

여기서 주목할 점이 있다. 김기덕이 오이디푸스 콤플렉스를 해체시키는 방식은 종래 서양영화에서 흔히 취하는 방식, 즉 우연성의 보호막 안에서 엄마와 성관계를 하게 되는 설정이 아니라, 엄마임을 알면서 강간하는 설정을 통하여 '반 발자국' 더 급진적이다. 여기서 반 발자국이라고 한 이유는 강도가 강간한 엄마는 실제로는 엄마가 아닌 여성이라는 설정 때문이다.

이런 도덕성의 해체는 숭고미를 더욱 상승시키는 설정이긴 하지만, 「피에타」 이후 오이디푸스 콤플렉스 해체를 통한 숭고미의 영상미학은 이제 더 상승되기가 어려울 것이다. 이후의 상승은 아마도 가령 그 엄마가 진정한 생모였고, 가령 강도의 아버지가 그 엄마의 아버지, 그러니까 강도는 그 엄마의 아들이자, 동생이 되는 식으로 오이디푸스 콤플렉스를 완전히 소멸시키는 설정을 통해서만 가능할지 모르기 때문이다. 그렇기에 김기덕은 영상미학의 체험적 의미구조에서는 과거의 작품 「나쁜 남자」보다도 못한 예술성의 수준으로, 그러나 도덕적 금기의 영역을 (이전보다) 반 발자국 더 들어가는 나쁜 감행을 통해 황금사자상을 수상하게 되었다고 볼 수 있다.

이처럼 「피에타」는 「나쁜 남자」와 마찬가지로 영상의 양식적 아름다움이 아니라 체험적 의미구조를 사상적으로 구성함으로써 작품의 예술성이 생성되는 대표적인 예이다. 그러나 이런 영상예술은 우리사회에서 여전히 인정받기 어려운 것이다. 하지만 황금사자상 수상은 김기덕 영화로 하여금 이제 사상만이 아니라 (외국의) 비평을 통해 그 예술성을 더 많이 획득하도록 할 것이다. 김기덕 영화가 앞으로 상업적으로 좀 더 성공한다면, 그것은 사상의 힘보다는 비평의 힘이 더 작용한 결과일 것이다. 이런 비평이 법적 통제의 모든 장막을 제거해준다면, 그 또한 법의 근원적인 어리석음을 보여주는 일일 것이다.

II. 예술의 주관적 보편성과 형법의 아포리아

1. 예술과 형법의 접점으로서 아름다움

미학적 쾌락은 예술을 구성할 뿐만 아니라 법을 구성하는 요소이기도 하다. 이를 바꿔 말하면, 아름다움은 (형)법을 구성하는 요소가 된다는 것이다. 근대사회 이후 이성법의 전통에서 보면 법적 정의는 아름다움과 분리되어, 이성적으로 옳은(right) 것이거나 윤리적으로 좋은(good) 것을 의미해 왔다. 이는 근대사회의 역사적 발전 속에서 미학적 담론과 도덕적 실천적 담론이 분화된 데서 비롯된다. 그러나 현대사회에서 아름다움은 법적 정의를 구성하는 중요한 요소로 자리 잡아가고 있다.[10] 여기서 아름다움 또는 그 쾌락은 작품의 예술성을 구성하면서 법의 정의로움을 구성하는 요소가 됨을 알 수 있다. 이로써 아름다움은 법과 예술작품 사이의 접점이 되며, 법에 의한 예술작품의 통제, 예술작품에 의한 법의 해체, 그 둘 사이에 법과 예술이 위치할 수 있는 가능성이 마련된다. 이 가능성은 예술작품을 규제함으로써 형법이 예술작품의 (예술성을 생성시키는) 내재적인 요소가 되고 동시에 형법에 예술성이 내재화되는, 즉 형법과 예술작품의 역동적인 상호작용의 가능성을 가리킨다. 예술과 형법이 서로에게 내재적인(intern) 관계에 놓일 수 있게 되는 것은 아름다움의 범주 때문이다. 이처럼 예술과 형법의 역동적인 상호작용 관계를 이해하려면 그 둘의 접점을 이루는 아름다움이란 무엇인가에 대한 기본적인 이해가 필요하다.

---

10 이런 현상에 대한 자세하고 종합적인 연구로 이상돈, *법미학* (법문사, 2008) 참조.

2. 아름다움의 체험적 의미

아름다움은 주관적으로 체험하는 것이다. 이 체험의 내용은 인간의 행위나 그 행위로 만들어지는 작품에 대한 에로스(eros)로써 이루어진다.

체험적 의미와 근대법의 의미

이 에로스는 그 행위나 작품이 불러일으키는 이미지의 체험적 의미(experientialistic meaning)[11]가 욕망이 억압된 현실에서의 고통과 슬픔으로부터 인간(감상자들)을 '해방'시키는 것일 때 생성된다. 욕망의 억압은 물론 재화의 한계나 도덕적 금기 때문에 일어난다. 에로스는 그처럼 욕망이 제약된 현실이 미래에는 계속되지 않을 수 있다는 상징의 세계 속으로 주체를 이동시킴으로써 미래의 삶이 의미 없는 삶, 죽음을 더 이상 연기시킬 힘이 없는 삶이 되지 않게 하는 힘이다. 바꿔 말해 예술은 불행한 현실을 견디게 하고, 그런 현실로부터 벗어날 미래에 대한 희망을 갖게 하는 체험적 의미를 담은 이미지를 생산하는 인간의 행위와 그 행위로 만들어지는 작품을 가리킨다. 타나토스(thanatos)는 이런 에로스가 약화될수록 커지며, 우리를 급기야는 죽음에 이르도록 만드는 충동적인 힘이다.

이런 맥락에서 바라보면 근대법이란 자연상태에서의 실존적 불안과 결핍의 현실에서 인간을 해방시켜주는 의미가 법전이라는 시각적 이미지 속에 재현된 결과라고 볼 수 있다. 근대의 법전들은 정의의 미학적 가치, 이를테면 균형성, 비례성, 정합성, 통일성 등

---

11 이상돈, *법미학* (법문사, 2008), 18쪽.

의 미학적 가치가 텍스트의 이미지에 재현된 결과라고 할 수 있다. 가령 오늘날 헌법재판의 핵심원칙이자 형법의 법치국가성을 구축하는 비례성원칙은 이성이 제도화된 결과이지만, 그것은 동시에 비례성이라는 미학적 가치를 구현한 것이기도 하다. 형법전에서 범죄와 형벌의 관계는 바로 그런 미학적 가치로서 비례성이 각인된 관계로 짜여 있다.

그러나 법이 그처럼 해방적 의미를 획득하고 나면, 법은 언제나 새로운 결핍의 현실에 직면하게 된다. 가령 평등한 자유와 안전을 보장해준 실천이성의 제도화로서 근대법은 노동자들에게는 또 다른 자유의 상실을 가져오고, 이는 다시 노동법이나 실질사법과 같은 해방적 상징의 새로운 재현을 필요로 하게 된다. 다시 말해 에로스의 실정화는 (실정법을 해체시키는) 타나토스의 강화로 이어지며, 이로써 (법을 생성시키는) 새로운 에로스를 가져오는 미학적 가치의 생성을 수반하게 되는 것이다.

3. 이미지의 미학적 가치와 공감의 법

예술작품이 갖는 이미지의 체험적 의미는 에로스로 발현되는 미학적 가치이며, 이 미학적 가치는 법가치와 같은 규범적 가치로 전환된다. 가령 배우자 있는 이성과의 아름다운 사랑을 경험한 사람은 그런 사랑을 금지하는 법(예: 간통죄)의 반가치성을 바라보기 쉽다. 따라서 이미지란 예술성의 주관적 체험을 가능케 하는 체험적 의미로서 작품의 생성에서 미학적 가치의 생성, 규범적 가치로의 변환 그리고 법적 정의로의 실정화라는 전과정에 작용한다.

(1) 미학적 체험에서 양식의 기능

주체가 예술행위나 예술작품에 대해 에로스를 갖게 되는 미학적 체험은 인지적으로 보면, 그 작품이 취하는 양식(style, form)을 이해할 때 가능해진다. 예컨대 인상주의 회화는 그 시각성, 평면성, 표현성이라는 양식이 우리에게 그 고유한 아름다움의 체험을 갖게 한다.12 그러므로 양식이란 아름다움을 담는 그릇이며, 체험적 의미를 지닌 이미지를 형성하는 구조틀과 같다. 여기서 양식은 문화적으로 특수한 형태를 취하며, 역사적으로 변화하는 것이다. 이를테면 사회화란 예술작품이 아름다움을 담는 관행적 형태인 양식을 이해하고, 이를 인지적 자원으로 습득하는 과정이 된다고 할 수 있다. 이런 사회화가 없이는 삶의 무의미성, 희망의 출구가 보이지 않는 상황에서 감행하는 자살을 피하게 하는 힘, 즉 '삶을 견디는'(enduring life) 힘을 키우기가 어렵다.13 그렇기 때문에 포스트모던 예술에서 '양식의 사라짐'도 양식 없음의 양식성이라고 볼 수 있다. 가령 팝아트(pop art)에서 양식이 없는 데도 아름다움의 체험이 가능할 수 있는 것은 미래에는 (다른) 양식을 통해 미학적 체험이 일어날 가능성이 전제되어 있기 때문이다. 양식을 취할 수 없음이 영원하다면, 팝아트의 양식 없음은 더 이상 아름다움을 생성시키기 어렵다. 데이비드 살르(David Salle)의 등장처럼 신표현주의가 미국에서 팝아트 그 이후에 일어난 것도 이를 잘 보여준다.

---

12 이에 대해 자세히는 이상돈, *미술비평과 법* (법문사, 2013), 131쪽 아래 참조.
13 이 말은 청소년의 자살은 많은 경우에 예술적 체험의 결핍에서 비롯된다거나 적어도 예술적 체험을 많이 하게 했다면, 피할 수 있었던 경우가 많다는 것을 의미한다.

(2) 놀이로서 미학적 체험

예술작품에 대한 주관적인 미학적 체험은 궁극적으로는 객관적인 것이 될 수 없다. 그러나 어떤 양식을 통해 어떤 아름다움이 표현된다는 규칙성을 많은 사람들이 인정할 수는 있고, 그 규칙성에 따라 예술작품에 대한 미학적 체험을 함께 나누어 가질 수도 있다. 그러므로 아름다움의 체험은 일종의 놀이가 된다.

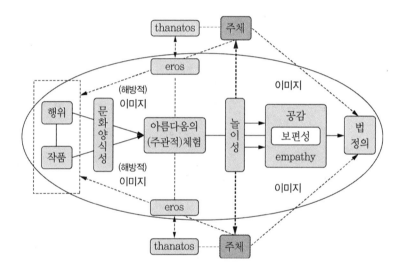

이것은 첫째, 아름다움의 체험을 가능케 하는 존재론적 실체로서 예술작품이나 그 양식이 존재하지 않음을 뜻한다. 즉, 예술성의 본질주의적 또는 존재론적 입장은 포기되어야 한다. 예컨대 최경태 화가의 〈여고생〉이라는 그림이 오일 온 캔버스(oil on canvas)라는 전통 회화적 양식을 취했다는 점[14]만으로는 그 그림에 포르노

---

14 이 점에 대해 자세히는 아래 [4]단락 Ⅲ.2. 참조.

와 차별화되는 예술성이 있다고 말할 수 없다. 둘째, 다른 한편 어떤 작품이든 그것을 작가가 (주관적 의미체험에 따라) 예술(작품)이라고 부르기만 하면, 바로 예술성이 인정되는 것도 아니다. 즉, 예술성의 유명론적 입장도 포기되어야 한다. 예컨대 〈우리부부〉라는 어느 미술교사의 누드사진 사건에서처럼, 교사가 자기 부부의 누드사진을 예술이라고 말한다고 해서, 그것이 곧 예술이 되는 것은 아니다.15

물론 작품의 양식이 예술성을 최종적으로 그리고 단독으로 결정짓는 것은 아니다. 하지만 양식에 대한 이해가 없는 사람은 어떤 작품을 예술이라고 말하고, 그 체험적 의미를 다른 사람과 소통하는 예술놀이에 참여할 수가 없다. 그런 한에서 양식은 예술놀이가 가능하기 위한 조건이 된다. 하지만 인간은 예술작품에 이미 존재하는 양식을 받아들이고, 그에 따라 예술작품을 감상하기만 하는 것은 아니다. 기존의 예술양식에 대한 이해가 있어도 다른 양식의 미학적 쾌락을 추구할 수 있는 것이다. 다른 양식의 추구는 곧 예술놀이의 규칙을 변화시키려는 것이다. 이런 변화을 통해 예술은 현실의 질곡으로부터 인간을 해방시키는 상징적 의미를 생산하는 기능을 한다. 바로 그런 점에서 기존 양식의 변화도 양식의 존속처럼 예술놀이가 가능하기 위한 조건이 된다고 할 수 있다.

(3) 아름다움의 공감과 법의 보편성

이처럼 양식이 예술의 가능조건이면서 동시에 변화하는 조건이라면, 법이 승인할 수 있는 예술성의 판단은 어떻게 보편성을 얻을 수 있는 것일까? 예술작품을 규제하는 형법의 보편성은 그 작

---

15 이 점에 대해 자세히는 아래 [5]단락 참조.

품의 예술성에 대한 놀이적 체험이 그 사회의 대부분의 구성원들에게 공통됨으로써 확보될 수 있다.

1) 공감과 주관적 보편성

이때 예술놀이가 잘 기능한다면, 사람들은 그 작품의 아름다움에 대한 공감(empathy)을 갖기 마련이다. 이 공감은 니체가 말하는 고귀한 연민(noble compassion)의 개념으로 좀 더 심층적 의미를 가질 수 있다. 니체의 초인(Übermensch) 사상[16]에서 볼 때, 초인이 되어 가는 과정이란 바로 인간이 자기 자신이 되는 과정, 즉 '삶을 강화'(enforcement of life)[17]하는 '긍정적인 충동'의 발현이다.[18] 이러한 니체의 고귀한 연민 개념에서 초인의 요소를 제거하고, 연민이 보통사람들 사이에 상호적으로 일어난다고 가정할 때, 고귀한 연민은 바로 공감이 된다. 다시 말해 공감이란 민주화된, 상호적인 고귀한 연민이다. 좀 더 쉽게 풀어 말한다면, 우리가 예술작품을 감상하고, 그 체험적 의미를 소통함으로써 미학적 쾌락을 갖게 될 때, 우리는 ─가령 자본주의 사회가 길러준─ 타자의 욕망에서 벗어나서 '자기 자신이 되어가는' 과정 속으로 함께 들어가게 되는 것이다. 이처럼 예술작품에서 느끼는 감정은 단지 주관적인 체험이 아니라 예술작품을 통하여 우리 모두가 함께 자기 자신이 되어

---

16 이에 대해 자세히는 민윤영, *니체(Nietzsche)의 법이론 : 법에서 모더니즘의 해체 : 법미학, 법여성학, 법심리학의 발흥지로서 니체에 관한 연구* (고려대 석사학위논문, 2008) 참조; 초인은 '극복인'으로 번역되기도 한다. 예컨대 전성택, "니체의 극복인(Übermensch)과 삶의 예술", *열린정신 인문학연구* (제11집 제1호, 2010), 5~33쪽 참조.

17 니체에게 있어 자기 자신이 되는 것은 곧 삶을 강화하는 과정이고, 독자적으로 선의 목록을 만들어가는 '가치의 정화'(purifying values) 과정이기도 하다. 이런 니체사상의 자세한 설명은 Simon May, *Nietzsche's Ethics and his War on 'Morality'* (Oxford University Press, 1999), 104~116쪽, 특히 107쪽 참조.

18 이에 대해 이상돈, *법미학* (법문사, 2008), 37~38쪽.

가는 과정에 진입하게 되는 객관적 체험이 된다. 공감이란 예술체험을 통해 서로 각자가 자기 자신이 되도록 북돋아주는 감정을 함께 느끼는(feelling together) 상태가 된다. 이런 의미에서 예술성은 순수하게 주관적이거나 객관적인 것이 아니라 '주관적이면서 보편적인' 것이다.

2) 예술형법의 정당성 기초로서 주관적 보편성

이러한 공감은 도덕적, 정책적, 경제적 합리적 논거에 의해 상대방을 설득시키는 상호적 과정, 즉 합리적 대화에 의해 이루게 되는 합의와 구별된다. 예를 들어 연쇄살인범에 대해서도 사형을 폐지하는 것은 응보적 정의라는 개념에서 보듯 도덕적으로 근거짓기 쉽지 않다. 사형제도의 (궁극적) 폐지는 그것이 문명사회에서 추한 것이라는 주관적인 미학적 판단이 보편화됨으로써만 가능할 수 있다. 이 '주관적 보편성'(subjective universality)은 예술작품을 규제하는 형법의 정당성 기초가 된다. 법관은 주관적인 예술성 판단으로 예술작품을 처벌해서도 안 되지만, 객관적 잣대가 있는 것처럼 상정하고 예술성을 판단해서도 안 된다.

❖ 이 책의 비평작품에서 예시적 설명 ❖

예술성은 응용미술작품도 저작권을 인정받기 위해 갖추어야 하는 창작성의 요소이다. 응용미술작품으로 예컨대 〈히딩크 넥타이〉에 결합되어 있는 넥타이의 문양을 들 수 있다. 이 넥타이 문양이 예술성이 있는 것인지에 대한 법원의 판단19은 매우 주관적이다. 그 문양은 팔괘와 태극문양을 넥타이에서 흔히 볼 수 있는 구조로 배열한 것으로서 고유성이 매우 약하기 때문이

---

19 대법원 2004. 7. 22. 선고, 2003도7572 판결 참조.

다.[20] 반면에 소설 『즐거운 사라』나 『내게 거짓말을 해봐』가 음란물이라는 법원의 판단은 성애묘사의 노골적임과 상세함과 같은 순전히 객관적인 기준에 의해서 그 예술성을 판단한 결과라고 할 수 있다.

4. 예술형법의 아포리아

여기서 예술을 규제하는 형법의 아포리아(aporia)가 발생한다. 이 아포리아를 설명하기 위해 먼저 예술과 법의 범주적 충돌을 이해할 필요가 있다.

(1) 예술과 법의 범주적 충돌

이 범주적 충돌은 법과 예술의 정언명령이 근본적으로 다른 데서 비롯된다. 즉, 법은 미학적 가치가 주체에게 가져다주는 미학적 쾌락에 대해서는 억압적인 태도를 취한다. 이는 법의 또 다른 정당성 기초 또는 법적 질서의 사회적 배후로 기능하는 도덕이 법에 대해 내리는 정언명령(Imperativ)에 따른 결과이다. 이에 반해 예술작품은 미학적 쾌락을 최대화하라는 정언명령 아래 놓인다. 미학적 쾌락이 증가할수록 일반적으로 그 작품의 예술성은 높아진다고 볼 수 있기 때문이다. 여기서 법과 예술, 정의와 아름다움 사이의 '범주적'(categorical) 충돌이 발생한다.

가령 성기를 노출한 회화를 예로 보자. 예술의 요청으로는 그림에 성기를 소재로 함으로써 미학적 쾌락을 극대화시킬 수도 있다. 그러나 성기 그리기는 잠재적으로 도덕적 질서를 위태롭게 하는 요소로 기능할 수 있다. 바꿔 말해 성기를 그림의 소재로 삼는 것

---

20 이에 대해 자세히는 [9]단락 Ⅲ. 참조.

은 미학적 쾌락을 높이는 예술성을 가져오는 동시에 도덕을 해치
는 음란성도 가져온다. 여기서 법의 (도덕적) 합리성과 작품의 예술
성은 서로 범주적으로 충돌하게 된다.

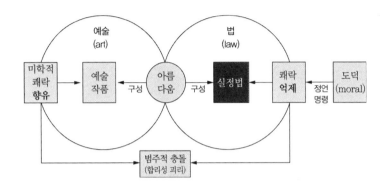

(2) 조정이 가능한 범주적 충돌의 예

그런데 법에게 주어지는 도덕적 정언명령과 예술작품에 주어지
는 미학적 정언명령 사이의 충돌, 다시 말해 음란성을 억제하라는
명령과 (음란한 표현양식을 사용하든 않든, 그것을 넘어서서) 예술성을 높
이라는 명령은 서로 범주적으로 충돌하는 데서 그치지 않는다. 이
점은 법과 예술의 범주적 충돌을 법과 다른 사회영역 사이에서 일
어나는 범주적 충돌과 비교하면 쉽게 알 수 있다. 예컨대 경영영
역에서 정언명령은 수익을 최대화하라는 것이다. 이 수익을 최대
화하기 위해서는 사업상 위험을 감수하여야 한다. 즉 경영영역에
서는 위험감수(risk taking)의 원칙이 지배한다. 이에 반해 법에서 정
언명령은 법익을 침해하는 위험을 막거나 회피하라는 것이다. 즉
법에서는 위험회피(risk avoiding)의 원칙이 지배한다.[21] 위험감수와

---

21 이런 범주적 충돌에 대해 이상돈, *경영과 형법* (법문사, 2011), [1]단락 참조.

위험회피는 서로 모순되는 요청이다. 그러나 이 모순은 법이 완전히 해결할 수 없는 것이 아니다. 예컨대 적정위험은 감수하고, 이례적인 고위험은 회피하라는 식의 절충적 타협도 가능하다. 적정위험을 감수한 사업의 실패는 경영판단원칙(business judgement rule)에 의해 합법화된다. 그러므로 경영의 합리성과 법적 정의 사이의 범주적 충돌은 해결 불가능한 것은 아니다. 해결할 수 없는 것이 문제가 아니라 어떻게 해결할 것인지가 문제로 남는다.

(3) 조정이 불가능한 범주적 충돌

이에 비해 법의 도덕적 합리성과 예술작품의 예술성 사이의 범주적 충돌은 해결되기가 거의 어렵다. 왜냐하면 법이 도덕적으로 통제하는 음란성은 예술성의 그림자로서 예술성과 분리될 수 없기 때문이다. 음란성을 어떤 기준에 의해 어느 수위에서 형법적으로 통제해야 작품의 예술성을 생성시키는 자유가 침해되지 않는 것인지는 명확하게 확정할 수가 없다. 성기노출이라는 형식적·객관적 기준으로 작품을 통제한다면, 역사적으로 수많은 유명한 작품들의 예술성이 부정될 수밖에 없다. 반면에 그런 형식적·객관적 기준을 떠나서 작품에 대한 주관적 감상이 보편성을 얻을 수 있는 기준을 찾을 수도 없다. 주관적 감상(비평)의 보편성은 모든 사람들이 그 작품의 아름다움을 공감하는 데에 있다. 이 공감을 판단하는 기준은 법의 형식에 담길 수가 없다. 그렇기 때문에 음란성과 예술성이 범주적으로 충돌하는 상황은 법의 아포리아(aporia)를 발생시킨다. 음란성과 예술성의 범주적 충돌은 궁극적으로는 해결 불가능한 것이다.

Ⅲ. 형법과 예술의 반성적 평형

그러면 도덕적 합리성과 작품의 예술성 사이의 충돌 상황에서 발생하는 형법의 아포리아는 어떻게 해결할 수 있는 것일까?

1. 사이성의 법

이 물음에 대한 답을 미리 간명하게 말하자면, 그 아포리아는 해결할 수 없고, 법은 도덕적 합리성과 예술성 사이에(inbetween) 위치해야 한다는 것이다. 사이에 위치한다는 것은 고정된 지점, 즉 도덕성과 예술성을 타협시키는 확고한 중간지점을 찾는다는 것을 뜻하지 않는다. 그런 지점은 도덕성의 실현도 부족하고, 동시에 예술성의 실현도 부족하게 만든다. 그러므로 사이에 위치한다는 것은 성찰의 지속적 과정을 말한다. 즉, 어떤 예술작품의 도덕적 결함을 형법이 통제하려고 할 때, 예컨대 어떤 작품을 음란물이라고 규정할 때, 법은 그런 통제가 예술성을 훼손하는지를 반성적으로 바라보아야 한다. 반면에 예술의 자유라는 이름 아래 도덕과 그것을 제도화한 법을 완전히 무시하는 표현적 행위를 할 때, 예술가는 예술의 자유가 가능하기 위한 필요조건으로서 (그러한 예술의 자유를 승인하는 법이 돌봐야 하는) 도덕성을 되돌아보는 반성을 해야 한다. 이런 반성이 지속적으로 오고감으로써, 법의 예술적 반성과 예술의 법적(도덕적) 반성은 서로 평형을 이루게 된다. 이를 법과 예술의 반성적 평형(reflexive equilibrium)이라고 부를 수 있다.

2. 반성적 예술형법

이와 같이 예술과 반성적 평형을 이루어 나가는 법은 예술을 규제할 때 통제기준의 형식화(객관화)나 획일화(통일화)를 포기할 수밖에 없다. 예술성과 도덕성을 그때그때 되돌아보는 과정을 통해 형법은 예술에 대한 규제를 수행할 수밖에 없는 것이다. 이것이 갖는 의미는 두 가지이다.

(1) 규칙이 아니라 내러티브

첫째, 법적 규제는 작가의 내러티브나 작품이 역사적으로 어떤 내러티브(narrative)를 갖고 있는지에 귀 기울인 후에야 결정을 내려야 한다. 물론 예술작품에 아무런 내러티브도 없을 수도 있다. 이 점은 특히 포스트모던 예술에서 내러티브가 종말을 고했다는 단토(Danto)의 분석[22]에 의해 증명된다. 그러나 그가 말하는 내러티브는 모더니티의 내러티브만을 의미하는 것일 뿐이다. 포스트모던 미술에서는 겉으로 보이지 않더라도 나름의 새로운 내러티브가 전개되고 있다고 볼 수 있다. 그런 내러티브의 대표적인 것은 해방적이며, 전복적인 내러티브이다. 이는 포스트모던 예술의 DNA와도 같다. 가령 메이플소프(Mapplethorpe)의 포르노 같은 사진작품들은 사진의 고전주의적인 양식이나 고도의 광학적 기능성 때문만이 아니라 비예술(포르노)과 예술(고상한 사진) 사이의 경계를 허무는 전복적 의미를 생산한다. 이것은 또 다른 내러티브이다.

---

22 Arthur C. Danto, *After the End of Art* (Princeton University Press, 1997), 특히 41~47, 65~66쪽 참조.

(2) 비평을 통한 법의 형성

둘째, 그 내러티브가 어떤 미학적 체험과 가치를 발현하고 있는지, 또한 어떤 의미를 형성하는지, 가령 전복적인지, 이데올로기적인지 등을 살펴야 한다. 이런 작업은 하나의 비평이다.

1) 규칙화의 불가능성

예술성의 판단이 비평에 의존한다는 것은 예술성의 판단이 규칙(rule, Regel)에 의해 이루어질 수도 없고, 예술작품을 통제하는 법도 규칙에 의해 운용되는 것이 아님을 의미한다. 예술성을 판단하는 객관적 기준은 어디에도 존재하지 않는다.

⑺ **음란 개념의 세분화와 사용규칙의 설정**　이처럼 예술성의 판단기준에 관한 규칙이 없다는 점은 형법상 음란 개념의 사용규칙을 정할 수 없다는 것을 말해주기도 한다. 음란의 개념과 예술성은 분리되지 않고 상관관계를 이루며 파악되기 때문이다. 즉 예술성에 대한 인정이 형법상의 음란성을 부정하게 하고, 반대로 음란성에 대한 확신이 예술성을 부정하게 만들기도 한다. 그러므로 예술성의 객관적 기준을 정하는 것과 마찬가지로 음란이란 법언어를 적용하는 객관적 규칙을 세우는 것 역시 거의 불가능하다. 가령 음란 개념을 ① 진정음란, ② 부진정음란(공연음란), ③ 청소년이용음란의 세 가지로 세분화하자는 견해[23]가 있다. 이 견해에 의하면 ① 진정음란은 성인에게도 유통될 수 없고, 헌법이 보호하지 않는, 성도덕의 관점에서 전면 금지되는 성표현[24](예: 수간, 강간, 가학·피학적

23　이인호, "성표현의 자유와 한계", *언론과 법* (제7권 제2호, 2008), 1~45쪽 참조.
24　이는 헌법재판소가 판시한 "음란이란 인간존엄 내지 인간성을 왜곡하는 노골적이고 적나라한 성표현으로서 오로지 성적 흥미에만 호소할 뿐 전체적으로 보아 하등의 문학적, 예술적, 과학적 또는 정치적 가치를 지니지 않은 것"(헌법재판소

행위)을 말하고, ② 부진정음란은 청소년이나 원하지 않는 성인의 수치심이나 불쾌감을 보호하기 위해 필요한 범위에서만 금지되고, 그렇지 않은 한 헌법이 보호하는 성표현을 말한다. 또한 ③ 청소년이용음란은 19세 미만의 청소년을 등장시키는 성표현을 말한다.

(나) **음란 개념에 실패한 사용규칙**　　이러한 음란 개념의 세분화는 음란이라는 형법언어의 사용규칙(Gebrauchsregel)을 정하는 시도라고 볼 수 있다. 그러나 형법상 음란 개념의 적용을 탈락시키는 예술성은 진정음란의 성표현에도 불구하고 생성될 수 있고, 또한 진정음란의 성표현을 통해서 비로소 생성되는 것일 수도 있다. 소설 『내게 거짓말을 해봐』는 이 점을 잘 보여준다. 청소년이용음란도 마찬가지이다. 영화 「연인 The Lover」에서처럼 여주인공이 당시 17세였다고 하여, 그 영화의 성애장면들이 예술성을 부정당해야만 하는 것은 아니다. 반면에 부진정음란의 성표현이라고 하여 음란성이 부정되는 것도 아니다. 예컨대 미술교사가 홈페이지에 올린 부부의 나체사진인 〈우리부부〉는 부진정음란의 성표현이지만, 특히 청소년들에게 성에 관한 도덕적 허무주의를 퍼뜨릴 수 있다는 점에서 성도덕을 위태롭게 한다고 볼 수 있다. 형법은 그런 성도덕의 허무주의를 통제할 필요가 있다.

2) 작품을 구성하는 비평에 의한 법의 형성

이처럼 예술성 판단에 객관적 기준이 없다고 해서 예술성이 오로지 주관적으로만 판단되어도 무방한 것은 아니다. 예술도 보편성을 띨 때 그 아름다움은 하나의 가치(미학적 가치)가 되기 때문이다. 그러므로 여기서 예술을 통제하는 법은 주관성과 객관성, 특수성과 보편성 그 사이에 위치하는 '비평'에 의하여 실현될 수밖에

1998. 4. 30. 선고, 95헌가16 결정)을 말한다.

없게 된다. 비평이 법이 되는 것이다. 종래 예술에서 비평은 작품 '이후'에 작품 '밖'에서 이루어지는 것으로 이해되어 왔다. 그러나 오늘날 비평은 작품 '안'에서 작품을 '구성'하는 행위가 된다. 포스트모던 시대의 예술작품은 비평을 통해서 비로소 그 예술성이 생성되기도 하기 때문이다. 이와 같은 예술의 포스트모던 개념은 법이 예술을 규제할 때 그대로 타당하다. 법이란 예술을 비평하기 이전에 객관적인 잣대로 이미 존재하는 것이 아니라, 예술을 비평함으로써 '비로소' 형성되는 것이다. 그러므로 올바른 법은 곧 올바른 비평을 통해 형성되고, 그릇된 법은 그릇된 비평을 통해 만들어진다. 이로써 예술작품의 예술성은 비평을 통해 이루어지고, 그 법은 바로 그 예술비평을 통해 이루어진다고 말할 수 있다.

(3) 법예술비평

하지만 여기서 예술비평은 -그 자체로는 법관이 사용하기에는 너무나 많기 때문에- 법적 인식관심에 의해 선택된 지식이면서, 아울러 사안의 해결에 필요한 지식으로 '재구성된' 지식에 의해 작품의 미학적 가치를 판단하는 것이어야 한다. 이를 법예술비평(legal criticism of art)이라고 부를 수 있다. 이는 법문학비평 개념[25]을 모든 예술부문으로 확장하고 일반화한 개념이기도 하다. 법예술비평은 법과 예술을 매개하는 작업이다. 이 법예술비평은 예술성 판단의 편협한 주관성과 사이비 객관성을 지양하고, 예술의 주관적 보편성을 법의 정당성 기초로 전환시키는 과정이기도 하다. 그러므로 법예술비평은 재판받고 있는 작품의 예술성에 대한 공감의 여

---

25 이에 관해서 이상돈·이소영, "법문학비평의 개념, 방법, 이론, 실천", *안암법학* (통권 제25호, 2007), 391~428쪽.

부와 그 정도를 참여적 관찰자의 입장에서 바라봄으로써 판단해야 한다. 물론 법예술비평은 그 작품에 대해 시민들 사이에 이미 형성된 공감을 언어로 드러내 보이는 작업이면서 동시에 아직 형성되지 않은 공감의 잠재상태를 현실화하는 작업이기 때문이다. 이처럼 비평은 법과 예술이 동시에 서로를 반성적으로 형성하게 만든다. 여기서 예술형법은 법과 예술이 아니라 비평을 중심에 놓고 생각할 필요가 있다. 즉 예술과 법이 먼저 있고, 비평을 찾는 것, 이를테면 객관적인 규범으로서 형법을 적용하기 위해 법원이 소송절차에서 감정인의 전문 감정을 참고하는 것이라는 패러다임을 버릴 필요가 있다. 이와는 거꾸로 비평을 주체로 놓고, 예술작품은 객체(대상), 법은 주체가 객체를 해석하는 방편(수단)으로 바라보는 것이다. 비평이 예술작품의 예술성을 해석하고 적절하게 판단하는 것이 먼저이고, 그런 비평이 합법성(legality)을 가질 수 있도록 법을 해석하는 것이다. 이렇게 함으로써 예술의 주관적 보편성은 법의 정당성으로 변환된다. 또한 이런 변화를 통해 형법의 도덕적 합리성과 예술작품의 예술성 사이의 범주적 충돌이 해소된다.

[3]
예술과 형법의 상호형성

Ⅰ. 예술과 형법의 상호형성적 차원들

흔히 법률가들은 예술비평을 형법으로 예술작품을 통제할 때 참고해야 하는 전문가 의견쯤으로 이해한다. 그러나 앞 단락에서 살핀 바와 같이 예술비평이 주어이고, 예술작품의 예술성은 술어이며, 형법은 주어와 동격인 보어의 자리에 위치한다. 즉, 예술비평은 예술성을 해석하고 구성하는 작업이면서 동시에 형법의 해석을 좌우하는 실질적인 요소이다. 이렇게 이해할 때에만 형법의 도덕성과 예술작품의 예술성 사이의 범주적 충돌은 해소될 수 있다. 이런 이해에 의하면 형법과 예술이 상호작용하는 모습은 다음 세 가지 차원으로 설명할 수 있게 된다.[1]

---

1 [3]단락의 대부분의 내용은 이상돈, "예술과 형법의 상호형성관계", *고려법학* (제68호, 2013), 357~384쪽에서 인용한 것임.

- 첫째, 형법은 예술비평과 함께 예술작품의 예술성을 형성하게 된다. 이런 기능은 형사처벌이 예술성의 고양된 형태로서 숭고미를 생성시킨다는 점에서 더욱 명확하게 드러난다. 이처럼 형사처벌이 오히려 예술성을 생성시키거나 높이는 차원을 고려하면서 예술비평을 한다면, 그 예술비평은 바로 법적 인식관심에 의해서 이끌어진다. 그런 예술비평을 법예술비평(legal criticism of art)이라 할 수 있다(자세한 내용은 아래 Ⅱ. 참조).
- 둘째, 예술비평이 예술작품에 대한 형법의 해석·적용을 좌우한다는 점에서 보면, 예술비평은 형법을 구성하는 요소가 된다. 즉, 예술비평을 통한 형법의 해석적용은 형법적 통제의 기제에다 미학적 가치를 이식시킴으로써 형법의 아름다움(이를 아래서는 '절제미'라고 부름)을 실현하고, 그로써 미학적 정의(aesthetic justice)가 형법적 정의의 한 부분을 구성하게 만드는 것이다. 이처럼 예술비평이 예술작품에 대한 형법적 통제의 절제를 이끄는 방향으로 이루어질 때, 예술비평은 이미 법적 인식관심에 의해서 유도된 것이며, 그런 한에서 그 예술비평은 법예술비평이 된다(자세한 내용은 아래 Ⅲ. 참조).
- 셋째, 이 두 가지 차원을 자세히 분석하고 나면, 예술작품에 대한 형법적 통제의 일반적인 가이드라인을 마련할 수 있게 된다. 이 가이드라인은 예술비평을 통해 구성적으로 판단되는 예술성의 정도를 형법적 통제에서 의미있는 유형으로 단계화하고, 각 단계마다 적정한 형법적 규제의 방안을 모색하는 것을 내용으로 한다. 예술작품에 대해 적정규제를 하는 형법은 형법에 의한 예술작품의 숭고미와 예술작품에 의한 미학적 정의, 즉 형법의 절제미를 동시에 생성시키는 규범이

될 것이다(자세한 내용은 아래 Ⅳ. 참조).

Ⅱ. 형법을 통한 예술성의 형성: 숭고미

예술작품의 예술성으로서 아름다움은 그것이 더 깊어질수록 숭고함의 성격을 띠게 된다. 모든 아름다움은 마치 욕망처럼 더 많은 것, 즉 더 높은 아름다움을 지향하고, 그 지향의 끝에는 거룩함의 풍치를 갖는 아름다움, 즉 숭고미가 자리한다. 석굴암의 불상이든 피라미드의 스핑크스이든 그것을 만들기 위해 감내해야 했던 인간의 고통과 노력은 작품의 양식적 아름다움에 숭고함을 깃들게 한다. 그렇기에 예술작품의 예술성을 생성시키고, 끌어올리는 것은 숭고미로의 지향성이라고 할 수 있다.

1. 숭고미(Sublimity)의 의미

숭고미를 이해하기 위해 라깡(Jacques Lacan)이 말하는 욕망의 세 가지 형태를 이해할 필요가 있다.

(1) 라깡의 욕구, 욕망, 순수욕망

그에 의하면 욕망은 욕구와 욕망, 그리고 순수욕망으로 구별된다. ① 욕구(needs)는 식욕, 성욕 등과 같은 생물학적 욕구이며, 그 충족의 재화가 있다면, 언제나 충족될 수 있다. ② 욕망(desire)은 사랑과 인정에 대한 바람을 말한다. 이런 욕망은 영원히 충족될 수 없다. 왜냐하면 욕망은 욕망을 향해 있고(desire to desire), 욕망은 끊임없이 욕망을 재생산하기 때문이다.

예컨대 최경태 화가의 〈여고생(포르노그라피 2) 展〉(2001년)에서 보듯 포르노와 얼핏 유사하지만, 다소의 양식적 차이를 보여주는 에로티카(성애물) 회화는 라깡의 개념에서 보면 성적 '욕구'를 표현하는 작품이다.2 이에 비해 김인규 미술교사의 〈우리부부〉 사진은 작가의 말에 의하면 미디어가 모델의 아름다운 모습에 의해 학습시켜 놓은 욕망, 사회적으로 가치가 승인된 몸에 대한 욕망(desire)을 비판하기 위한 작품이라고 한다.3

③ 순수욕망(pure desire)은 욕망의 주체가 그 실현을 위해 죽음을 무릅쓸 때 순수해지는 그런 욕망을 말한다. 이처럼 인간이 아름다움을 위해 죽음을 무릅쓰는 것은 쇼펜하우어, 니체, 프로이트 등으로 이어지는 사상의 전통에서 보면 인간에게 죽음은 긍정적인 것, 심지어 열렬히 욕망되어야 하는 것이기4 때문이다. 죽음충동(thanatos)은 인간의 보편적인 심리이며, 죽음충동의 실현은 욕망이 순수해지기 위해 통과해야 하는 터널과도 같다.

✤ 사랑과 욕망 ✤
① 가령 한 남자가 한 여자한테 난 널 원해(I need You)라고 말할 때 그 남자는 그 여자와 섹스를 하고 싶은 상태이다. 원초적 욕망의 상태이다. 이런 욕망이 욕구(needs)이다. 물론 섹스욕구는 남녀간 사랑의 가장 기초적인

---

2 이에 대해 자세히는 [4]단락 Ⅱ. 참조.
3 이에 대해 자세히는 [5]단락 Ⅲ. 참조.
4 이에 대해서는 Linda Hutcheon/Michael Hutcheon, "Death Drive: Eros and Thanatos in Wagner's "Tristan und Isolde"", *Cambridge Opera Journal* (Vol. 11, No. 3, 1999), 267~268쪽 참조.

요소이다. ② 그러나 여자는 말한다. 섹스만 중요한 것이 아니라, "우리 예쁘게 사랑하자." 예쁘게, 곧 아름답게 사랑한다는 것은 둘이 서로 욕구하는 단계를 넘어서 사회적으로 그 가치가 인정받을 만한 양식의 사랑, 예컨대 서로를 아껴주며 배려하는 모습으로 사랑을 한다는 것이다. 이런 사랑의 욕구는 사회적으로 그들의 관계가 특히 아름다움이라는 가치가 있는 관계로 승인받는 것에 지향되어 있다. 이런 욕구가 바로 욕망(desire)이다. 그러나 욕망은 욕망을 향해 있다. 아름다움의 가치가 인정되는 사랑의 양식은 사회적, 문화적으로 매우 다양하며, 한 커플이 모든 아름다움의 양식을 충족하는 사랑을 하기는 거의 불가능하다. 사랑의 욕망은 더 큰 사랑의 욕망을 향해 있고, 이런 욕망은 언제나 모두 충족될 수 없다. 사람들은 흔히 이런 욕망이 모두 충족된 꿈같은 상태를 '완전한 사랑'(perfect love), '영원한 사랑'(endless love)이라고 혼동한다. 그러나 ③ 욕망으로서 사랑은 결코 완전하거나 영원할 수 없다. 사랑의 완전성과 영원성은 사랑이 죽음을 무릅쓸 때 얻어진다. 섹스 하고픈 여자, 사회적으로 아름다운 모습으로 사랑하는 여자를 위해 죽음을 무릅쓸 때, 예컨대 자기의 사회적 파멸이나, 생물적 생존이 종말을 고할 위험에도 불구하고 그 사람에 대한 사랑욕구를 포기하지 않을 때 그 사랑은 숭고미를 갖게 된다. 숭고한 사랑도 사랑 '욕망'을 다 채우지는 못한다. ④ 숭고한 사랑은 그 숭고함이 시간과 공간을 초월한 하늘의 세계에 도달했을 때 비로소 영원한 것이 된다. 그러나 이 영원한 사랑은 여자들이 원하는 예쁘게 사랑하기, 사회적으로 가치가 인정되는 양식으로 사랑하려는 욕망을 땅 속에 묻을 때 비로소 얻어진다.

(2) 죽음을 통한 욕망의 순수화로서 숭고성

숭고미는 라깡이 말하는 순수욕망을 통해서 생성된다. 숭고(崇高)란 욕망이 땅에서 하늘을 향해 올라가 절대자의 거룩함을 닮아가는 상태를 말한다. 대부분의 인류문화에서 땅 속에 묻히는 것은 죽음이며, 하늘을 향해 높아지는 것(예: 飛上)은 거룩한 절대자를 닮

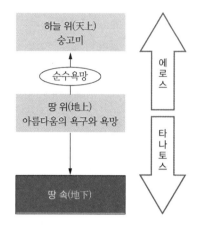

거나 그에 가까이 다가가는 (영원한) 삶을 의미한다. 순수욕망, 즉 죽음을 무릅쓰는 순수욕망이란 죽음을 통하여 영원한 삶을 얻으려는 욕망이다. 즉, 땅 속에 묻힘을 통하여 하늘로 높이 날아가려는 욕망이다.

여기서 땅 속에 묻히는 것은 욕구를, 사회적으로 가치를 인정받으려는 것은 욕망을, 그리고 하늘로 높이 날아가는 것은 아름다움 그 자체 이외에 어떤 것도 욕망하지 않는 것, 즉 순수욕망을 의미한다. 이런 숭고미는 욕망을 실현하기 위해 어떤 아름다움의 양식을 선택하고, 개발하는 것과는 무관하게 생성될 수 있다. 예술작품은 그 작품의 아름다움을 통해 사회적으로 인정받으려는 욕망을 땅 속에 묻음으로써 아름다움을 좇는 욕망을 순수하게 할수록 숭고미에 다가가는 예술성을 갖게 된다.

❖ 그리기의 욕망 ❖

아이들이나 미술교육을 받지 못한 어른들이 아무렇게나 그림을 그리는 것은 욕구이다. 현실로부터 해방의 이미지를 담은 아름다움을 생성시키고픈 욕구의 표현이다. 미술대학에 가기 위해 그리는 방법을 배우고, 양식을 익히는 것은 욕망이다. 사회적으로 그림을 잘 그린다는 것을 인정받기 위한 욕망이다. 화가가 되어 유명세를 얻고, 돈을 잘 벌게 되었음에도 그 화가는 더 인정받고 (더 많이 벌고) 싶은 욕망에 빠진다. 이것은 욕망을 향해 있는 욕망이다. 그러나 진정하게 위대한 화가는 그런 욕망을 넘어서 그림 자체에만 몰입해 있는 예술가일 뿐이다.

여기서 예술성의 '자기모순'을 알 수 있다. 즉, 예술작품을 창작한다는 것은 죽음충동을 가능한 더 많이, 궁극적으로는 끝까지 몰고가는 예술작업을 통해 삶으로서 에로스를 실현하는 것이다.

(3) 욕망의 중층성으로서 예술작품의 숭고미

욕구, 욕망, 순수욕망은 서로 배제하는 관계에 있지 않고, 〈욕구→욕망→순수욕망〉으로 발전하는 중층구조를 이룰 수 있다. 예술작품이 생성시키는 아름다움, 특히 해방적 이미지를 독자가 향유하는 삶의 과정도 이런 욕망의 발전적 중층구조를 띨 수 있다. ① 예술작품에서 욕구란 억압과 금기의 현실 삶으로부터 해방하고픈 바람이며, 이를 채워주는 작품은 아름다움의 욕구를 채우는 것이다. 또한 ② 그 작품이 사회적으로 (비평을 통해) 승인되는 가치를 얻는 양식을 통하여 해방적 이미지를 생성하고 향유할 수 있게 하면, 아름다움의 욕망을 채워주는 것이 된다. ③ 이 욕망의 단계를 지나 욕구의 충족여부나 사회적 가치가 인정되는 양식에 대한 욕망과 관심을 떨쳐버리고, 영원한 해방감의 '체험적 의미'를 생성시키고, 그것을 향유하는 단계에 이르면 그 작품의 예술성은 숭고미의 단계로 접어들었다고 말할 수 있다. 여기서 주의할 점이 있다. 예술작품에 대한 비평은 숭고미의 차원이 아니라 욕망의 차원에서 진행된다. 그러나 숭고미의 이미지를 갖는 작품이거나 숭고미를 지향하는 순수욕망을 좇은 작가의 작품을 숭고미가 있다고 비평할 수는 있다. 그러니까 숭고미는 우리가 현실로 도달하는 것이 아니라, '예료'(豫了, anticipation)하는 것, 즉 미래에 달성될 상태를 지금 미리 느낄 수 있는 것일 뿐이다. 데리다의

개념을 빌면, 숭고미는 전미래 시제(futur antérieur)"⁵로서만 존재할
수 있을 뿐이다. 숭고미의 진정한 도달은 단지 인간이 절대자가
되거나 절대자의 영역에 들어가 영생을 얻었을 때에 이루어지는
것이고, 현실에서는 이루어지기 어렵기 때문이다.

2. 형법 위반을 통한 예술성의 생성

그런데 순수욕망을 통한 예술작품의 숭고미 지향성은 미학적 욕
구나 양식적 아름다움에 대한 욕망의 죽음을 통해서만이 아니라
형법의 위반을 통해서도 생성된다. 형사처벌을 무릅쓰고 자신의
미학적 욕망을 좇는다는 것은 해방적 이미지에 대한 욕구나 사회
적 가치나 승인을 받는 양식에 대한 미학적 욕망을 포기하는 것이
아니라 그런 욕망을 (작가의 사회적) 죽음을 무릅쓰고 고수함으로써
그 욕망을 순수화하는 것이다. 형사처벌을 무릅쓰는 미학적 욕망
의 순수화는 다음의 두 가지 형태로 외부화 될 수 있다.

- 예술작품이 법에 의해 금지된 행위나 표현을 하는 것을 내용
  으로 하거나(아래 (1) 참조)
- 작가가 법이 금지(하고 심지어 처벌)하는 행동을 함으로써 작품
  을 만드는 것(아래 (2) 참조)

---

5 이에 관해서 Jacques Derrida (진태원 옮김), *마르크스의 유령들* (문학과 지성
   사, 2007), 392~395쪽; 이를 법적 정의에 적용한 이상돈, *법미학* (법문사,
   2008), 123쪽 참조.

예술작품의 예술성도 "그것을 금지하는 법에 의해서 존재하기 시작"[6]한다고 말할 수 있다. 법은 숭고미를 지향하는 순수욕망을 생성시키는 예술의 내부적 요소이기 때문이다.

(1) 작품 안의 숭고미

죽음을 무릅쓰는 의식을 통한 숭고미의 생성은 작가의 사회적 죽음이 아니라 작품 속의 구성, 즉 주관적 감각이나 사상을 표현하는 양식이 생산하는 이미지 속에서도 이루어질 수 있다.

1) 구조주의 비평의 숭고미 분석

가령 심청전에서 심봉사는 딸을 팔아먹는 범죄를 —형법을 적용한다면 국외이송인신매매죄(형법 제289조)를— 범하고, 심청이를 산 뱃사람들은 살인죄를 범한다. 그러나 이런 잔혹사는 심청전에서 스토리텔링의 중심을 이루지 않는다. 만일 그렇지 않았다면 심청전 말미는 심봉사가 잔칫상이 아닌, 감옥에서 콩밥을 먹는 장면으로 끝났어야 한다. 하지만 이 잔혹사는 심청이의 아버지에 대한 사랑의 숭고성을 만들어내기 위한 구조(structure)로서만 기능할 뿐이다. 이를 통해 심청전은 잔혹사를 다룬 이야기가 아니라 지극한 효성의 숭고한 아름다움과 그것에로 지향되어 있는 윤리적 선이 궁극에는 하나가 됨을 말해주는 이야기가 된다. 이런 비평을 구조주의 비평(structuralism)[7]이라고 부른다.[8] 심청전의 예술성과 문학성은 바로 이런 구조주의 비평에 의해서 비로소 올바르게 마련될 수 있다.

---

6 브루스 핑크 (맹정현 옮김), *라캉과 정신의학* (민음사, 2008), 329쪽.
7 이에 대해 자세히는 이상돈·이소영, *법문학* (신영사, 2005), 124쪽 아래 참조.
8 심청전에 대한 구조주의 비평의 예로는 한용환, *서사이론과 그 쟁점들* (문예출판사, 2002), 39~41쪽 참조.

2) 숭고미를 생성시키는 형법위반

이 구조주의 비평의 예에서 보면 한 예술작품의 예술성은 형법에 대한 위반 없이 마련되는 것이 아니라, 바로 형법에 대한 위반을 통해서야 비로소 마련되는 것임을 알 수 있다. 이처럼 작품의 구조 속에서 형법 위반은 그 작품의 예술성의 정점을 이루는 숭고미를 창출하는 방편이 된다. 그러므로 그런 작품을 두고 형사사법은 그 작품이 형법의 위반을 조장한다거나, 형법상의 법익을 침해하는 범죄로 비난해서는 안 된다. 작품 속의 인물들이 범죄를 범하는 것은 ─많은 경우에 인간정신의 보편적 특성을 표현하는─ 예술성을 생성시키는 장치로서 기능할 수 있기 때문이다.

❖ 이 책의 비평작품에서 예시적 설명 ❖

남정현의 『분지』는 주인공 만수가 행한 반미, 반체제적 발언과 행동으로 인해 1967년 반공법 위반으로 처벌된 바 있다.9 이 소설에서 주인공 만수는 자기 누이동생과 동거하는 미군상사의 부인을 향미산(向美山)으로 데려가 강간을 하고, 미군에 포위되어 폭격으로 죽기 일보 직전의 상황에서 그간의 삶을 스토리텔링한다. 그런데 이 작품은 강간을 조장하거나 강간을 통해 반미를 표현한 것이 아니다. 이 점은 바로 정신분석학적인 구조주의 비평을 통해 밝혀질 수 있다. 즉 만수의 미군부인에 대한 강간은 미국이라는 '힘에 대한 질투의 구조' 속에서 이해될 수 있다. 즉 아버지의 힘을 질투하는 아들의 선망과 항거라는 정신분석학적 심리구조 속에서 미군부인에 대한 강간은 미국이라는 힘을 질투하는 행위로 이해될 수 있다. 질투는 그 힘을 부정하는 것이 아니라 선망하는 것이다. 그러므로 만수의 강간은 미국의 힘을 부정하는 것이 아니라 선망하는 것이 된다. 이로써 『분지』는 반미(反美)가 아니라 향미(向美)의 사상을 보여준다고 할 수 있다. 다시 말해 소설 『분지』

---

9 이 작품에 대한 자세한 비평은 [8]단락 참조.

에서 만수의 강간과 같은 형법 위반은 향미사상의 교묘한 정신적 특성을 예로 하여 인간의 보편적인 질투 심리를 표현하는 예술성을 생성시키는 장치의 하나로 기능한다.

(2) 작가의 형법 위반과 숭고미

형법 위반을 통한 작품의 숭고미 생성은 이처럼 작품의 구조 안에서, 즉 주관적 감각이나 사상을 표현하는 양식에 의해서 뿐만 아니라, 작가가 그 작품을 통해 현실세계에서 형사처벌을 받게 될 위험을 가져오는 표현을 무릅씀으로써 일어나기도 한다.

1) 형법과의 맞섬을 통한 작품의 전복적 의미 생성

작가가 형사처벌을 무릅쓰는 진지함은 작품에 대한 사회적 소통의 과정에서 그 작품의 진정성을 환기시키고, 그 작품이 구조적 또는 양식적으로 가질 수 있는 예술성의 한계를 넘어서게 만들기도 한다. 이것은 마치 신인가수의 노래가 그의 애절한 인생사에 대한 대중의 이해와 소통을 통해 더 극적인 것이 되는 현상에 견줄 수 있다. 감상의 맥락이 감상하는 작품의 예술성을 구성하는 것이다. 예컨대 메이플소프(Mapplethorpe)의 마치 포르노 사진 같은 작품들이 포르노가 아니라 새로운 예술로서 가치를 얻게 만드는 것은 그 사진의 고전주의적인 양식의 힘 때문만은 아니다. 그것은 유능하고 저명한 작가가 형법과 맞서는 긴장의 사회적 맥락 속에서 대중들이 비예술(포르노)과 예술(고상한 사진) 사이의 경계를 허무는 전복적 의미를 체험할 수 있었던 데서 비롯되는 것이다. 여기서 비평은 작품의 구조나 양식만이 아니라, 작가가 실정법에 맞서는 긴장 속에서 구조적, 양식적 예술성의 한계를 넘어서는 숭고미가 생성될 수 있다는 점도 포착해야 함을 알 수 있다.

2) 해체주의적 비평

그런데 이처럼 메이플소프의 포르노 사진을 예술작품이라고 해석하는 것과 같은 비평은 해체주의적 비평이 되기 쉽다는 점도 주목할 만하다. 첫째, 이성적으로 기능하고 있는 형법의 규범성을 작가의 미학적 목적을 위해 (그 행위에 적용될 형법규범에 한정하여 부분적, 단편적으로) 해체시킨다는 점에서 그러하다. 둘째, 이런 비평은 실정법의 (부분적, 단편적) 해체를 통해 새로운 법적 정의를 좇는 행위가 된다. 왜냐하면 형법을 위반함으로써 전복적 의미의 숭고미를 생성시키는 예술행위를 허용하는 형법, 바꿔 말해 기존의 형법에 저촉되는 양식의 작품에 대해서도 예술성을 승인하는 형법이란 지금까지 존재한 어떤 형법보다도 '더 자유주의적인' 형법이기 때문이다. 그러므로 이런 비평은 법을 해체함으로써 정의를 생성시키는 데리다식의 '해체주의' 전략을 충실히 좇는 것이 된다.

Ⅲ. 예술성을 통한 형법의 형성: 절제미

예술과 법의 범주적 충돌을 해소하는 또 다른 방법은 법이 예술작품과 예술가의 미학적 욕망을 수용하는 것이다. 법이 미학적 욕망을 수용한다는 뜻은 법규범의 내용을 미학적 가치로써 채워 넣는 것을 말한다.

1. 예술에 대한 법적 판단의 기능적 한계

최경태 화가의 〈여고생〉과 같은 에로티카 미술작품들은 흔히

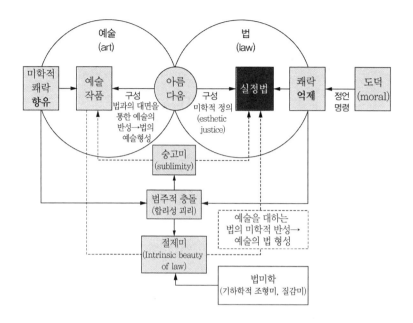

포르노와 구별되는 표현적 특징들이 상당히 있다. 그러나 음란성을 처벌의 문턱 아래로 완화시키는 정도로 사상적 예술성이 있거나 양식적 예술성이 있는지는 명확하게 판단하기가 쉽지 않다.

(1) 이원적 코드와 예술성의 다원성의 불일치

그렇다고 해서 법적으로 음란성과 예술성의 비교우위를 법의 전통적인 작동방식인 이원적 코드로 판단해서는 안 된다.

1) 법의 이원적 코드의 예술적 한계

이원적 코드란 법적 판단이 작동하는 기본적인 방식이다. 즉 법은 합법 또는 불법이라는 이원적 판단코드로 현실을 규율한다. 이 이원적 판단코드는 음란성과 예술성의 비교우위를 판단할 때에도 작동한다. 즉, 음란성을 형사처벌할 필요가 없게 만들 정도로 예술성이 있는(有) 경우는 합법, 그렇지 않은, 즉 그런 정도의 예술성이 없는(無) 경우는 불법으로 판단된다. 그러나 예술성과 그에 대한 판단은 그와 같이 합법과 불법의 이원적 판단에 상응할 수 있을 정도로 있음(有)과 없음(無)의 판단이 아니다. 예술성의 유무는 무수히 많은 단계를 갖고 있고, 다양한 비평관점에 따라 다르게 판단될 수 있다. 여기서 예술성의 다양한 수준은 합법과 불법이라는 형법의 이원적 코드에 의해 재단될 수 없음을 알 수 있다.

2) 예술성의 전복적 개방성

게다가 지금은 예술성이 매우 낮게 평가되는 작품도 언제 어떤 상황에서 높은 예술성이 있는 작품으로 재평가될지도 모른다. 예술작품의 예술성은 비평관점의 변화에 따라 그 가치가 전복적으로 변할 수도 있다. 예컨대 1866년 프랑스 화가 구스타프 쿠르베(Courbet Gustave)(1819~1877)가 그린 (현재 파리 오르세 미술관에 있는) 세상의 근원(L'Origine du monde)은 누워 있는 여성의 음부를 클로즈업하고 까맣고 무성한 음모를 매우 세밀하게 표현하였다. 누드화에서조차 음모를 전혀 표현하지 않았던 당시 회화의 전통에서 보면 이 그림은 음란물에 가깝다. 그러나 미술비평사에서 이 그림은 리얼리즘(realism)의 시조로 그 예술성이 높게 인정되고 있다.

(가) **전복성과 한시법**　　이를 예술의 전복적 개방성이라 부를 수 있다. 이런 전복적 변화가능성은 역사적인 변화이며, 법은 이 변화를 가능한 좇아갈 뿐, 이끌어가지는 못한다. 그렇기 때문에 예술성이 낮다는 오늘의 판단이 내일에는 예술성이 높다는 판단으로 변화할 잠재적 가능성이 모든 작품에 존재한다. 그러므로 오늘 예술성이 없다고 비평되는 작품에 대한 형법적 통제의 정당성은 마치 한시법(限時法)과 같이 매우 제한적이다. 이 점을 다음 그림으로 설명할 수 있다.

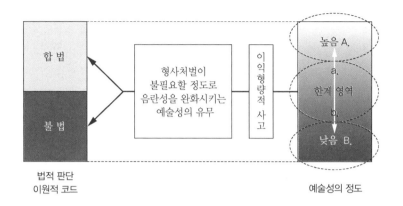

합 법

불 법

형사처벌이
불필요할 정도로
음란성을 완화시키는
예술성의 유무

이
익
형
량
적
사
고

높음 A.

a.

한계 영역

b.

낮음 B.

법적 판단
이원적 코드

예술성의 정도

(나) 비평에 귀 기울이기   하지만 이와 같이 형법의 이원적 코드가 예술성의 판단과 규칙적으로 조응할 수 없다고 해서, 예술성을 빙자한 음란물에 대한 형법적 통제를 포기할 수도 없다. 결국 형법적 판단은 예술비평에 귀를 기울임으로써 음란물에 대한 판단을 내릴 수밖에 없다. 여기서 예술비평이 바로 형법의 규범내용을 실질적으로 형성하게 됨을 알 수 있다. 사건마다 예술성을 비평적으로 판단하는 작업은 형법의 적용에서 핵심적인 작업이 된다. 여기서 인권을 발굴하는 법적 방법인 당사자의 말에 귀 기울이기는 예술에 대한 형법적 통제에 확장적으로 적용될 수 있다. 여기서 확장적이라는 것은 귀 기울이기가 당사자인 작가의 말에 대해서만이 아니라 비평의 언어에 대해서도 이루어져야 함을 뜻한다. 예술비평에서는 작가의 말보다 비평의 언어가 더 중요하다고 볼 수 있다. 예술작품의 예술성이란 순수하게 주관적인 것이 아니라 주관적 보편성(subjective universality)을 획득할 수 있는 것이어야 하기 때문이다.

예를 들어 최경태 화가의 〈여고생〉도 약하지만 나름의 예술성이 있고, 이 예술성은 음란성을 형사처벌의 문턱 밑으로 완화시키는 정도의 예술성(그림의 A지역)인지 아니면, 그렇지 못한 정도로 낮은 예술성(그림의 B지역)인지를 판단할 수 없는 중간지대(a)에 위치할 수 있다.[10] 신학철 화가의 〈모내기〉는 그것에서 읽히는 사상의 이적성에도 불구하고 작가가 추구하는 작가정신의 일관성을 통해 미약하나마 얼마간의 예술성을 생성시킬 수 있다는 점에서[11] 중간지대(b)에 위치할 수 있다. 물론 김인규 화가의 〈우리부부〉처럼 사진으로서의 예술성 거의 찾아보기 힘든 작품은 비교적 분명하게 낮은 예술성(B지역)만을 가질 뿐이다.[12] 그런데도 '예술(적 표현)의 자유'라는 이름 때문에 낮은 예술성도 때로는 마치 상당한 수준의 예술인 것인 양 평가되기도 한다.

(2) 이익형량적 사고가 아닌 비평적 판단

그러므로 형법으로 예술작품을 통제하려 할 때에는 그 작품에 대한 예술비평의 관점과 이론에 깊은 관심을 기울여야 한다. 물론 이 말은 법이 합법과 불법의 코드를 버리거나 버릴 수 있다는 뜻은 아니다. 합법과 불법은 예술비평적 판단을 최종적으로 법으로 옮기는 코드가 되기 때문이다. 하지만 합법과 불법의 코드를 형법의 개념이나 이론적 장치에 의해 논리적으로 운영하는 것은 버려야 한다. 대표적인 예가 이익형량(Interessenabwägung)의 사고이다. 이익형량의 사고는 충돌하는 이익을 저울질 하여, 더 중한 이익을

---

10 이에 관해서는 [4]단락 Ⅱ. 참조.
11 이에 관해 자세히는 [5]단락 Ⅱ. 참조.
12 이렇게 보는 이유로 자세히는 [4]단락 Ⅲ. 참조.

선택하고, 덜 중한 이익을 배제하는 방식으로 작동한다. 이럴 경우에 덜 중한 이익의 보호는 외면되기 쉽다.[13] 즉, 이익형량적 방법에 의해 외설성이 예술성보다 크다고 판단되면, 나름의 예술성이 있는 작품도 법적 의미의 음란물로 왜곡 평가되는 결과가 초래된다. 그러므로 먼저 작품의 예술성에 대한 비평적 판단을 충분히 한 다음, 그 판단의 결과가 명백하게 합법과 불법으로 분류될 수 있는지를 살펴야 한다는 것이다. 판례에서 사용하는 논증언어인 "작품의 예술적 가치, 주제와 성적 표현의 관련성 정도 등에 따라서는 그 음란성이 완화되어 결국은 처벌대상으로 삼을 수 없게 되는 경우"[14]는 있다, 없다가 아니라 높고 낮음, 많고 적음의 무수한 스펙트럼을 형성하는 예술성에 대해 이익형량적으로 판단한 결과를 가지고 합법과 불법으로만 억지로 분류하는 논증언어이다. 이 이익형량적 사고에 의하면 예술비평에 의해 예술성의 수준이 중간지대에 위치하는 예술작품들은 그 작품의 본성과 맞지 않게 강제적으로 합법 또는 불법의 세계로 편입될 수밖에 없게 된다.

2. 차용의 미학과 모방의 미학

(1) 형법의 차용미학

다시 말해 어떤 예술비평(이론)적 관점에 의하더라도 명백하게 예술성이 높다면(앞의 그림 A지역) 합법으로, 명백하게 예술성이 거의 없다면(B 지역) 불법으로 판단한다. 이렇게 예술성에 대한 비평

---

13 이익형량이 법을 형성하는 지배적인 패러다임으로 기능하는 점에 대한 분석과
    비판으로 Ladeur, "Abwägung -ein neues Rechtsparadigma?" *ARSP* (1983),
    473쪽 참조.
14 대법원 2005. 7. 22. 선고, 2003도2911 판결.

적 판단이 명확한 경우에 그 판단을 그대로 합법과 불법의 판단으로 전환하는 형법은 나름의 미학적 가치를 얻을 수는 있다. 즉, 예술을 보호하는 형법은 바로 그로 인하여 아름다운 것이며, 비예술을 규제하는 형법도 아름다운 것이다. 이럴 때 형법의 정당성은 바로 그것이 규율하는 작품의 예술성에 의해 채워진다. 그러나 예술성의 유무에 대한 판단이 명백하지 않는 경우(앞의 그림 한계영역 a, b)에는 형법은 예술비평의 내용을 주의 깊게 살펴, 형법이 동원할 수 있는 원칙, 대표적으로 비례성원칙, 의심스러울 때에는 시민의 자유이익을 우선함(in dubio pro libertate)이라는 원칙(시민자유우선원칙)과 형법적 통제를 완화하는 제도적 장치(예: 기소유예, 선고유예, 집행유예와 같은 다이버전 제도들)를 사용해야 한다.

(2) 형법의 모방미학

예술성이 음란성을 형사처벌의 문턱 아래로 완화시키는지 아닌지가 불분명한 경우에, 예술성을 승인하는 비평적 관점이 비교적 약한 수준(그림의 b)이라면, 이익형량적 사고뿐만 아니라 유형론적 사고도 그것을 불법으로 분류할 수밖에 없다.

1) 형법의 성찰적 태도

또한 예술성을 승인하는 비평적 관점이 비교적 강한 수준(그림의 a 수준)이라면, 형법은 그런 작품을 합법으로 분류할 수밖에 없다. 그러나 예술성을 인정하는 비평적 관점이 비교적 강하든 약하든 어쨌든 존재하고, 또한 낮은 예술성이 전복적으로 높은 예술성으로 뒤바뀔 가능성(예술의 전복적 개방성)이 존재한다는 점이 간과되어서는 안 된다. 특히 예술성의 전복적 개방성은 곧 효력기간이 끝나가는 한시법처럼 그런 예술작품을 규제하는 형법의 정당성을 약화시킨다. 바로 이런 상황에서 형법은 자제의 미덕이 필요하다. 특히 예술작품이 아무리 사회적 위험성이 있는 내용을 담고 있다고 할지라도 그것은 단지 '상징적으로' 법체계를 위태화하는 것일 뿐이라는 점도 중요하다. 그런 예술작품에 대한 형법적 통제는 형법의 정당성을 약화시키고, 장기적으로는 형법을 실효적인 제재규범이 아니라 단지 상징적인 규범으로 변질시킬 수도 있다. 다시 말해 예술작품에 대한 절제하지 않은 형법적 통제는 스스로를 위태롭게 하는 것이다. 그렇기 때문에 형법은 예술작품을 통제할 때 자신의 정당성을 되돌아보는 성찰적 태도를 견지하여야 한다.

2) 비율적 아름다움의 모방

여기서 형법의 성찰적 태도란 예술성이 음란성을 형사처벌의 문턱 아래로 완화시키는지 아닌지가 불분명한 경우에 '의심스러울 때에는 시민의 자유이익으로'(in dubio pro libertate)라는 시민자유우선원칙을 적용하는 것이다. 시민의 자유우선은 시민적 자유의 다른 영역보다 예술의 영역에서 한층 더 강력한 요청이 된다. 즉, 예술작품에 대한 형법적 통제는 그 작품의 음란성에 대한 의심이 '개연성'보다 낮은 '가능성'의 정도만 있어도 자제되어야 한다. 이를 두고 예술자유의 우선원칙이라고 개념화할 만하다.

자유우선원칙은 비례성원칙에서 연원한다. 이 원칙의 적용을 통해 형법은 비례성 있는 규범이 된다. 비례성은 곧 기하학적 조형미의 대표적인 요소이다. 바꿔 말해 형법규범은 시민의 자유우선원칙을 적용함으로써 아름다움을 얻게 된다. 그런데 예술자유의 우선원칙은 그 비례성을 더욱 엄격하게 유지하는 것이므로, 그것을 통해 생성되는 형법의 기하학적 조형미도 더 정교한 아름다움을 띠게 된다고 볼 수 있다. 이로써 형법은 단지 예술'을 위한' 형법이 아니라, 예술'의' 형법이 된다. 왜냐하면 기하학적 조형미의 엄격한 형상을 내향적 가치(intrinsic value)로 구현한 형법은 아름다운 자연의 비율적 구성을 모방(mimesis)한다는 점에서 예술성을 띤다고 볼 수 있기 때문이다.

(3) 사회적 유해성의 시뮬라시옹

예술작품의 음란성과 예술성이 어떤 수준에 있건 간에 형법이론적 개념인 사회적 유해성(Sozialschädlichkeit)의 수준에 이르지 않는다면, 역시 형사처벌은 정당화될 수 없다.[15]

1) 상징적 사회유해성

사회유해성이라는 형법이론적 개념은 특히 독일 형법 개정사에서 보듯 성윤리를 내용으로 하는 범죄구성요건의 폐지에서 매우 중요한 실천적 기능을 수행하였다. 이 개념을 예술작품에 적용한다면, 그것이 음란물이 되거나 이적물이 될 수 있으려면 사회유해성이 있는 것이어야 한다는 결론이 나온다. 이 사회유해성의 개념은 개인들 사이의 평등한 자유이익을 해치거나 그것을 보장하는 국가나 사회제도의 기능을 위태롭게 하는 것이라고 이해할 수 있다.

그런데 예술작품은 그 자체로서 또는 그 작품을 제작하는 행위가 사회유해적인 것이 아니라 그 이미지의 내용이 사회유해적인 것으로 평가될 수 있을 뿐이다. 그렇기 때문에 예술작품의 사회유해성은 실제적인 것이 아니라 상징적인 것이다. 하지만 상징이 사

---

15 비슷하게 예술작품은 그 자체의 내용상 음란성 때문에 처벌되는 것이 아니라, "작품의 반포, 선전방법 및 판매행위 등에 반사회성이 인정될 경우만 그 반포행위자가 처벌되는 것이다"고 보는 이준구, "예술의 자유와 형법규범", *고시계* (제28권 제8호, 1983), 43쪽.

▲ Barnett Newman, Who's Afraid of Red, Yellow and Blue Ⅳ, 1966 [17]

회에 널리 퍼지면, 곧 현실이 될 수 있다. 보드리야르(J. Baudrillard)의 시뮬라시옹(simulation)[16] 이론이 말해주듯, 상징은 아직 '있지 않은' 현실을 만들거나 현실을 과장함으로써 어떤 (정치적) 이데올로기적 기능을 수행할 수 있는 것이다. 가령 버넷 뉴먼(Barnett Newmann)의 그림, Who's Afraid of Red, Yellow and Blue Ⅳ가 1982. 4. 13. 독일 내셔널갤러리에 전시되었을 때 29세의 수의학과 학생에 의해 난타당한 사건은 그 그림의 이미지가 (검정, 빨강, 노랑으로 이루어진) 독일 국기를 오용(誤用)한 점에서 유태인인 뉴먼이 독일 사람들을 겁주는 것이라고 생각했기 때문이었다. 이미지는 이처럼 단지 감상의 세계에 머물지 않고, 현실을 만들어낸다.

2) 사회적 유해성의 상징의 현실화 조건

그러므로 예술작품이 그 음란성이나 이적성 때문에 사회유해성이 있는 것인지를 판단하기 위해서는 그 작품들의 상징들이 현실이 되기 위한 조건들이 얼마나 갖춰져 있는지를 고려해야만 한다. 이런 조건의 테두리를 설정하는 데에는 다음과 같은 관점은 매우 유용하다.

> "음란물이라는 개념표지에 포함될 수 있는 내용 자체가 매우 다양하며, 같은 내용이라도 전달매체에 따라 그리고 그것을 접하는 수용자에 따라 그리고 접하는 사회·문화적 환경에 따라 영향력이 달라질 수 있기 때문이다."[18]

---

16 J. Baudrillard (하태환 역), *시뮬라시옹: 포스트모던 사회문화론(Simulacre et simulation)* (민음사, 1992), 12~13쪽 참조.
17 그림사진은 구글(https://www.google.co.kr) 이미지 검색에서 나온 사진을 퍼옴.
18 주승희, *현행법상 음란물의 비판적 검토 및 합리적 규제방안 모색* (고려대 석사

가령 미술관에 전시되었는지, 그 미술관과 전시의 규모가 얼마나 많은 관객이 수용할 수 있는 것인지, 미디어에 의해 얼마나 많이 홍보되었는지, 19세 관람금지와 같은 제한을 하였는지, 관람자가 그 작품의 의미를 이해하는 마니아 중심으로 편중되는지 등등의 조건들을 들 수 있다. 이 조건들은 예술작품의 사회유해성이 상징의 세계에서 현실의 세계로 옮겨가기 위한 조건이 된다.

❖ 이 책의 비평작품에서 예시적 설명 ❖

① 가령 최경태 화가의 〈여고생(포르노그라피 2) 展〉 그림은 작은 미술관 전시였고, 관람객도 많지 않았으며, 미성년자 관람불가의 제한도 두었기에, 사회적 유해성은 여전히 상징의 세계에 머물러 있었다고 볼 수 있다.[19] ② 이에 비해 김인규 미술교사의 〈우리부부〉는 자신이 근무하는 중학교 학생들이 드나들 수 있는 홈페이지에 게시되어 있다는 점에서 그 사진이 창출하는 '도덕적 허무주의'의 이미지는 청소년에게 유해한 기능을 현실적으로 수행할 가능성이 높다.[20] ③ 이 중간 정도에 위치하는 사례가 신학철 화가의 〈모내기〉이다. 모내기는 소규모의 개인 전시전이 아니라 민족미술협회가 주최하는 〈통일전〉에 출품되었고, 캘린더에 인쇄 배포할 예정이었다는 점에서 좀 더 강한 전파성 있는 상태에 그림의 사상적 이미지가 놓여 있었다.[21]

학위, 2000), 13쪽.
19 이에 대해 자세히는 [4]단락 Ⅳ. 참조.
20 이에 대해 자세히는 [5]단락 Ⅲ. 참조.
21 이에 대해 자세히는 [7]단락 참조.

Ⅳ. 비평적 예술성의 차등적 고려와 숭고미의 생성

1. 음란성이 있는 예술에 대한 형법적 통제의 차등

형법의 자기성찰적 미학은 실제로는 두 가지 유형으로 나누어 구현할 수 있을 것이다. 첫째, 음란성을 형사처벌의 문턱 아래로 완화시키는지 아닌지가 불분명하고 예술성을 승인하는 비평적 관점이 비교적 약한 수준(그림의 b)인 경우에는 기소유예나 선고유예 또는 집행유예와 같은 다이버전(diversion) 제도를 통해 형법적 통제를 절제시킨다. 이러한 절제는 앞서 설명한 바와 같이 비례성원칙에서 나오는 자유우선원칙(in dubio pro libertate)이 적용된 결과이다.

둘째, 예술성을 승인하는 비평적 관점이 상당한 수준(그림의 a 수준)이라면 그 예술작품이 "음란성"의 법문언에 해당하지만 예술의 자유를 위하여 그 구성요건해당성이 조각된다고 보는 것이다. 물론 예술성이 거의 없다고 말할 수 있을 만큼 낮은 경우(B)에는 실형(벌금, 징역형)을 선고하고, 예술성이 의심되지 않을 정도로 높은 경우(A)에는 구성요건에 처음부터 해당하지도 않는다고 본다.

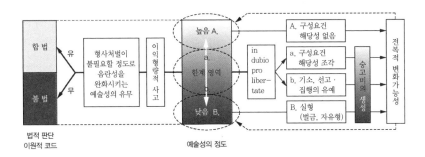

이 그림에서 벌금을 기소, 선고, 집행의 유예보다 무거운 형사
제재로 보는 이유는 벌금을 납부하지 못할 경우에 노역장유치 등
의 실형과 같은 제재로 이어지기 때문이다. 이는 형사소송법상 불
이익변경금지원칙(reformatio in peius)의 판단기준에 따른 것이기도
하다.

2. 형법적 제재를 통한 숭고미의 생성과 예술성의 전복

예술작품이 주관적인 감각이나 사상을 표현하는 양식이 생성하
는 아름다움이 낮은 경우(B, b)에 그 작품과 작가에 대한 처벌은
숭고미를 생성시키는 요인의 하나가 될 수 있다.

(1) 처분불가능한 표현의 자유의 오류

그러니까 작품의 예술성이 비평적으로 낮다고 판단되는 경우에
예술의 자유가 형법의 도덕적 통제보다 언제나 우위에 있다는 사
고 즉, 흔히 표현의 자유를 마치 처분불가능한 자연법적 실체처럼
숭배하는 것은 사실은 정치적인 것이지, 예술을 위한 것이 아니다.
왜냐하면 그런 제한 없는 자유의 공간에서는 역설적이게도 그 낮
은 예술성이 양식적으로나 사상적으로 더 높은 예술성을 생성시키
는 변화의 과정 속으로 들어가지 못하기 때문이다. 그러므로 세심
한 비평으로 작품을 판단하고, 법원은 그런 비평에 귀 기울여야
하지만, 비평적으로 널리 예술성이 저평가된다면, 작가로서는 형
사처벌의 위험을 무릅쓰는 진정성을 가져야 한다.

(2) 예술형법의 정당성 기초

이것은 예술을 위한 일이지, 형법이 배후에 두고 있는 도덕의 함양을 위한 것이 아니다. 왜냐하면 그런 처벌의 감수를 통해 숭고미가 생성될 수 있기 때문이다.

1) 도덕의 관철이 아닌 예술성의 고양

그러므로 예술을 통제하는 형법의 정당성은 그것이 관철하는 도덕성에 있는 것이 아니다. 예술형법의 정당성은 그의 통제기능을 통해 예술성을 고양시키는 데 있으며, 그런 고양이 가능한 한에서만 형법은 기능적으로 정당화된다. 그러므로 형사처벌이 예술가와 예술작품의 숭고미를 고양시킬 것인지에 대한 전망은 형사법관이 예술작품을 처벌하려고 할 때 바라보아야 하는 중요한 요소이며, 판결이유 속에 쓰여지지 않는 판결의 근거지음이 된다.

2) 권력이 아닌 규범으로서의 한계

여기서 간과할 수 없는 점이 있다. 형법이 도덕의 관철이 아니라 예술성의 고양을 통해서 정당성을 얻는다고 할 때, 그것은 오로지 형법이 통제하는 작품이나 작가의 예술성만을 뜻하지 않는다. 형법은 스스로의 미학적 가치도 유지해야 정당한 것이다. 그러니까 작가의 처벌을 통해 작품 외적으로 숭고미를 생성시키는 기능에서만 보면, 과잉의 형사처벌도 오히려 숭고미 생성에 더 기능적일 수 있다. 형법은 박해자이고, (양식적으로는 아직 미숙한 경지의) 작가는 순교자가 되는 것이다. 그런 상태에 이른 형법은 자신의 미학적 가치를 손상하기 때문에 정의로울 수 없으며, 그런 형법은 정의의 규범으로서가 아니라 예술가를 탄압하는 정치적 권력으로서 기능하게 된다.

(3) 집단기억 속의 숭고성 이미지를 통한 예술성의 고양

물론 숭고미는 작품의 구성과 표현의 양식을 통하여 작품이 생산하는 이미지 속에 내재될 수 있다. 어떤 작품이 비평적으로 매우 낮은 예술성만을 인정받았다면, 그것은 그 작품이 양식적으로 숭고미를 내재화하지 못한 결함에서 비롯되기 쉽다. 하지만 예술은 한 작가에게도 언제나 그의 인생과 함께 성장하며 변화한다. 그렇기에 작가가 감옥에 가고, 사회적 죽음을 무릅쓰는 것은 그 스스로 자신의 예술을 고양시키기 위한 예술적 퍼포먼스의 한 과정이 되기도 한다. 그런 퍼포먼스를 통해 작가가 죽음을 무릅쓰면 시간이 흘러 그 작품에는 숭고미가 (내재되는 것이 아니라) 뒤늦게 부착될 수 있다. 그렇게 부착된 이미지는 사회적으로 전파되고, 많은 사람들의 가슴 속에 부식적으로 침투하게 될 수 있다. 그렇게 되면 사람들에게는 그 작품이 마치 숭고미를 내재하고 있다는 기억이 집단적으로 생성될 수 있다. 그리고 집단적 기억이 품고 있는 숭고성의 이미지는 그 작품의 양식적, 사상적 숭고미의 결핍을 뒤덮을 수 있다. 그런 죽음과 생성의 시간적 진행 속에서 그 작가의 작품은 양식적으로 숭고미를 내재하는 단계에 이를 수도 있는 것이다.

제 2 부

예술의
음란성과 형법

[4]
회화의 음란성과 형법

I. 여고생 포르노그라피 전(展)의 형사재판

1. 최경태 화가의 작품세계

1957년생인 최경태 화가는 1987년에서 1990년대 중반까지 주로 민중미술계열의 작품을 만들었다. 특히 〈코리아 환타지〉는 그런 계열의 대표적인 작품으로 볼 수 있다. 이 작품은 "후기 자본주의 사회상을 그려냄으로써 그의 "희망"이 표현된 민중리얼리즘의 작품"[1]이라 할 수 있다. 이런 그림을 그리던 역량 있는 화가 최경태는 1990년대 후반 약 4년간 붓을 놓는다.

---

1 쌈지스페이스 갤러리의 〈1987부터 빨간 앵두까지 최경태 회화展〉(2003. 2. 14. ~ 2003. 3. 13.)에 대한 소개글(http://www.neolook.com/archives/20030209a 참조).

"희망이라는 신천지를 향해가던 몇몇 이들은 깃발을 내리고 모든 것을 정리했으며, 그 훈장으로 명예와 부를 얻었고, 또 다른 이들은 그들의 구체적인 삶으로 돌아와 아무렇지도 않게 아파트와 자동차를 구입했으며, 남아 있던 이들은 끝이 없는 싸움에 세월을 저당잡힌 채 힘겹게 희망이라는 허구의 산봉우리를 향해 지금도 걷고 있다. 제도권 화랑과 미술관들은 과거 불온시했던 민중미술에 때깔 좋은 옷을 입혀 브랜드를 만들었고, 박물관에 가두어버렸다. 1996년 노동자목파화 이후 나는 4년 정도를 놀았다."2

약 4년여의 공백기를 거친 최경태 화가가 들고 나온 작품은 의외로 〈여고생－포르노그라피〉였다. 2000년에 처음으로 그리고 2001년에 두 번째로 〈여고생－포르노그라피 2〉라는 전시회를 개최한다. 이 〈여고생〉 시리즈3는 양식으로만 보면 에로티카 회화에 속한다. 하지만 최경태 화가의 〈여고생〉이라는 에로티카 회화는 "정치적 포르노광 최경태의 문제적 말걸기"4라는 식으로 사상적 문맥 속에 놓이기도 한다. 그러니까 최경태 화가에게 민중미술계열의 작품과 여고생과 같은 에로티카 작품들은 동일한 사상적 연장선상에 있다고 평가되는 것이다.

---

2 김동일, *예술을 유혹하는 사회학. 부르디외 사회이론으로 문화읽기* (갈무리, 2010), 356쪽.
3 이하에서는 최경태 작가가 그린 많은 종류의 여고생 포르노그라피를 통칭하면서 동시에 문맥에 따라서는 2001년 형사처벌로 소각된 31점의 작품들, 그리고 가장 좁게는 이 책에 예시로 보여주는 인터넷에 널리 떠도는 당시 작품 가운데 하나, 그것도 여고생의 음부를 모자이크 처리한 그림을 지칭하는 것으로 한다.
4 최진욱, *최경태 "1987부터 빨간앵두까지" (2003. 2. 14. ~ 3. 13.) 쌈지스페이스 갤러리의 전시 서문 (최진욱의 블로그 http://blog.naver.com/geneuk/10028023504 참조).

2. 〈여고생〉의 형사처벌

그러나 대법원은 최경태 화가의 〈여고생〉을 형법이 금지하는 음란한 도화로 바라보았고, 그의 작품 31점은 압수되고 소각되었다. 최경태 화가에게 벌금형이 선고되었으며, 판결이유는 다음과 같다.

"형법 제243조에 규정된 '음란한 도화'라 함은 일반 보통인의 성욕을 자극하여 성적 흥분을 유발하고 정상적인 성적 수치심을 해하여 성적 도의관념에 반하는 것을 가리킨다고 할 것이고, 이는 당해 도화의 성에 관한 노골적이고 상세한 표현의 정도와 그 수법, 당해 도화의 구성 또는 예술성, 사상성 등에 의한 성적 자극의 완화의 정도, 이들의 관점으로부터 당해 도화를 전체로서 보았을 때 주로 독자의 호색적 흥미를 돋구는 것으로 인정되느냐의 여부 등을 검토, 종합하여 그 시대의 건전한 사회통념에 비추어 판단하여야 할 것이며, 예술성과 음란성은 차원을 달리하는 관념이므로 어느 예술작품에 예술성이 있다고 하여 그 작품의 음란성이 당연히 부정되는 것은 아니라 할 것이고, 다만 그 작품의 예술적 가치, 주제와 성적 표현의 관련성 정도 등에 따라서는 그 음란성이 완화되어 결국은 형법이 처벌대상으로 삼을 수 없게 되는 경우가 있을 수 있을 뿐이다."[6]

▲ 최경태, 〈여고생〉 전시회 (2011) 중 한 점 [5]

---

5 이 이미지는 네이버(naver)의 다양한 블로그에 게재되어 있는 사진이며, 성기부분을 회색 사각형으로 가린 것은 예술작품으로 생각하는 작가에게 매우 유감스럽고 미안한 일이지만, 대법원에서 음란물로 판단 받은 점을 존중하기 위한 것임을 밝혀둔다.
6 대법원 2002. 8. 23. 선고, 2002도2889 판결.

이러한 판례를 평석하자면 두 가지 비평을 해야 한다. 하나는 예술작품에 대한 형법적 통제에 대한 형법이론적 비평이고, 다른 하나는 작품에 대한 예술비평이다. 이 예술비평을 양식과 사상 그리고 비평의 측면에서 살펴보기로 한다.

II. 사상적 예술성

1. 개념주의적 퍼포먼스

최경태 화가의 〈여고생〉을 그의 민중예술계열의 초기 작품들과의 사상적 연장선상에서 바라본다면, 이 작품에 대한 비평은 ─예술의 가치는 어떤 기능(들)을 수행한다는 점에 있다고 보는[7]─ 미학적 도구주의의 입장에서 진행될 수밖에 없다. 즉, 〈여고생〉이라는 작품의 예술성은 작품 밖의 목적(외향적 가치),[8] 이를테면 여고생이 원조교제나 성매매를 하는 성적 타락이 만연한 자본주의체제의 병폐에 대한 대중들의 무의식을 깨우는 목적의 달성에 유용하다는 점에 있다. 그의 2011년 〈절망의 말걸기 展〉(자인제노 갤러리)을 보면, 2001년의 〈여고생─포르노그라피 2 展〉과 마찬가지로 2011년에 전시된 〈여고생〉 시리즈들도 대중들의 무의식을 일깨우는 '말걸기'로 이해된다.

또한 여고생 시리즈는 최 작가의 초기 작업들, 즉 민중미술적인

---

7 T.J. Diffey, "Aesthetic Instrumentalism", *The Britisch Journal of Aesthetics* (Vol. 22, 1982), 337~349쪽.

8 이에 관해 자세히는 이상돈, *법미학* (법문사, 2008), 23쪽 아래 참조.

리얼리즘의 작업들이 민중들의 삶의 애환을 표현함으로써 '희망'을 암시한 것과는 정반대로, 자본이 최고가치가 된 비인간적 시대와 그 위선에 대한 반항적 '절망'을 보여준다고 한다.[9] 이런 말걸기는 비평가의 눈[10]에 〈여고생〉을 일종의 개념주의적 퍼포먼스(conceptual performance)로 비춰지게 한다. 다시 말해 개념(concept), 즉 사상을 통해 작품의 예술성이 구성된다는 것이다. 이런 사상적 예술성은 그 사상에 대한 비평적 이해를 갖지 못한 사람에게는 체험되지 않을 수 있다. 그렇기 때문에 최경태 화가의 〈여고생〉도 어떤 사람에게는 포르노와 같은 것이 될 수도 있는 것이다.

2. 사상적 예술성에 대한 분석

여기서 〈여고생〉은 과연 그와 같은 자본사회의 병폐를 비판하는 사상을 표현함으로써 예술성을 확보하는지를 살펴보아야 한다.

(1) 예술 밖의 목적과의 무관련성

첫째, 여고생의 성매매나 원조교제가 자본주의체제에 고유한 병리적 현상인지부터 의문이다. 모든 인간사회에 보편적인 병리적

---

9 2003년 쌈지스페이스 갤러리가 최경태 화가의 〈1987부터 빨간 앵두까지〉 최경태 회화展을 개최하면서 낸 소개글임. 현재는 폐관되고 홈페이지가 없으나 당시 http://www.ssamziespace.com/에 게시되었던 글(현재는 블로그 http://smallnews.blog.me/19291221에서 찾을 수 있음)을 보면 다음과 같다: "민중적인 삶의 애환을 표현한 이전의 작업이 희망을 암시한다면 「여고생」시리즈는 자본이 최고가치가 되어버린 비인간적인 시대와 그 위선적 덕목을 인정하지 않는 작가의 반항적 '절망'을 엿보게 합니다."
10 이 개념을 사용하는 최진욱 작가가 최경태 화가가 2003년에 연 전시회(2003. 2. 14.), 〈쌈지스페이스 – "1987부터 빨간 앵두까지"〉에 대해 한 비평글(http://www.neolook.com/archives/20030209a) 참조.

현상이라면, 〈여고생〉그림은 그런 말걸기의 목적을 수행하기에 유용한 도구가 되지 않는다. 가령 자본주의체제가 덜 성장한 국가 (예: 태국)에서 자본주의체제가 고도로 성장한 국가(예: 미국)보다 여고생의 성매매가 더 많이 일어난다는 현실은 최경태 화가의 〈여고생〉이 그런 도구적 유용성이 없음을 보여준다.

(2) 예술 밖의 목적 달성에 부적절한 표현적 특성

둘째, 여고생 그림에서 자본주의 병폐를 환기시키는 이미지가 이 그림의 양식적 특징으로 표현된 바가 있는지도 의문이다.

1) 포르노적 포즈의 비사실성

가령 신학철 화가의 〈모내기〉[11]와 같은 그림을 보면, 사상성이 그림의 표현적 특성으로 이어져 있는 데에 비해, 이런 사상과 표현적 특성의 연결이 〈여고생〉에서는 발견되지 않는다. 가령 포르노 잡지 펜트하우스(Penthouse)에서 빈번히 등장하는 모델들의 뒤태 포즈가 원조교제를 하고 성매매를 하는 여고생이 보여주는 성적 표현의 현실인지부터 의문이다. 자본주의 사회의 병리적 현실로서 여고생의 성매매에서 그런 포르노 배우스러운 포즈가 현실이 아니라면, 〈여고생〉은 자본주의 사회의 병폐에 대한 대중의 무의식을 일깨운다는 목적을 수행할 수 없다. 다시 말해 〈여고생〉은 작가가 고발하려는 '현실성'을 담고 있지 못하다. 사상성으로 예술성을 구축하려는 작품은 '르포'(reportage)와 같은 기반이 없이는 마치 사상누각(沙上樓閣)이 되기 쉬운 것이다.

---

11 이에 대해서는 아래 [7]단락 참조.

그러므로 2001년 〈여고생(포르노그라피 2) 展〉의 그림들은 아직 성장하지 못한 개념예술적 터치를 갖고 있을지는 몰라도 '인간애적 리얼리즘의 회화관'이라는 평을 받기엔 좀 이른 듯하다. 다만 최경태 화가가 그 사건의 시련 이후에 연 전시회인 〈쌈지스페이스 - 1987부터 빨간 앵두까지〉의 그림들에서는 인간애를 추구한 사실주의적 회화관이 르포 성격이 취약한 개념예술의 지층 위에 새로운 지층을 형성하고 있는 것이 엿보인다. 이런 점에서 2003년 이후의 최경태 화가의 그림은 훨씬 높은 예술성을 생성시키고 있다고 볼 수 있다.12

2) 개념예술이 아닌 미미한 선전수단으로서 말걸기

여고생의 깨끗한 몸의 성기는 프로이트(Freud)의 개념으로 보면 리비도(libido)를 증강시키는 아름다움의 표현적 도구가 된다. 따라서 최 작가의 〈여고생〉은 추함을 드러내어 자본주의사회의 병폐를 극복하려는 방편이 되기 어렵고, 오히려 아름다움을 상업화하는 현실을 고발할 수 있을 뿐이다. 하지만 이 고발, 즉 비평가들이 말하는 민중에게 말걸기는 대중과의 소통을 통해 사상을 공유하는 기획이라기보다는 자신의 사상을 전파하는 수단으로서 기능할 뿐이다. 그런 점에서 최경태 화가의 〈여고생〉은 개념예술(conceptual art)의 미학적 구조를 가지지 못한다. 개념예술의 예술성은 그 작품이 제기하는 개념, 즉 사상이 작품의 감상을 통해 관람자와 작가에게 공유됨으로써 비로소 구성되는 것이다. 그러나 〈여고생〉의 말걸기는 이미 작가가 갖고 있는 사상을 무의식 상태의 대중에게 환기시키고, 알려주는 선전행위이기 쉽다. 하지만 그렇게 선전되

---

12 이런 변화를 오히려 다소 비판적으로 바라보고, "빨간 앵두가 공권력에 패배한 이후의 후일담, '여고생' 시리즈의 후퇴한 결정판"이라고 보는 견해도 있다. 허용철, "포르노 여고생, 얌전히 빨간 앵두로 돌아오다", *중등우리교육* (통권 제158호, 2003), 131쪽.

는 사상마저도 최경태 화가의 민중예술계열에 속하는 다른 누드화, 예컨대 1988년의 〈전사〉와 비교해보면, 상대적으로 그 사상성이 빈약한 것이라고 할 수 있다.

(3) 성적 욕망의 자연주의

그러나 〈여고생〉은 여고생의 성(기)에 대한 욕망을 그대로 표현하고 있는 것이라고 볼 수도 있다. 이 점은 최경태 화가의 다음과 같은 말에서 분명해진다.

"내가 '여고생'을 그림의 소재로 선택한 건 깊은 뜻이 있는 것은 아니야. 나는 단지 성숙되어 있지 않은 여고생의 깔끔한 성기가 좋을 뿐이지. 물론 대한민국 모든 여고생들의 성기가 그렇게 깨끗한 것은 아니겠지만. 아직도 대다수는 성적경험이 없을 테고, 아저씨들은 그녀들의 그 '처음' 같은 느낌을 갈구하고 있지 않나 싶어. 실제로 그녀들은 그것으로 경제활동을 하며 물질적 욕구를 채우고 있고, 또 경제적으로 여유 있는 아저씨들은 그녀들에게서 그 '처음' 같은 느낌을 사고 '보상'을 해주고 있지. 그게 뭐 잘못된 거지? 왜 그녀들과 아저씨들을 단속하는 거지? 미성년자가 아닌 여성들과의 매매춘은 괜찮은 건가? 단지 '미성년자'라는 이유만으로 여고생들의 경제활동을 규제하고 있는 이 땅의 도덕과 법은 그렇게 자신만만한가? 그녀들도 핸드폰을 가져야하고, '이쁜 것'이 최고가치인 사회에서 그녀들도 이쁜 옷과 악세사리를 사야하는데, 어떻게 하나? 가진 거라곤 '풋풋한 몸뚱아리' 밖에 없으니... 돈이 모든 가치에 우선하는 이 시대에 '여고생 몸팔기'를 누가 규제하고 누가 감히 돌을 던질 수 있지? 그녀들이 그녀들의 몸을 가지고 '알바'를 하던 말던 그것을 규제할 도덕이 지금 우리사회에 존재하나? 티 없이 깨끗하고 팽팽한 피부. 누구의 손도 거치지 않은 듯한 핑크빛의 유두. 아직 다 자라지 않은 골격과 음모. 처음인 듯한 성기를 난 그리고 싶어. 단지 그 이유 때문에 '여고생'을 그리지. 나는 솔직해지고 싶어."13

1) 원초적 욕구의 미학적 표현

〈여고생〉에서 읽히는 작가의 욕망을 이렇게 이해한다면, 그 욕망은 매우 자연주의적인 욕망이 된다. 예컨대 여고생의 '처음인 듯한 성기'를 그리고 싶은 욕망은 〈욕구→욕망→순수욕망〉이라는 라깡의 유형적 개념14에서 보면 순수욕망이나 사회적 가치에 지향된 욕망(desire)이 아니라 원초적 욕구(needs)에 해당할 것이다. 이런 원초적 욕구를 좇는 욕망은 기존의 사회적 가치체계에서는 저급한 아름다움을 생산해낼 수 있을 뿐이다. 작가는 원초적 욕구의 적나라한 표현을 통해 그것이 저급하다는 사회적 평가를 오히려 사회의 위선으로 전복시키려는 것으로 볼 수 있다. 그것이 작가가 이 시대의 절망을 극복하는 방법이라 할 수 있다.

2) 전복되는 가치체계의 세 가지 차원

하지만 이때 전복되는 가치체계는 세 가지가 면밀하게 구분되어 고찰되어야 한다.

(가) **문명적 성찰**   첫째, 여고생이 자신의 상품에 대한 욕망과 성을 교환하는 현상을 병리적 현상으로 바라보는 가치관이다. 작가가 〈여고생〉을 통해 이런 가치관을 전복시키려 했다면, 근본적으로 이성적 사회의 도덕적 가치를 해체해야만 한다. 이 작업은 문화적 다양성의 차원을 넘어 인류의 '문명화'(civilization)를 거스르는 성찰을 필요로 한다. 마치 보노보(bonobo) 사회처럼 열매와 섹스를 제한없이 마치 인사처럼 교환하는 사회로 인류의 문명이 거슬러

---

13 이는 최경태, "절망에 대한 고백"의 전문임. 이 글을 직접 구할 수 없었기에 블로그 갤러리담(http://cafe.daum.net/gallerydam)에서 인용한 것을 재인용하였음을 밝혀둠. 이 블로그의 주소는 http://cafe.daum.net/gallerydam/4K6P/483 임.
14 이에 관해서는 앞 [3]단락 Ⅱ. 참조.

올라가야 할 듯하다. 그러므로 〈여고생〉의 가치 전복이 이런 문명적 성찰의 차원에서 진행되는 것은 아닐 듯하다.

(나) 문화적 성찰   둘째, 여고생과 같은 미성년자가 이성사회의 일원으로 성장하기까지는 성에 대한 금욕주의적 태도를 유지하게 하는 근대사회 이후의 훈육시스템을 전복시키는 차원이다. 복잡한 현실의 합리적 관리를 위해 필요한 지적 능력과 욕구통제능력을 함양시키기 위해 전근대사회에서 미성년자들이 누렸을 성을 누리지 못하게 되어 버린 현실을 고발하는 것이다. 여고생의 성은 보호되어야만 한다는 이성법적 이념은 분명 여고생도 나름의 수준에서 성을 향유해야 한다는 인권적 측면을 외면하게 만들었다고 볼 수 있다. 만일 〈여고생〉을 통한 전복이 이런 인권적 측면을 드러내는 것이라면, 그런 성찰은 미성년자의 성에 대한 보호시스템의 '문화적'(cultural) 발전을 거스르는 성찰이라고 할 수 있다.

(다) 탈관습적 성찰   셋째, 그렇게 훈육과 보호의 체계에서 여고생의 성이 해방됨을 전제로, 여고생과 아저씨 사이의 성적 교류를 막는 관습적 장벽(예: 나이와 신분)의 윤리적 정당성이 전복될 수도 있다. 이런 탈관습적(postconventional) 성찰은 그 전복적 의미를 〈여고생〉이라는 작품에 내재된 이미지가 아니라 그 작품에 대한 작가의 관계설정으로부터 생성시킨다. 즉, 작가가 자신의 그리기에 대한 자의식을 바로 그리는 과정(또는 퍼포먼스)에 투입하는 것이다. 따라서 〈여고생〉을 그리는 작업은 곧 성적 관계의 관습을 해체하는 욕망이 실현되는 과정이기도 하다. 이때 그림 그리기는 무엇(대상)을 그리는 것이 아니라 '그리는 것을 그리는' 것이 된다. 이처럼 '그리는 것을 그리는 차원'은 포스트모던 미술의 특징이기도 하다. 〈여고생〉의 그리기를 통해 작가는 포스트모던 시대를 여전히 지배

하고 있는 관습적인 윤리를 전복시키고 있는 것이라 할 수 있다.

3. 사상적 예술성에 대한 판단

(1) 성찰역량에 대한 성찰

하지만 이런 성찰적 작업의 과정은 다시금 작가부터 상품화된 자본주의적 욕망에 지배받고 있는 것은 아닌가라는 의문을 갖게 한다. 작가가 의도했든 하지 않았든 그런 그림 그리기를 통해 미술 '시장'에서 작가의 이름 높이기나 주목받기와 같은 효과가 발생하기 때문이다. 또한 이 성에 대한 세 가지 차원의 성찰은 매우 전위적이라는 점에서, 양식적으로 단지 포르노와 유사성을 가지는 작품을 통해 적절하게 수행될 수 있는 것인지도 매우 의문스럽다. 가령 포르노그래피가 넘쳐나도 시민들은 인간사회와 보노보 사회의 문명적 간극에 대한 성찰을 하게 되지는 않기 때문이다. 또한 포르노그래피를 통해 여고생과 아저씨의 성교환에 대한 두터운 윤리적 반감을 해체하는 것 역시 기대하기 어렵다.

그러므로 〈여고생〉은 여고생의 성보호가 외면한 성향유, 성에의 접근성에 대한 성찰 정도를 수행하고 있다 할 것이다. 하지만 이 작은 사상적 성찰마저도 포르노와의 유사성이라는 부적절한 맥락에서 수행되고 있다. 그렇기 때문에 종합적으로 평가해볼 때, 사상적 예술성의 측면에서 〈여고생〉은 그렇게 높은 가치를 인정하기 어렵다.

(2) 음란성의 사상성에 대한 우위

사상적 예술성의 부족은 최경태 화가가 민중미술계열의 작품활동을 할 때 그린 일종의 누드화(왼쪽 그림)인 〈전사〉와 2001년 〈여고생〉을 비교해보면 쉽게 알 수 있다.

▲ 최경태, 전사, 1988 [15]

〈전사〉는 누드 차림의 여자에게 죽음을 가져온 거대한 힘에 대한 비판과 저항을 표현적인 양식 속에 담고 있다. 이로써 〈전사〉의 예술성은 그런 비판과 저항의 기초가 되는 사상성 위에서 탄탄하게 구축된다. 이에 비해 〈여고생〉은 그 냉소 짓는 표정에서 미약하게 비판과 저항의 사상을 읽어낼 수 있을 뿐이다. 그렇기에 〈여고생〉은 사상성의 차원에서는 음란성을 처벌의 문턱을 넘어서지 않을 정도로 완화하는 예술성을 갖는다고 평가하기가 어렵다.

Ⅲ. 양식적 예술성

〈여고생〉이 표현의 양식적 측면에서 어떤 예술성을 갖고 있는지를 분석해 본다. 이런 작품들은 포르노와 같으면서 동시에 다른 것일 때 포르노와 구별되는 예술성을 인정받을 수 있게 된다.

---

15 이 그림의 이미지는 구글(https://www.google.co.kr)의 이미지에서 퍼온 것임.

1. 같으면서 다름의 예술성

(1) 회화로서 〈여고생〉

〈여고생〉은 기본적으로 회화미술의 하나라는 점을 인정할 수 있다. 그 이유는 〈여고생〉이 회화의 핵심적 양식인 드로잉16과 같이 오랜 미술적 훈련 없이는 불가능한 작업방식을 통해 사물을 재현하고 있고, '오일 온 캔버스'(oil on canvas)라는 정통 회화의 질료적 특성을 갖고 있기 때문이다. 오일 온 캔버스는 나무 등으로 지지대를 만들고 그 위에 특수한 재질의 천을 댄 다음 유성 용재로 용해시킨 안료로 붓질하여 이미지를 생성시키는 방식이다. 작가는 이 방식으로 이미 칠한 붓질에 주관적 감각으로 만족할 때까지 다른 붓질을 더 가함으로써 사물의 재현을 사유적으로 통제하고 지배할 수 있게 된다. 그런 점에서 오일 온 캔버스는 모던 회화의 질료적 양식이 된다. 하지만 〈여고생〉이 이처럼 회화미술에 속한다는 점이 그것을 '법적으로' 음란물로 취급할 수 없게 만드는 것은 아니다. 그런 양식적 특성을 지닌 미술작품이 생성시키는 예술성이 어느 정도로 음란성을 완화시키는지를 검토해야 하는 것이다.

(2) 포르노와의 차이

에로티카 회화는 분명 포르노와 구별되어야 한다. 설령 포르노의 외형을 띠고 있어도(외형적 유사성) 포르노의 통속적 의미와는 구별(의미적 차별성)될 수 있어야 한다. 그런데 여기서 '같으면서 다름'이란 포스트모던 예술의 요청임을 되새길 필요가 있다. 즉, 한편으

---

16 이에 대해 임두빈, *미술비평이란 무엇인가* (서문당, 1996), 47쪽 아래 참조.

로는 포르노와 에로티카(Erotica, 性愛物) 예술 사이의 외관상 경계를 해체함으로써 예술의 고급성과 같은 도그마를 반성할 수 있다. 그러나 동시에 그런 반성은 예술작품이 또 다른 예술로 승화되어 가는 과정이며, 이 승화는 포르노와 새로운 양식적인 차이를 만들어냄으로써 비로소 가능해진다.

최경태 화가의 〈여고생〉은 얼핏 보면 포르노와 같은 외관을 갖고 있다는 점에서 포스트모던 예술의 경계 지우기를 보여준다. 그러나 그 작품이 포르노로 전락하지 않으려면 전통적인 고급예술이 가지지 못했던 새로운 '양식적 차이'(difference)를 만들어낼 수 있어야 한다. 이와 같은 '같으면서 다름'의 요청이 있음에도, 대법원은 〈여고생〉에서 포르노와 같음의 요소만을 바라보고, 다름의 요소를 면밀히 고찰하지 않은 것으로 보인다. 그래서 대법원은 최경태 화가의 〈여고생〉을 음란물로 취급한 것이라 할 수 있다. 여기서 〈여고생〉이 양식적으로 포르노와 다름이 있는지는 그 작품이 포르노가 되지 않기 위한 전제조건이 됨을 알 수 있다.

2. 포르노와 에로티카 회화의 양식적 차이

최경태 화가의 〈여고생〉이 에로티카 예술로서 포르노와 어떤 점에서 양식적인 차이가 있는지를 분석해본다. 만일 양식적 차이가 발견되지 않는다면, 앞서 검토한 사상적 맥락을 통해 예술성을 구축해야 하는데, 최경태 화가의 〈여고생〉은 그런 사상성이 취약하기 때문에 예술성이 인정되기 어렵다.

(1) 호색적 흥미의 표현과 문제 의식화의 표현

최진욱 미술평론가가 최경태 화가의 〈여고생 展〉을 변호한 비평[17]을 보면 여섯가지 점에서 〈여고생〉은 포르노와 다른 표현방식을 취하고 있다고 한다. ① 피부와 성기 등을 유화의 칙칙한 색깔로 표현함, ② 여고생의 얼굴표정이 멍하고, 수동적이며, 불경스런 포즈나 장난스런 표정을 지음, ③ 특별하고 별난 취향이 아니라 대표적인 성 취향을 표현함, ④ 성기의 표현을 기계적으로 단순하게 하고, 사진보다도 더 묘사적임, ⑤ 회화적 표현에서 상업적인 그래픽 방식을 사용함 등을 들고 있다. 이 표현양식의 특징들은 〈여고생〉이 ⑥ 성에 관한 불쾌감을 재현할 목적을 추구하는 것으로 해석할 수 있게 한다.

(2) 차이양식의 분석

에로티카 미술	포르노
칙칙한 색상	선명하고 화려함
멍하고 장난스런 표정	프로페셔널한 표정
대표적 성취향	특별나고 별난 성취향
묘사적	과장적
상업적 그래픽 (감각보다 생각 중심)	몽환적 (생각보다 감각 중심)

이런 표현의 특징들은 분명 포르노와의 차이를 만든다. 성욕을 유발하기 위해 포르노 사진이라면 ① 칙칙한 색상보다는 선명하고 화려한 색상을 사용하고, ② 모델로 하여금 멍한 표정을 짓거나 장난스러운 표정보다는 프로페셔널한 표정을 연출시키며, ③ 대표적 성취향보다는 특별하고 별난 성취향

---

17 최진욱, 2003년에 연 최경태의 전시회(2003. 2. 14.)인 〈쌈지스페이스－"1987부터 빨간 앵두까지"〉에 대한 도록의 서문 참조.

(special taste)을 좇는다는 점은 분명한 차이라고 할 수 있다. 여기에 '묘사적'인 표현양식과 상업적 그래픽 방식의 요소는 좀 더 상세한 검토가 필요하다.

1) 묘사성

〈여고생〉이 '묘사적'이라는 말은 표현주의 회화의 표현성과 포르노의 비예술적 양식을 비교함으로써 그 의미를 체험할 수 있다.

▲ Egon Schile, The dream one, 1911 18

㈎ **표현성의 부족**　묘사적이라는 말은 '표현적'(expressive)이라는 말과 다소 다르다. 표현적이라는 말은 (주관적 감각의) 표현성을 극대화하는 인상주의 회화나 표현주의 회화를 보면 쉽게 이해된다. 가령 오스트리아의 표현주의 화가 에곤 쉴레(Egon Schile)[19]가 여자의 자위를 상상하여 그린 〈꿈속에서 보다〉(The dream one)(1911)는 최경태 화가의 〈여고생〉보다 모델의 모습을 한층 더 특징적인 방식으로 묘사하고 있다. 쉴레는 어린 소녀의 누드 드로잉으로 인해 짧지만 감옥에도 갔었고, 그 작품이 불태워지기도 하였다는 점에서 최경태 화가와 유사한 경험을 가졌다. 하지만 최경태 화가의 〈여고생〉이 보여주는 묘사성은 쉴레의 〈꿈속에서 보다〉가 보여주는 표현주의 회화의 표현성보다 훨씬 부족한 표현성을 보여줄 뿐이다. 물론 최경태 화가의 최근 작품들은 이와 같은 표현성을 좀 더 많이 확보해가고 있는 것으로 보인다.

㈏ **과장성의 부족**　또한 〈여고생〉이 묘사적이라는 말은 포르노

18　이 그림의 이미지는 구글(https://www.google.co.kr)의 이미지에서 퍼온 것임.
19　쉴레의 미술세계에 대하여 자세히는 박덕흠, *에곤 실레 – 에로티시즘과 선 그리고 비틀림의 미학* (재원미술작가론 9, 2001) 참조.

처럼 '과장적'(depictive)이란 말과도 다르다. 포르노는 성욕을 유발하기 위한 목적 때문에 사실적이며 과장적이다. 즉 사실을 있는 그대로 묘사하는 사실주의와는 달리 포르노는 사실을 묘사하되 과장해서 묘사한다. 포르노 사진이 성기를 클로즈업 하는 앵글은 이를 보여준다. 묘사적인 〈여고생〉은 그와 같은 과장성이 비록 아주 없는 것은 아니지만 매우 약하다. 그런 점에서 포르노와 확연히 다르다. 또한 포르노의 과장성은 상상의 것이 아니라 사실성에 바탕을 두되, 몽환적인 성격을 띤다. 이에 비해 최경태 화가의 〈여고생〉은 단순히 여고생의 모습을 사실적으로 그리고 있는 것이 아니라 그 대상의 특징들을 부각시키면서 표현하는 것이다.

(다) **사실성의 부족**　　하지만 묘사성은 사실주의 회화의 사실성에 비하면 매우 부족한 사실성을 보여준다. 판례는 〈여고생〉의 그림이 음부와 음모 등의 묘사에서 극히 사실성을 띠고 있다는 점이 음란성을 구성한다고 보았다.

> "이 사건 도화는 교복을 입은 여고생이 성인 남자의 성기를 빨고 있는 모습, 교복을 입은 여고생이 팬티를 벗어 음부와 음모를 노출시킨 모습 등을 극히 사실적으로 묘사하고 있는 것이고…(중략)…이는 모두 보통 사람들의 성적 수치심과 선량한 성적 도의관념을 침해하는 음란한 도화 및 문서에 해당한다."(대법원 2002도2889)

그러나 성기묘사의 사실성은 결코 음란성을 구성하기 어렵다. 사실성을 외면한 회화의 인위적 양식들을 해체함으로써 해방적 이미지를 생성시켰던 리얼리즘 회화에서 사실성은 예술성을 생성시키는 핵심적인 양식이기 때문이다. 예컨대 구스타프 쿠르베(Courbet

Gustave)(1819~1877)가 그린 〈세상의 근원〉(L'Origine du monde)이 보여주는 여성 음부 묘사의 사실성은 그 작품의 핵심적인 예술성을 구성하는 양식이다. 역설적이지만, 최경태 화가의 〈여고생〉이 갖는 포르노적 성격은 여고생 성기 묘사의 사실성 때문이 아니라 완전히 사실적이지 못한 상태에서 포르노와 비슷하지만, 매우 적은 양의 과장성과 몽환성을 보여준다는 점에서 비롯된다.

⒝ **사상적 묘사성과 표현적 사상성**

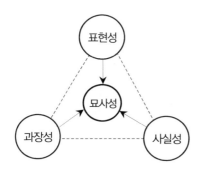

그러므로 '묘사성'이란 표현성과 과장성, 그리고 사실성을 꼭짓점으로 하는 삼각형의 중앙 부근에 위치한다고 말할 수 있다. 그런 점에서 묘사성은 서술성이 아니라 특성화된 서술성(qualified description)이라고 개념화할 수 있다.

① **사상적 묘사성의 새로운 양식성**　이런 묘사성이 예술성을 생성시키는 새로운 양식이 될 수 있다면, 최경태 화가는 〈여고생〉으로써 새로운 미술적 양식을 개척한 사람이 될 것이다. 물론 그렇지 못하다고 하여 〈여고생〉이 예술성이 없다는 결론에 바로 이르게 되는 것도 아니다. 예술성을 인정하기에 적합한 것이라고 검증된 양식도 일종의 스테레오 타입이기에 그것을 해체함으로써 새로운 양식이 생성될 수 있기 때문이다. 하지만 어중간한 양식의 묘사성이 음란성을 형사처벌이 필요하지 않은 정도로 완화시키는 예술성으로 인정받기는 쉽지가 않을 것이다.

하지만 〈여고생〉의 묘사성은 작가의 사상성과 결합되어 예술성을 생성시킬 여지는 있다. 물론 사상성이 앞서 본 바와 같이 그 작품의 양식 속에 용해되어 있지는 않다. 그럼에도 불구하고 이런 〈여고생〉의 양식을 '사상적 묘사성'이라고 개념화할 수도 있을 것이다. 이 사상적 묘사성이란 양식적 예술성도 약하고, 사상적 예술성도 약하다. 이런 약한 양식적 예술성과 사상적 예술성을 결합하면 형법적 통제를 벗어날 정도의 예술성을 갖는 것일까?

② 피카소의 입체회화와 표현적 사상성   이 사상적 묘사성은 새로운

▲ Pablo Picasso, Woman Pissing, 1965 [21]

양식을 개척하면서, 그 양식 속에 사상을 내재화시키고 있는 입체주의 회화와 비교해 볼 필요가 있다.[20] 피카소(P. Picasso)의 입체주의 회화는 원근법이나 명암법(에 의한 사실성)의 허위성을 해체하고, 시점(視點)을 복수화하여 색과 면을 분해하는 양식을 갖는다. 이는 근대 이성이 제1차 세계대전의 불행한 현실로 귀결된 근대 이성의 역사에 대한 성찰이 미술에 반영된 결과라고 볼 수 있다. 이를테면 인상주의의 감각적 시각성으로 정점을 보인 이성의 미학적 원리들(예: 원근법 등)을 해체하는 것은 근대적 이성을 해체하는 사상성을 지닌다. 누구도 피카소의 〈오줌누는 여자〉(Woman Pissing)를 포르노와 비슷하다고 생각하지 않는다. 그러면서도 이는 리비도의 원천을 새로운 양식을 통해 상징적으로 창출한다. 〈여고생〉은 사상성에서는 〈오줌누는 여자〉보다 높은 수준일지는 모르겠으나 양식성에서는 훨씬 낮은 수준이다. 〈오줌누는 여자〉는 매우 표현적인 양식이 매우 두드러지고, 사상

---

20 이하의 피카소 회화의 세계에 관한 설명은 이상돈, *미술비평과 법* (법문사, 2013), 197~198쪽에서 가져온 것임.
21 그림사진은 구글(https://www.google.co.kr) 이미지 검색에서 나온 사진을 퍼옴.

은 그 속에 엷게 배어 있다. 그런 점에서 '표현적 사상성'이라고 개념화할 수 있고, 이는 〈여고생〉의 사상적 묘사성과 대비된다. 〈오줌누는 여자〉의 예술성이 의심할 수 없이 높은 수준으로 인정된다면, 〈여고생〉의 예술성은 그에 못한 수준으로만 인정될 수 있을 것이다.

2) 상업적 그래픽

상업적 그래픽이란 마치 포스터처럼 감각을 둔화시키면서 전달하고자 하는 내용을 쉽게 인지할 수 있게 하는 기능을 수행하는 특성이 있다. 이에 비해 포르노는 정반대로 생각을 둔화시키면서 자극하고자 하는 감각에 의한 인지를 쉽게 만드는 기능을 수행한다. 게다가 포르노는 그런 감각을 과장적으로 표현하면서, 몽환적 세계로 이끄는 표현상의 특징을 갖고 있다. 그러므로 〈여고생〉이 상업적 그래픽의 회화적 표현방식을 따랐다는 비평이 맞다면, 그 그림은 포르노와 구별된다.

3) 포르노와 같은 적극적 성적 표현

하지만 〈여고생〉에는 포르노와 같은 표현적 특징도 있다. 가령 〈여고생〉에서 여고생이 취하는 자세, 이를테면 무릎 꿇고 엉덩이와 성기를 뒤태의 모습으로 보여주는 자세는 포르노 잡지 「Penthouse」의 모델들이 취하는 자세와 거의 유사하다. 이 표현적 특징은 앞서 부정한 〈여고생〉의 사상적 예술성을 오히려 긍정하게 만드는 요소의 하나가 될 수 있다. 왜냐하면 펜트하우스의 포르노적 성이 우리나라 성의 현실이라는 사상을 표현하고 있다고 해석할 여지가 생기기 때문이다. 하지만 이는 거꾸로 양식적 예술성을 인정하는 데 불리한 요소가 된다. 그런 자세의 표현은 포르노의 현실을 전달하는 요소이지, 회화의 고유한 양식적 특성이 되기는 어렵기 때문이다.

또한 이런 표현을 두고 추함의 드러내기를 통해 아름다움을 좇는 것이라고 비평하는 것은 적절하지 않을 것이다. 오히려 프로이트의 이론에서 말하는 리비도를 증강시킨다는 점에서는 에로스적 아름다움의 표현양식이 될 수 있다고 보아야 한다. 문제는 그 양식이 일차적인 성욕의 상업적인 확대재생산이라는 맥락에서 사용되고 있다는 점에 있다. 따라서 〈여고생〉의 그런 표현들은 예술성을 구성하는 잠재적 요소를 갖고는 있는 것이지만, 상업적 맥락에 함몰됨으로써 그 잠재력을 현실화하지 못하고 있는 것이라고 볼 수 있다.

(3) 포르노와의 차이를 넘어서는 예술성의 요소

포르노와 얼마간 차이가 있다고 해서 그 작품의 예술성이 인정되는 것은 아니다. 만일 예술성이 없거나 약하다면, 그리고 그림이 보통사람들에게 포르노와 비슷하게 성적 욕구를 유발하는 기능을 발휘한다면, 법적으로는 형사불법의 실질이 되는 음란성을 부인하기가 어렵게 된다. 여기서 ① 칙칙한 색상, ② 어색한 표정, ③ 보통의 성취향이라는 표현적 특징들은 최경태 화가의 〈여고생〉과 포르노와의 차이를 얼마간 만들어 내기는 하지만, 그것들이 〈여고생〉의 예술성을 적극적으로 구성하는 양식이 되는 것인지는 여전히 의문스럽다.

1) 묘사성의 예술적 양식성 여부

물론 ④ 묘사성은 앞의 ①②③ 요소들보다는 포르노와의 차이를 더 벌려놓기는 한다. 하지만 그것 역시 예술성을 적극적으로 생성시키는 요소인지는 다소 의문이다. 〈여고생〉이 보여주는 묘사성은 미술의 기법으로서 빠른 시간에 인물이나 사물을 스케치 하는 '크로키'(croquis)만큼 특징적 표현을 하지 못하고, 좀 더 사실적이다. 물론 지극히 사실적일 때 그 표현은 사실주의(realism)라는 회화의 확고한 양식이 됨으로써 예술성을 인정받게 될 것이다. 그러나 〈여고생〉의 사실성은 그런 양식성에는 이르지 못한다. 〈여고생〉처럼 에로티카 회화들은 포르노보다 과장성은 약하고, 표현성은 강하지만, 리얼리즘적 회화보다는 덜 사실적이며, 인상주의나 표현주의보다는 덜 표현적이다. 묘사성은 식물분류학에서 흔히 식물의 형태학적 분류를 위해 그 형상을 특징적으로 그리는 도감(圖鑑)의 그림과 상당히 유사한 표현적 특징을 보여준다. 식물도감의 식물형태학적 그림들에도 예술적 터치는 있다. 그러나 그것만으로 예술작품으로서의 예술성을 충분히 인정받기에는 여전히 부족함이 남는다.

2) 상업적 그래픽의 예술적 양식성 여부

상업적 그래픽도 미술의 한 영역에 속하긴 하지만, 회화예술의 예술성을 구성하는 양식적 특성이 될 수 있는지는 역시 의문이다. 〈여고생〉은 포스터로 제작된 것이 아니라, 회화로서 갤러리에 전시된 작품이다. 물론 회화는 양식의 해체를 통해 새로운 양식의 예술성을 추구할 자유를 갖는다. 그러므로 〈여고생〉과 같은 에로티카 회화가 상업적 그래픽의 기법을 사용하면서 역설적이게도 포르노적 특징인 감각중심성이나 몽환성과 같은 특성을 결합하였다면, 그 해체적 구성은 새로운 예술적 양식성으로 인정받을 수 있을 것이다. 〈여고생〉이 그런 '양식 해체하기'라는 양식성을 이루지 못했다고 단정할 수는 없지만, 그렇다고 이루었다고 단정하기도 어렵다.

Ⅳ. 사회적 유해성

1. 전시방법의 유해성

이상의 비평에서 〈여고생〉은 포르노와의 양식적 차이는 있으나 예술성을 높이는 양식적 특성들이 비교적 약한 편이며, 사상을 통한 예술성도 그리 높다고 보기 어렵다. 그런 점에서 예술성을 높게 평가하기 어려우며, 이는 그 그림이 주는 음란성을 형사처벌의 문턱 아래로 완전하게 낮추지 못함을 의미한다. 따라서 이 그림들이 인터넷에 일반 공개되는 방식으로 전시되었다면, 예컨대 선고유예와 같은 형사처벌이 적절한 것일 수도 있다. 이때 〈여고생〉은 법적으로는 음란물이 된다. 하지만 〈여고생〉은 19세 미만 관람불가라는 제한을 두고, 작은 갤러리에서 전시되었다는 점에서 그 사회적 유해성(Sozialschädlichkeit)이 매우 낮다고 보아야 한다. 갤러리라는 전시장은 대중이 아닌 관심 있는 관객이라는 특수한 집단과 작가가 소통하는 공간이다. 이 감성적 소통의 공간에서만 듀샹의 〈샘〉은 변기가 아닐 수 있다. 공간은 작품을 구성하는 요소로 기능하며, 작가를 포르노와 같은 상품의 제작자에서 예술가로 변환시키는 요소[22]로도 기능한다. 관람객은 갤러리라는 공간의 이와 같은 기능을 승인하고, 그것을 뒷받침하는 사람들이다. 그렇기에 작가가 갤러리에서 작품을 매개로 관람객과 만나는 감성적 교류의 영역은 어떤 작품이 갖는 외형상의 포르노적 요소를 오히려 포르노와 차별화된 의미를 생성시키는 양식적 특성으로 수용할 수 있

---

22 이런 견해로 김동일, *예술을 유혹하는 사회학. 부르디외 사회이론으로 문화읽기* (갈무리, 2010), 350쪽.

게 하는 영역이 된다. 이런 점에서 〈여고생〉 사건은 무죄판결이 더 적절했다고 볼 수 있다.

2. 처벌의 숭고미 형성

여기서 또 한 가지 주목할 점은 최경태 화가는 2000년 같은 개념의 전시회를 연 바 있다는 점이다. 당시 전시회는 크게 주목을 받지 못했다. 그렇기에 작가는 좀 더 관심받기 위해 여고생과 원조교제, 자위 등 우리사회에 아직 (청소년보호법의 법제가 제도화하는 바와 같이) 터부의 성격이 상당히 강한 소재를 사용했다고 보는 시각도 가능하다. 따라서 작가는 처벌의 가능성을 배제하기는 어려웠을 것이다. 그럼에도 그런 그림을 그리고 전시한 것은 작가가 죽음(형사처벌)을 무릅씀으로써 숭고미를 생성시키는 현상으로 볼 수도 있다. 그런 작가에게 실형(벌금형, 노역장유치)을 선고하는 형법은 오히려 추해졌고, 옥고를 치른 작가에게는 오히려 숭고미가 생성되는 아이러니가 발생하였다. 재판 이후 최경태 화가는 비평계와 대중의 더 많은 관심을 받게 되었고, 2007년에는 미국 전시회까지 열었다고 한다. 이런 과정을 통해 최경태 화가의 〈여고생〉 시리즈는 작품의 양식 측면에서도 상당히 숭고미의 이미지가 커졌다고 볼 수 있다.

[5]
누드사진과 형법

I. 미술교사 부부 누드사진 사건

　미술교사이자 화가인 김인규는 1984년 G사범대학을 졸업하고 T
여중 미술교사로 일하다 1989년 전교조활동으로 해직 당하고 옥
살이를 경험한 후 작품활동을 시작하였다. 1989년 충남 해미 천주
교 순교성지 14처 제작에 참여했고, 1992년 여성과 현실 전(展)(그
림마당 '민' 서울)을 열었으며, 1994년엔 민중미술 15년 전(展)(국립현대
미술관) 등에도 참여하였다. 1996년 제1회 개인전(21세기 화랑)을 열
었고, 1997년에는 황해의 역사와 환경 전(展)(인천종합문화예술회관)에
도 참여하였다. 1998년 제2회 개인전－껍질(21세기 화랑)을 열었고,
1999년 제2회 황해미술제－밥과 미술(인천종합예술회관), 2001년 신
세계미술제－주제공모전(광주비엔날레 교육홍보관)에 참가하기도 했다.
김인규 교사는 2000년 B중학교에 근무하면서 그 중학교 홈페이지

▲ 김인규, 우리
부부, 1996 [1]

에 링크되어 있던 자신의 홈페이지에 아내가 셋째를 임신한 모습과 자신이 함께 누드로 서 있는 사진을 〈우리부부〉(1996)라는 이름의 작품으로 올렸다.

이런 사진을 올린 그의 예술관을 요약해보면,[2] 그는 유치장 생활을 통해 ① 물질로서 존재하는 자신, 즉 몸에 관심을 갖게 되었고,[3] ② (표현기법에서 볼 때) 포르노의 정반대편에서, ③ 성의 상품화에 저항하기 위해 허구성의 극대화를 통해 허구성을 폭로하는 전략을 사용한 것이며, ④ 몸은 불결한 것, 억압되어야 할 것이 아니라 그 자체로서 아름

---

1 구글(https://www.google.co.kr)의 이미지 검색('김인규 우리부부')에서 나온 사진을 퍼옴. 다만 작가는 있는 그대로 드러내야 예술성이 있다고 보는 것임에도 불구하고, 대법원에 의해 음란물로 판결을 받은 작품이라는 점에서 필자는 부득이 성기와 가슴 부분을 가렸고, 부부의 얼굴도 식별할 수 없도록 모자이크 처리했다. 김인규 화가도 자신의 작품이 형사사건화 되었을 때 미디어가 보도했던 〈우리부부〉 사진은 이미 그가 의도했던 의미의 사진이 아니었음을 비판하고 있다 (김인규, 나의 그림은 실제상황이다 (푸른나무, 2002), 159~160쪽). 그의 항변은 맞다. 미디어의 보도는 사실을 왜곡하곤 한다. 그런데도 이 책에서 나는 김인규 화가에게는 미안한 일이지만, 그의 〈우리부부〉가 아닌 모자이크 처리된 〈우리부부〉를 두고 논의를 해야만 할 것 같다. 이 사진의 예술성에 대한 논의는 우리 사회에서 꼭 필요하고, 그래서 이 글의 논의에서 정확한 사진은 아니지만, 대강 어떤 구도에서 어떤 표현으로 만든 작품인지에 대한 인식 정도는 있어야 하기 때문이다. 대법원 판결에 대한 존중과 작가의 의도에 대한 존중 그 사이에서 이렇게 모자이크 처리된 사진을 놓고 논의하는 것에 대해 김인규 화가를 포함한 모든 이의 깊은 이해와 아량은 부탁드릴 수밖에 없을 것 같다.

2 김인규, 나의 그림은 실제상황이다 (푸른나무, 2002); 김인규 교사가 학부모님께 드리는 글(http://cafe.naver.com/kunst2009/142) 참조. 다만 이 사이트에 인용된 김인규 교사의 글이 실제로 본인이 작성한 글인지는 나는 알 수 없다. 특히 이 글을 보면 자신을 지칭하는 대명사가 '제가' '내가' '나는' '저의' 등 존칭 표현에서 극도의 혼란을 보이고 있다는 점에서 의심이 남는다. 그러나 여기서는 〈태도가 교육을 만든다 -예술교과서 다시쓰기, 경기문화재단 -문화예술교육 교재활용 워크숍 1〉의 카페에 게재된 내용을 신뢰하고 비평하기로 한다. 만일 이 글이 김인규 교사 자신의 글이 아니라면, 어느 가상의 비평가 글로 이해하면 될 것이다.

3 김인규, 나의 그림은 실제상황이다 (푸른나무, 2002), 99~111쪽 참조.

다울 수 있는 것이며, 그래서 그의 작품은 '있는 그대로의 신체를 회복'하는 표현이라고 주장한다.[4]

그러나 2001. 5. 26. 김인규 화가는 긴급체포 되어 기소되었다. 2002. 12. 27. 1심인 대전지법 홍성지원에서는 무죄[5]가 선고되었고, 2003. 5. 2. 항소심인 대전고등법원 합의부에서도 무죄가 선고되었다.[6] 그러나 2005. 7. 22. 대법원[7]에서는 〈우리부부〉 사진과 다른 두 작품 〈남근주의〉, 〈그대 행복한가〉를 유죄로 인정하였다.[8]

II. 양식적 예술성

1. 포르노와의 양식적 차이

김인규 화가는 자신의 작품이 포르노와 양식적으로 다르다고 한다.

"제가 만든 것들은 오히려 부모님들이 우려하시는 포르노물의 정반대에 서 있는 작품입니다. 지적하시는 신체를 다룬 저의 작품들은 여러 가지 면에서 포르노물과 다릅니다. 첫째, 사람의 몸을 단지 성적인 대상으로만 바로 보는 편협한 부분에 대한 저항의 의미를 담고 있습니다. 그것을 오히려 과장하고 그로테스크하게 만들어 풍자하는 방식을 사용하고 있는 것입니다."[9]

---

4 이 사건에 대한 자료들은 http://cgi.chol.com/~ingyu200/cgi-bin/technote/main. cgi?command=main_htm&board=passage에 모아져 있다.
5 대전지법 홍성지원 2002. 12. 27. 선고, 2001고합54 판결.
6 대전고등법원 2003. 5. 2. 선고, 2003노31 판결.
7 대법원 2005. 7. 22. 선고, 2003도2911 판결.
8 이 사건의 재판경과에 대해 자세히는 고시면, "홈페이지에 알몸사진 등의 작품들을 게시한 '미술교사 김인규사건'에 대한 대법원의 판결", *사법행정* (제10월호, 2005), 13~23쪽 참조.
9 김인규 교사가 학부모님께 드리는 글(http://cafe.naver.com/kunst2009/142) 참

(1) 그로테스크

여기서 그로테스크는 같은 사진이라도 포르노와 예술을 구별하게 만드는 요소로 사용되고 있다. 그로테스크(grotesque)란 원래 고대미술에 대립되는 근대미술의 특징으로서 낭만주의적인 환상의 근원적 형식을 가리킨다. 하지만 오늘날에는 널리 역설, 기괴함, 웃김의 요소에 집착함으로써 전율적인 작용을 가져오는 왜곡되고 희화화한 표현을 뜻하게 되었다.

1) 예술성을 구성하는 양식으로서 그로테스크

가령 김인규 화가의 이 사진과 함께 기소되었던 다른 작품인 〈무제〉(1996)라는 작품은 좀 그로테스크한 성격이 있다.10 이 회화는 마치 변기와 같은 물체에서 똥·오줌이 내려가는 중앙의 구멍 난 부분에 남자 성기를 또아리고 있는 모습을 그리고 있다. 이 그림은 대법원에서도 무죄판결을 받았다. 그림의 양식적 아름다움이 높지는 않지만, 그 그로테스크함은 성기의 노출이라는 음란한 표현에도 불구하고, 그리고 그 추함에도 불구하고 기괴함의 표현양식은 뭔가 알지 못하는 환상의 세계가 있을 듯한 의문을 감상자에게 남겨준다. 이러한 그로테스크라는 표현양식을 바라보지 않는다면, 이 그림의 예술적 요소를 바라보지 못하는 것이 된다. 그러므로 예술성에 대한 논증을 생략한 채 무죄를 선고한 대법원의 판결은 음란성이 없음을 다음과 같은 판결이유로 설시할 수밖에 없게 된다.

조. 다만 이 글에는 그로테스크가 그로테크로 표기되어 있는데…오기라고 보고 여기서는 그로테스크로 썼다고 간주한다.

10 이하에서 김인규 화가의 작품이 갖는 그로테스크함에 대한 비평적 논의는 이상돈, *미술비평과 법* (법문사, 2013), 201~206쪽과 상당한 부분 같은 것임.

▲ 김인규,
무제, 1996 [11]

"'무제'라는 작품(공소사실 제2항)은 진한 남색의 플라스틱제 환자용 변기 바닥의 한 가운데에 남자의 성기가 자리잡은 모습(발기되지 않은 모습)을 그린 것으로서 그림 전체에서 성기가 차지하는 비중이 매우 작고 그 성기가 두드러져 보이지도 아니하여 언뜻 보기에는 남자의 성기로 보이지 아니할 정도인 점, 그림을 전체적으로 보면 성기가 환자용 변기에 압도되어 있어 성기보다는 환자용 변기의 이미지를 먼저 갖게 될 가능성이 높아 보통 사람으로 하여금 성적 흥분이나 수치심을 불러일으킨다고 보기는 어려운 점"(대법원 2005. 7. 22. 선고, 2003도2911 판결).

결국 대법원은 표현된 성기가 작게 그려져서 음란성이 없다는 것이다. 하지만 이 논증은 매우 우스꽝스럽다. 왜냐하면 성기의 크기야 돋보기로 보면 크게 보이고, 인터넷에 올려진 그림은 화면상 배율크기를 확대하면 얼마든지 큰 성기로 보일 수 있기 때문이다.

2) 심리적 그로테스크

그러면 김인규 화가의 〈우리부부〉는 그로테스크한가? 이 사진을 보면 보통사람들은 '말도 안 된다', '왜 그런 짓을 했어?'[12]라고 말하고 싶은 심정이 든다. 이는 이 사진이 보통의 사람에게는 기괴한 표현행위임을 보여준다. 바로 이 기괴한 표현행위에 집착함으로써 알 수 없는 그 무엇에 의해, 즉 은폐된 진실이 폭로되거나 혹은 정반대로 사회가 붕괴될 정도로 도덕이 타락한 것과 같은 전

---

11 구글(https://www.google.co.kr)의 이미지 검색('김인규 무제')에서 나온 사진을 퍼옴. 대법원에서 음란물이 아닌 것으로 판단 받았기에 모자이크 처리 없이 그림을 원용한다.

12 이 말은 김인규 화가가 이 사진으로 인해 2차 영장 실질심사를 받을 때 판사가 한 첫 질문이라고 한다(김인규, *나의 그림은 실제상황이다* (푸른나무, 2002), 31쪽). 이런 말은 법관이 음란성을 판단할 때 기준으로 삼는 보통사람이 갖는 시선을 대변해준다.

율의 감정이 일어날 수 있다. 이런 감정은 지금까지 유지해 온 인간의 문화적 정체성을 다시 형성하게 만든다.

㈎ **그로테스트 미학의 철학적 의미**　여기서 그로테스크 미학의 철학적 의미를 간략하게 살펴보자. 가령 메이플소프(Mapplethorpe)의 자화상 사진을 예로 설명하자. ① 머리 위에 있는 알 수 없는 − 즉 "객관적인 비결정의"[13] 뿔(각)은 인간이 아닌 것, 인간 밖의 것이면서 기존의 인간형상을 구성한다. ② 이로써 그 '인간이 아닌 것', '인간 밖의 것'(他者)이 '없는' 인간을 진정한 인간으로 인식해 왔던 사람들은 기존의 인간을 낯설게 느끼게 되고, 혼돈에 빠지면서 그 불확실성으로 인해 (막연한) 두려움을 갖게 된다. ③ 이 두려움은 그 인간 밖의 것과 인간 안의 것 사이의 경계를 해체[14]하면서 인간성을 새롭게 재구성하게 만든다. 이처럼 인격성의 해체와 재구성은 그로테스크 미학의 철학적 의미라고 할 수 있다. 그렇기

▲ Mapplethorpe, self portraits, 1985 [15]

에 메이플소프의 자화상 사진은 기괴하지만, 익숙한 인간상을 낯설게 하고, 인간과 비인간의 경계를 해체하면서 새로운 이해의 시작을 알리는 상징을 창출한다. 여기서 그로테스크 미학의 철학적 의미를 다음 3요소로 요약할 수 있다.

13　Gilles Deleuze (하태환 역), *감각의 논리 (Francis Bacon : Logique de la sensation)* (민음사, 1995), 47쪽.

14　이를 인격성의 해체를 통한 미학적 전복이라고 부르는 박슬기, "그로테스크 미학의 존재론적 기반과 의의", *충북대 인문논총* (제58집, 2007) 참조.

15　http://www.mapplethorpe.org/portfolios/self−portraits/에서 퍼옴.

- ① 인간 밖의 것을 상징하는 기괴한 표현양식
- ② 기존의 인간상을 낯설게 하면서 두려움을 생성시킴
- ③ 인간과 인간이 아닌 것 사이의 경계를 해체하며 새로운 이해를 시작함

이런 철학적 의미는 비록 그로테스크의 개념이 역사적으로 변해왔지만, 그 개념의 어원이었던 그로트(grotto)의 본래적 의미였던 동물, 식물, 상상의 존재로 이루어진 고대로마의 문양에서 크게 변하지 않았다고 할 수 있다. 인간 밖의 존재를 가져와 현실의 인간상을 낯설게 하고, 그로부터 인간과 인간 밖의 존재, 이를테면 초월적 존재와의 경계를 지우고, 새로운 인간을 꿈꾸는 작용은 앞서 분석한 그로테스크 미학의 철학적 이해와 구조적으로 다르지 않다. 고대 로마의 문양에서는 인간 밖의 존재가 아름다운 신화적 상상 속의 동물로부터 현실 속에 있는 인간 밖의 존재들(예: 물고기, 변기, 쇠고랑)이나 인간 내면의 세계, 즉 무의식 속에 있는 이미지들로 변화되고 확장되고 있다. 다만 인간 밖의 존재를 표현하는 기법의 기괴함은 오늘날에 비해 다소 약했다고 보인다.

(나) **그로테스크한 표현이 부족한 〈우리부부〉**   이렇게 볼 때 김인규 화가의 〈우리부부〉 사진은 그로테스크하다고 보기 어렵다. ① 첫째, 그 사진에서는 표현기법이 기괴하거나 환상적인 것을 찾을 수 없다. 인간 밖의 것이나 인간 아닌 것을 표현하는 양식적 특성이 없다. 그저 일상에 지친 중년 부부의 벌거벗은 모습이다. ② 둘째, 이런 결과는 일상을 예술로 만들겠다는 김인규 화가의 예술관에서 보아도 당연한 것 같다. 그러니까 기괴한 표현이 없는 가운데, 벌거벗은 모습은 그것을 일상으로부터 낯설게 하는 것이 아니라, 일

상에서 친근하게 하겠다는 것이 된다. 여기서 그로테스크의 두 번째 요소도 존재하지 않게 된다. ③ 셋째, 〈우리부부〉는 벌거벗지 않는 일상과 벌거벗는 일상을 도덕과 음란, 예술과 비예술로 이분법적으로 나누는 것을 해체하려 한다는 점에서는 기존의 인간상을 해체하는 요소가 있다. 그러니까 그로테스크 미학의 철학적 요소 가운데 마지막 요소 하나만 충족하는 것이다. 여기서 〈우리부부〉가 그로테스크하다고 말할 수 있다면, 그것은 표현의 양식적 차원이 아니라 제작과 감상의 심리적 차원에서만 가능한 것임을 알 수 있다. 이를 두고 굳이 그로테스크하다고 말한다면, 그때의 개념은 단지 '심리적'인 의미에서만 가능할 것이다. 그러나 이 심리적 그로테스크라는 것은 포스트모던 아트, 특히 팝아트의 속성에 가깝다.

3) 포르노와 그로테스크

하지만 일단 김인규 화가의 〈우리부부〉 사진이 그로테스크하다고 가정해보자. 그러나 그로테스크함의 유무로써 포르노와 예술의 경계를 명확히 그을 수는 없다. 왜냐하면 포르노도 때때로 그로테스크한 표현들이 많기 때문이다. 인간이 착용하지 않는 개목걸이 같은 것을 차거나 말에게 사용하는 채찍을 인간의 성애를 높이는 인간적 도구로 설정하는 등 인간 밖의 것들을 가져와 단정한 성생활의 틀에 갇힌 인간상을 낯설게 하고, 끝내는 인간과 말, 인간과 개의 경계를 해체함으로써 인간임의 의미를 다시 생각하게 만드는 것이다. 그러므로 김인규 화가의 〈우리부부〉가 그로테스크하다는 비평을 받는다는 점 때문에 그 작품이 포르노와 구별된다고 말할 수는 없게 된다.

4) 포르노와 비포르노의 경계 해체

게다가 그로테스크의 의미는 포스트모던 예술에서는 〈우리부부〉가 전제하는 예술적 관점보다 한 발자국 더 나아간다. 다시 메이플소프의 또 다른 자화상 사진(1978년 작)을 예로 설명해보자. 이 작품은 하드코어 포르노적 요소와 마치 동물의 꼬리가 몸에 결합된 듯한 그로테스크적 표현요소를 모두 갖고 있다. 두 요소는 결코 분리되지 않은 채 인간 밖의 것을 가져와 기존의 인간상을 낯설게 하는 동시에 해체하는 이미지를 생성시키고 있다. 이

▲ Mapplethorpe, self portraits, 1978 [16]

런 이미지를 생성시키는 영상미학의 표현적 양식(예: 흑백, 명암의 간결함과 다양함 등) 역시 매우 풍부하게 드러난다. 메이플소프의 이 사진예술에서 그로테스크는 포르노와 회화(또는 사진예술), 비예술과 예술의 경계를 지워버리는 차원에서 생성되고 있는 것이다.

반면 김인규 화가는 자신의 〈우리부부〉가 "포르노와 정반대"에 서 있고, "포르노물과 다릅니다"라고 강변한다. 그는 성의 상품화에 반대하면서 그의 저서 속에서도 마릴린 먼로와 미국의 한국인 포르노 배우로 유명한 이승희의 사진을 부정적 맥락에서 소개하고 있다.[17] 그러나 상품화된 성의 표현 속에도 예술성이 깃들 수 있고, 상품화를 철저히 거부하는 성의 표현 속에도 음란성이 깃들 수 있다. 메이플소프는 위 사진에서 하드코어 포르노적 표현을 사용하면서도 그 속에 내재된 예술적 요소를 끌어내어 표현하고 있

---

16 사진은 http://law2.umkc.edu/faculty/projects/ftrials/mapplethorpelinks.html에 서 퍼옴.
17 김인규, *나의 그림은 실제상황이다* (푸른나무, 2002), 12~13쪽.

고, 동시에 고전적인 영상미학의 표현적 양식에 하드코어 포르노적 음란성의 코드가 담길 수 있음을 표현하고 있다. 이와 같이 포르노와 예술 사이의 경계 해체는 포스트모던 미술의 예술성을 구성하는 양식적 특성이 된다.

그렇기 때문에 최경태 화가는 〈여고생 – 포르노그라피 展〉이라는 개념을 정면으로 사용하였는데, 이에는 경계 해체적 태도가 들어가 있다. 그러나 김인규 화가의 〈우리부부〉는 포르노와의 대립구도를 주장함으로써 오히려 포스트모던 미술의 양식적 특성을 포기하고 있는 셈이다. 이처럼 〈우리부부〉가 포스트모던 예술의 맥락에서 이해되기 어려운 것이라면, 〈우리부부〉는 그로테스크함의 철학적 의미를 그리 성공적으로 구현하고 있다고 말하기 어렵다.

2. 사실주의와 사진예술

그렇기 때문에 〈우리부부〉의 예술성을 구출하기 위해서는 이제 이를 모던 회화의 사실주의(realism)라는 예술적 양식으로 재평가해 볼 수밖에 없을 듯하다.[18] 사실주의라는 양식은 '있는 그대로의 신체'를 표현하고자 했던 〈우리부부〉에 대한 중요한 비평기준이 될 수 있다.

(1) 표현적 사진과 기술적 사진

그러나 이렇게 사실주의의 양식으로 바라보는 경우에 먼저 등장

---

18 김인규 교사의 작품세계도 민중미술적 요소가 많고, 민중미술은 사실주의 미학을 실천한 것이라고 보기도 한다. 김정희, "6월 민주항쟁과 그 후의 한국미술", 역사비평 (통권 제78호, 2007), 89쪽.

하는 문제는 이 작품은 회화가 아니고 사진이라는 점이다. 과연 누구나 찍을 수 있는 사진이, 훈련받지 않거나 타고난 재능이 없다면 쉽게 그릴 수 없는 드로잉이나 회화처럼 예술이 될 수 있는 것인가? 사진예술이 존재한다는 점은 오늘날 누구도 부정하지 않는다. 그러나 사진이 예술의 하나로 인정되는 데에는 오랜 시간이 걸렸다. Douglas R. Nickel의 분석에 의하면 사진은 1960년대 이후 본격적으로 미술역사의 하나로 편입되었다고 한다.[19] 우리나라도 시기적으로는 비슷하다. 무엇보다 60년대부터 동아일보가 '동아 사진콘테스트'와 '동아국제사진살롱'을 매년 개최하였고, 사진학과가 대학에 생기기 시작했다는 점이 이를 보여준다. 여기서 사진예술의 역사를 자세히 살필 수는 없다. 중요한 점은 사진이 예술의 하나로 승인되었지만, 모든 사진이 예술로 취급되는 것은 아니라는 점이다. 가령 사진이 인쇄물(프린트)처럼 제작된다면, 그것은 더 이상 예술이 아니다. 예술이 아닌 사진(비예술적 사진)은 그것이 나타내는 영상이 주로 사진의 기술적 메커니즘에 의해 만들어지고, 바로 그렇기 때문에 예술품의 제작과 달리 값싸게 복제될 수도 있다. 여기서 비예술적 사진은 작가가 '표현적으로 찍는 것'(표현적 사진)이 아니라, '카메라 기술로 찍히는 것'(기술적 사진)이라고 말할 수 있다.

(2) 기술적 사진과 사실주의적 회화 사이에

그러면 〈우리부부〉라는 사진은 예술적(표현적) 사진인가 기술적

---

19 이상의 역사개관은 Douglas R. Nickel, "History of Photography: The State of Research", *The Art Bulletin* (Vol. 83, No. 3, 2001), 548~558쪽의 내용을 필자가 다소 재구성하여 정리한 것임.

사진인가? 만일 〈우리부부〉가 회화였다면 포스트모던 회화의 하나로 바라볼 여지가 좀 더 많아졌을 것이다. 김인규 화가의 설명을 들어보자.

"나는 우리 부부의 모습에서 그것을 보았고, 있는 그대로 자동 카메라에 의지해서 찍었다. 셀프타이머의 기계적인 작동이 그 드라마를 찍어냈다. 나는 그간 우리 몸에 들씌워진 어떤 특정하게 관습화된 시선을 배제하고자 했다. 흔히 누드를 바라보는 관음의 시선을 배제하고자 했다. 슬쩍 가리거나 교태스런 몸짓을 하거나 희뿌옇게 안개를 치는 행위는 나의 기술로 가능한 것도 아니지만, 애초에 그런 관음적 신체를 나는 생각하지 않았다."[20]

1) 기술적 사진과 사실주의적 예술사진 사이에

이 말에서 김인규 화가는 포르노와의 차별성을 강조하고, 있는 그대로를 보여주는 사실주의적 예술성을 강조한 듯하다. 그러나 그의 이 말은 〈우리부부〉가 사진이 아니라 회화일 경우에만 그 작품에 대한 비평에서 상당한 의미를 갖고 고려되어야 한다. '자동 카메라에 의지해서 찍었'고 '셀프타이머의 기계적인 작동이' 그 부부를 '찍어냈다'는 말은 이 사진이 '표현적 사진'이기보다는 '기술적 사진'임을 보여준다. 물론 관음적 시선의 완전한 배제라는 작가적 시각이 개입해있기는 하다. 그러나 그런 시각만으로 사진이라는 기계적인 재현기술이 생산하는 결과물이 예술이 된다고 보기는 어렵다. 여기서 〈우리부부〉를 가장 우호적으로 비평한다고 해도, 그것은 기술적 사진과 사실주의 회화를 지향하는 사진예술(표현적 사진), 그 중간에 위치할 뿐이라고 보아야 한다. 그러나 이런 평가

---

20 김인규, *나의 그림은 실제상황이다* (푸른나무, 2002), 143쪽.

를 받기 위해서는 사진이 예술작품이 되기 위해 갖추어야 하는 양식적 특성을 갖고 있어야 한다.

2) 광학적 이미지의 절제된 선택과 표현적 행위와의 융합

그렇다면 사진예술의 양식적 특성이란 무엇인가? 여기서 사진예술의 모든 미학적 차원에 들어갈 수는 없다. 법적으로 예술사진과 비예술사진을 구별하기 위한 기준으로 기능할 수 있는 미학적 차원만을 다룰 수밖에 없다.

⑺ **광학기술적 이미지**　법적으로 의미 있는 사진의 고유한 예술적 양식은 회화가 표현할 수 없는 기술적 정교함과 통합된 심미적 가치, 가령 예리한 초점이나 광학의 작용으로써만 나타낼 수 있는 오묘한 톤(색조), 디테일의 극단적 선명함 등과 같은 심미적 가치를 가지는 것이어야 한다. 바꿔 말해 광학기술적 정교함과 작가의 표현적 행위가 융합되어 있지 않고서는 사진이 예술작품이 되기는 어렵다. 그러나 〈우리부부〉는 '자동카메라에 의지해서 찍었다'고 했다. 물론 자동카메라가 반드시 그런 광학적 정교함을 보여줄 수 없는 것은 아니겠지만, 통상적으로는 기대하기 어렵다. 그렇지 않다면 사진작가들이 굳이 성능이 좋은 카메라를 구입하려고 할 필요도 없고, 구입했다고 행복해할 이유도 없을 것이다. 광학기술적 정교함을 이용한 표현은 '매뉴얼 미술'(manual arts)과 분명하게 구분되는 사진예술의 특성인 것이다.

⑷ **절제의 과정**　카메라의 광학세계가 생성시킬 수 있는 이미지는 거의 무한대라는 특징이 있다. 이 무한대의 이미지 세계 속에서 작가가 자신이 표현하고자 하는 바를 위해 어떤 이미지를 선택하는 과정은 그 무한대를 마구 사용하지 않는 '절제의 과정'이고, 이 절제는 그 속에서 선택된 이미지에 숭고함을 가져다줄 수 있

다. 〈우리부부〉가 찍힐 때, 김인규 화가는 있는 그대로가 표현되기를 희망했던 것 같다. 그의 작가의식은 자동카메라 렌즈에 들어오는 광학적 이미지들을 하나도 빠짐없이 그 사진에 담고자 했을 것이다. 그래야 '있는 그대로의 신체'가 재현될 것이기 때문이다. 이렇게 볼 때, 이미 〈우리부부〉 사진은 사진의 예술성을 구성하는 고유한 요소로서, 광학적 이미지의 절제된 선택과 표현적 행위와의 융합이 별로 보이지 않는다고 말할 수 있다. 그러므로 〈우리부부〉가 예술사진이 되기에는 사진이 예술작품이 되기 위한 필요조건을 충족하지 않고 있다고 볼 수 있다.

Ⅲ. 사상적 예술성

1. 작가의 사상을 통한 작품의 예술성 생성

〈우리부부〉가 사진이 예술이 되기 위한 양식적 특성을 결여하고 있음에도 불구하고 예술작품임을 주장하려면 그 사상에 의해 예술성이 생성될 수 있어야 한다.

(1) 양식적 예술성의 부족을 메우는 사상의 철저함

예술작품에서 사상이란 양식의 부족을 메우는 예술성의 원천이 되기도 한다. 법에서도 무형(無形)위조(예: 공무원이 자기 권한 범위의 문서를 허위내용으로 작성함)는 유형(有形)위조(예: 타인의 영수증을 위조함)의 불법의 실질에 상응하는 불법의 실질이 있다면 유형위조처럼 처벌된다. 예술에서 양식은 형(形)의 예술성이고, 사상은 무형(無形)의 예술성을 구성할 수 있다. 사진에서도 사진예술의 양식성이 부족하다면, 사상성이 높아야 예술작품으로 인정될 수 있다. 사상의 철저함은 아름다움을 생성하는 기능이 있다. 철학적 사고의 깊이가 깊어질수록, 그 자체로서 아름다움을 느낄 수 있는 것이다. 그런데 화가의 사고는 철학적일 수는 있지만, 그 깊이나 철저함이 철학가의 그것과 같지 않다. 그 사상의 부족함을 메우는 것이 미학적 양식에 대한 탁월한 감각과 미학적 체험에 대한 공감을 창출하는 역량이다. 그런 공감을 통해 관람자들은 작가와 같은 철학적 문제의식을 온 몸으로 느낄 수 있다. 이 말은 뒤집어 보면 어떤 작품을 예술작품이라고 부르면서 양식적 예술성이 없거나 약하다면, 그 작가의 사상은 철학가의 철학적 언어를 대신할 정도로 치밀해야 한다는 것이 된다.

(2) 양식 없는 양식성으로서 사상

예술가의 사상은 어느 정도로 치밀해야 하는 것일까? 보통사람의 눈에 예술성을 생성시키는 양식적 특성이 거의 포착되지 않는다면, 작가의 사상은 그 양식적 예술성의 부족분을 완전히 메울 수 있을 만큼 철학적으로 철저하고, 깊이 있게 펼쳐져야 한다. 물론 이 사상의 깊이는 작가가 작품에 직접 써넣는 짧은 텍스트로 표현될 수도 있고, 스스로 행하는 자기 작품에 대한 비평을 통해서 표현될 수도 있다. 하지만 더 중요한 것은 그 사회의 비평가들이 감상을 통해 풀어내는 그 작품의 사상적 의미에서 볼 때, 작가의 작품이 새로운 철학이라고 불릴 수 있을 정도가 되어야 한다는 점이다. 그럴 때 사상은 '양식 없는 양식'으로서 예술성을 생성시킨다고 말할 수 있다. 뒤샹의 〈샘〉이나 앤디 워홀의 〈브릴로 상자〉는 그 대표적인 예이다.

이러한 사상적 예술성의 생성여부는 초역사적인 것이 아니고, 그 사회의 문화적, 역사적, 정치적 맥락 속에서 판단될 수 있을 뿐이다. 미국의 미술사에서 포스트모던 미술작품들의 예술성을 낳은 것은 사상이었는데, 이것이 가능했던 것은 비평을 통해 작가의 사상이 작품에서 '양식 없는 양식성'으로 기능할 수 있었기 때문이다. 또한 이처럼 완전히 '양식 없는 양식성'으로 예술성이 생성되는지에 대한 판단은 미술비평의 차원을 넘어서는 메타비평, 즉 미술전문가들의 비평을 넘어서서 철학자, 사회학자, 법학자 등의 비평에 의존하게 된다. 따라서 예술작품에 대한 형법적 규제도 —다른 비평들과 함께— 사상적 예술성을 형성하는 하나의 요소가 된다.

2. 〈우리부부〉의 사상

여기서 김인규 화가가 〈우리부부〉를 통해 말하고자 했던 그의 예술사상을 살펴보는 것은 그 작품의 예술성을 판단하기 위해 필요한 일이 된다. 그의 예술사상을 요약해보면 두 가지이다.[21]

- ① 성기를 감추는 것은 위선이다.
- ② 미디어에서 개발된 모델의 누드와 자기 부부의 누드 사이에 미적 위계(높낮이)는 없다.

---

21 아래 두 가지 사상성 이외에 "교육 내용과 교육체계에 숨어 있는 모든 일제 잔재 또는 내면화된 파시즘을 찾아내고 새롭게 극복하려는 노력"(한민호, "김인규 교사 사건을 다시 생각한다", 초등우리교육 (통권 제189호, 2005), 19쪽)을 말하기도 하지만, 〈우리부부〉에 그런 내면화된 파시즘에 대한 저항이 있는 것인지는 필자로서는 알 수가 없다. 내면화된 파시즘이란 아래 ①②의 요소를 넘어서는 의미는 아닐 듯하다.

그렇기에 김인규 화가는 〈우리부부〉 사진을 전시하면서 "'보라, 이렇게 우리 스스로의 몸을 보라, 사랑스러운 당신이 거기에 있다'라고"[22] 외치고 싶었던 것이다. 그러면 이런 사상으로 예술성이 생성되는 것일까?

(1) 노출의 미학과 감춤의 미학

김인규 화가가 〈우리부부〉를 통해 표현하고 싶었던 사상은 몸의 감춤에 전제된 시각들, 즉 몸을 불결하게 여기고, 성을 욕망의 배설로만 바라보는 시각을 해체하는 것이다.

> "나체미학같은 것은 그런 나의 입장을 밝히는 비평과정이었습니다. 나는 나의 작업이 오히려 너무 극단적으로 도덕성에 기대려는 것이 문제라고 나는 평소에 생각해왔습니다. 일부 학부모님은 남도 아니고 교사가 어찌 벗고 있는 사진을 공개할 수 있느냐고 흥분하시는 모양인데, 나는 바로 그렇게 생각하는 것이 사람의 몸을 불결한 존재로 보기 때문이라고 생각하며, 또한 그것에는 몸을 단지 성적인 대상으로만 생각하고, 성을 욕망의 배설정도로 여기는 잠재의식의 소산이라고 생각합니다. 누구나 대체로 그런 고정관념이 있는데, 그것은 극복되어야 할 과제이지 결코 옹호되어야 할 것이 아니며, 이제 아이들에게는 벗어나도록 해주어야 할 잘못된 성의식이라고 생각합니다."[23]

---

22 김인규, *나의 그림은 실제상황이다* (푸른나무, 2002), 144쪽.
23 김인규 교사가 학부모님께 드리는 글(http://cafe.naver.com/kunst2009/142) 참조.

1) 개념미술의 사상성

가령 김인규 화가는 19세기 누드화(예: 앵그르, 샘)를 두고 그 그림의 눈부심에 넋을 잃었지만 음부를 갖고 있지 않다는 것은 일종의 '불구자'이며, '아름다움을 위한 기형'이라고 말한다.[24] 그의 이 생각은 쿠르베(Courbet Gustave)가 사실주의의 효시를 이룬 〈세상의 근원〉(L'Origine du monde)에서 가졌던 인식과 유사하다. 그러나 이런 인식만으로 사진으로서 양식적 예술성이 없는 〈우리부부〉가, 사실을 사실로 그리는 극도의 정밀성을 예술적 양식으로 삼은 쿠르베의 회화인 〈세상의 근원〉처럼 예술성을 갖게 되는 것일까?[25] 불행히도 〈우리부부〉라는 사진은 사실주의 회화의 양식이 아니라 자동카메라의 광학적 기계적 작용의 결과일 뿐이다. 그의 사상은 작품에서 어떤 새로운 양식을 낳고 있지 않다. 이에는 예술사진이 흔히 갖고 있는 양식적 특성도 보이지 않는다. 그렇다면 해당 작품의 배후인 사상은 포스트모던 개념미술(conceptual art)의 그것과 같은 정도로 그 시대의 문제를 정확하게 통찰하고, 예리하게 비판하는 것이어야 한다.

2) 노출미학의 편협성

그러나 여기서 〈우리부부〉의 홈페이지 게시는 개념예술적 퍼포먼스의 예술성을 인정받을 수가 없다. 작가의 노출사상이 갖는 편협성 때문이다. 그가 비판하는 성기의 감춤은 몸을 불결하게 여기라는 도덕적 정언명령을 위한 것이 아니다. 감춤 자체도 노출과 마찬가지로 아름다움을 창출하는 양식의 하나이다. 19세기 누드화

---

24 김인규, *나의 그림은 실제상황이다* (푸른나무, 2002), 10쪽.
25 여기서 쿠르베의 〈세상의 근원〉과 김인규의 〈우리부부〉 사진은 양식적 예술성에 있어 커다란 차이를 갖고 있음을 간과해서는 안 된다.

	예술성	비예술성
노출	㉠ 아름다운 노출	㉡ 추한 노출
감춤	㉢ 아름다운 감춤	㉣ 추한 감춤

의 특징으로 성기를 표현하지 않는 것은 몸에 대한 기형적인 왜곡이 아니라 아름다움을 생성하는 그 시대, 그 사회에서 특정한 양식이다. 감춤으로써 미학적 양식이 생성되는 것이다(표의 ㉢). 반면에 있는 그대로의 몸을 모두 노출하는 것이 언제나 아름다운 것은 아니다. 만일 그렇다면 아무나 찍은 자신의 나체사진도 모두 예술작품이 될 것이며, 그 나체사진은 예술이기 때문에 이 세상 어떤 공간에도, 특히 인터넷에도 아무런 제약 없이 전시되어도 좋을 것이다(표의 ㉡). 그러니까 여기서 중요한 점은 이런 행위를 금지하는 것이 단지 성을 불결하게 여기는 도덕의식 때문이 아니라 추함 때문이라는 점이다. 물론 추한 감춤도 있다. 가령 아프리카 원주민들의 생활을 취재한 방송물에서 그들의 생활세계에서 가슴의 노출이 전혀 추한 것이 아님에도, 모자이크 처리로 가슴을 가린다면, 그것은 오히려 추한 감춤이 된다(표의 ㉣). 그들의 자연환경과 역사적 전통과 문화에서 가슴의 감춤은 부자연스럽고 추한 것이 된다. 이와 반대로 아름다운 노출도 가능하다. 가령 묘한 광학적 색감으로 노골적이지 않고, 절제된 가운데 성기를 절반쯤 노출시키는 사진은 신체의 감춤을 강요하는 도덕질서의 배후에 있는 정치적 지배의 이데올로기를 일깨워주는 이미지를 만들어낼 수 있고, 또한 그로써 아름다움이 생성될 수도 있다(표의 ㉠).

그렇기 때문에 〈우리부부〉는 예술적 양식을 통하지 않은 채, 감춤의 미학을 전면 거부하면서 노출의 미학을 전면 주장하는 사상의 편협성을 보인다고 말할 수 있다. 그토록 편협한 사상이 예술적 양식에 의해 뒷받침되지 않고서도 독자적으로 어떤 미학적 가치를 창출할 수 없는지는 매우 의문이다.

(2) 성의 상품화와 미학적 평등주의

〈우리부부〉의 사상은 상업적으로 생산되고 미디어에 의해 유통되는 전형적인 몸의 아름다움을 상업화된 성이라고 규정한다. 그처럼 상품화된 성에 맞서기 위해 김인규 화가는 자신의 사적인 성을 그대로 보여주려고 한 것이다.

1) 미학적 사회주의와 미학적 평등주의

이를 통해 상업화되지 않은 보통인의 몸도 자동카메라에 찍히는 모습 그대로 상품화된 몸보다 더 아름답거나 적어도 똑같이 아름답다는 것을 보여주려는 것이다. 김인규 화가의 이 사상을 '미학적 평등주의'라고 개념지을 수 있을 것이다. 물론 그의 성상품화에 대한 반대가 성적 표현의 아름다움을 상업적으로 활용하는 자본주의의 시장체제 자체를 거부하는 것이라면, '미학적 사회주의'라고 이름 지을 수 있을 것이다. 그러나 〈우리부부〉의 사진은 성의 상품화에 맞서는 어떠한 이미지도 갖고 있지 않다. 〈우리부부〉가 표현하는 사상은 몸의 미학적 가치가 평등하다는 사상이라고 이해하는 것이 적절하다. 즉 〈우리부부〉는 모델들이 가꿔진 몸을 노출할 수 있다면, 작가부부와 같은 보통사람들도 아무런 제한 없이 노출할 수 있어야 한다는 사상을 천명하는 것이다. 물론 이런 사상은 사회적으로 획일화된 미적 기준의 단일성을 해체하는 한에서는 큰 의미가 있다. 그러나 그런 미적 기준의 단일성 해체라는 맥락을 벗어나면, 미학적 평등주의의 사상은 매우 교조적인 것일 수 있다. 왜냐하면 몸이 갖는 미학적 가치에는 높낮이가 있다는 것이 삶의 진실이기 때문이다. 그렇기에 사람들은 아름다운 몸을 만들기 위해 부단히 노력한다. 그 노력은 자신의 몸을 상품화하기 위해서가 아니라, 자기 몸의 미학적 가치를 높이고 그 가치를 향유하면서 행복하게 살기 위해서이다.

2) 시뮬라크르와 보편적 욕망의 착각

김인규 화가는 이런 욕망을 보드리야르가 〈유혹에 대하여〉(De La séduction)에서 말하는 시뮬라크르(simulacre 흉내), 즉 그로테스크한 섹스장면을 연출하는 포르노가 우리에게 심어주는 성욕, 그리고 그 섹스장면이 창출하는 성적 이미지에서 우리가 느끼는 현실감[26]과 동일시하고 있는 듯하다. 몸의 아름다움을 추구하는 삶은 포르노적 연출이 미디어를 통해 생산하는 과잉의 이미지가 모여 이루는 하이퍼리얼(hyper-real)이 아니라, 동서고금을 막론하고 보편적인 현상이다. 그러니까 〈우리부부〉는 성의 상품화에 맞서는 작품도 아닐 뿐만 아니라, 몸의 아름다움에 관한 진실을 드러내주는 작품도 아니다. 〈우리부부〉는 오히려 진실을 거부하는 몸짓으로 이해할 수 있다. 물론 〈우리부부〉는 김인규 화가의 말대로 관음의 시선을 배제한 점에서 음란성이 높지는 않다.

> "또한 가족 사진이었지만, 꿈같은 평화가 깔려 있는 가족 사진의 흔한 관습을 배제하고자 했다. 그것은 비장한 기념 사진이었다. 윤봉길 의사가 수류탄을 들고 찍은 적나라한 사진처럼 셋째를 임신한 우리 부부의 위대한 거사의 증거물이었다. 있는 그대로 벌거벗은 삶에 맞서는 우리 부부의 현장 사진이었다."[27]

---

26 J. Baudrillard (배영달 역), *De La séduction (유혹에 대하여)* (백의출판사, 2002) 참조.
27 김인규, *나의 그림은 실제상황이다* (푸른나무, 2002), 143쪽.

그러나 음란성이 낮다고 예술성이 높은 것은 아니다. 중년부부의 아름답지 못한 몸을 노출하기 위해서는 예술적 표현양식의 높은 수준을 통해야만 한다. 그런 높은 양식성이 생물적 아름다움이 저하된 중년의 몸을 담은 작품일지라도 예술작품이 되게끔 하는 것이기 때문이다. 그러나 김인규 화가는 〈우리부부〉를 통해 새로운 표현양식이 아니라 미학적 평등주의의 사상에 의해서만 성기를 노출한 중년부부의 모습을 예술작품으로 만들려고 하고 있다.

3. 포스트모던적 전복성과 일탈성

김인규 화가의 〈우리부부〉가 예술이 되기 위해 사상적 힘이 되어줄 수 있는 마지막 원천은 일상과 예술의 포스트모던적 전복성이다. 그는 이렇게 말하고 있다.

"일상으로부터 분리된 어느 영역에도 결코 꿈은 존재하지 않았다."[28]…(중략)…"꿈은 오히려 일상에서 발견되어야 할 것이었다…(중략)…살아가는 일이 예술이다. 일상이야말로 우리가 만드는 작품이다. 물론 그것이 좀 더 특별한 것이라면 우리의 일상 안에서의 특별함이어야 한다. 거기서 벗어난 특별한 다른 세계가 아니라 일상을 좀 더 특별한 것으로 만들어 주는 그런 것 말이다. 그렇지 않다면 예술은 우리의 삶을 오히려 비참한 것으로 보이게 할 수 있다. 그것은 환상이고 더군다나 일순간에 허물어지는 환상일 수 있다."[29]

---

28 김인규, *나의 그림은 실제상황이다* (푸른나무, 2002), 132쪽.
29 김인규, *나의 그림은 실제상황이다* (푸른나무, 2002), 133~135쪽.

(1) 〈우리부부〉의 전복성

중년부부가 미학적 양식에 의해 표현되지 않은 채, 인터넷을 통해 세상 사람들 앞에 공개적으로 성기를 노출한 모습은 분명 우리가 살아가는 일상이 아니다. 바로 그렇기에 〈우리부부〉가 그가 말하는 "일상을 좀 더 특별한 것으로 만들어 주는 그런 것"이 된다는 것일까? 이때 특별한 것이란 아마도 포스트모던 미술의 특성 가운데 하나로서 전복성(subversion)을 의미할 것 같다. 성기를 노출하지 않는 일상을 뒤집어엎어 성기를 노출하고, 아무런 양식적 예술성이 없이도 그런 성기노출의 사진을 예술이라고 말함으로써 예술과 비예술의 경계를 지워버리는 전략이다. 이 전략에 의해 성기를 가리는 일체의 옷이라는 기표가 갖는 의미(기의)는 '감춤을 통한 아름다움'에서 '억압을 통한 추함'으로 뒤집어진다. 이러한 전복성을 김인규 화가는 다음과 같이 말한다.

> "예술은 단지 관습이나 사회적 통념 등의 사고의 한계에 의해 제약받지 않아야 하는 창작의 영역이기 때문이다. 관습적 시야와 편벽한 삶을 깨뜨리고 끝없이 그것을 재평가하는 경계에 위치한 행동이기 때문이다."[30]

(2) 전복되지 않은 일상

그러나 전복성이란 어떤 기표가 갖는 전통적인 기의와는 다른 기의에 대해 사람들이 아직 알지 못할 때에만 가능한 것이다. 예컨대 뒤샹의 〈샘〉에서 보듯, 변기를 변기로만 바라보는 인식이 일

---

30 김인규, *나의 그림은 실제상황이다* (푸른나무, 2002), 167쪽.

상을 지배하고 있을 때에만, 변기에 '샘'의 의미가 귀속되도록 하는 전복적 상황설정이 가능해진다. 예컨대 전복성의 효시를 이루는 다다이즘(dadaism)의 흐름 속에서 성장한 오브제 기법이란 '발견된 대상'(Objet trouvé)을 말한다. 작가가 아무런 작업도 하지 않은 채 일상에 이미 존재하는 대상의 의미를 '이미 발견되어진 것'(trouvé, vorgefunden)으로 재구성하는 것이다. 이 재구성은 일상의 사물이 그 재구성에 의해 얻게 되는 새로운 의미에 대해 보통사람들이 알지 못하고 있는 상태이어야만 가능하다. 이것은 전복성의 조건이다.

1) 일상의 전복이 아닌 도덕적 이탈

그러면 〈우리부부〉는 성기는 '감추어야 하는 것'이라는 일상의 의미에서 성기는 '노출되어야 하는 것'이라는 의미로 전복시킬 수 있는 것일까? 그렇지 않다. 성기는 감춰져야 한다는 일상의 관습적 의미가 일상적으로 깨지는 경험들을 누구나 겪으면서 살아가고 있기 때문이다. 바바리맨의 장난 또는 성추행범들의 범죄행위[31]가 보여주는 '성기는 노출될 수 있다'라는 의미는 전혀 새로운 의미가 아니다. 보통사람도 목욕탕에서 늘 경험하는 의미이다. 이 점은 변기를 거실에 설치해 놓고 〈샘〉이라는 예술작품으로 바라보는 경험을 거의 하지 않는 것과 대조된다. 바로 그렇기 때문에 〈우리부부〉가 전복적으로 보여주는 새로운 의미는 예술적 양식으로 정제된 표현이 아닌 있는 그대로의 성기노출이 사적 영역을 벗어나서 인터넷이라는 공적 영역에서도 감행될 수 있다는 점일 뿐이다. 이것은 일상을 '전복'시키는 것이 아니라 일상을 단지 도덕적으로 이

---

31 예컨대 엘리베이터 안에서 여자들이 보는 가운데 남자가 자위행위를 하는 경우 (대법원 2010. 2. 25. 선고, 2009도13716 판결)를 생각해 볼 수 있다.

탈하는 것일 뿐이다. 다시 말해 〈우리부부〉에는 포스트모던 미술의 전복성과 같은 전복성이 전혀 없다. '성기는 노출될 수도 있다'는 이해는 우리의 일상을 지배하는 관념이기 때문에 예술적 양식으로 정제되어 표현되지 않는 한, 성기의 노출은 성기 감춤의 의미를 전복시킬 수 없는 것이다.

성기노출로 일상의 의미를 전복시켜 예술성을 생성시키려 한다면, 부부의 성기노출이 아니라 교사와 학생이 만나는 교실공간에서 모두가 있는 그대로 신체를 바라보는 장면 정도로 전위성을 갖는다면 가능할지 모르겠다. 그런 상황은 일상적으로 경험하지 않는 것이며, 보통사람들은 아직은 그렇게 할 수 있다는 생각을 하지 않기 때문이다. 그러나 그런 성기노출의 이미지화는 '사회유해성'을 가질 수 있고, 형법의 도덕적 정언명령은 그런 이미지화를 통제할 수밖에 없다. 따라서 그런 이미지는 노골적이어서는 안 되고, 고도의 추상성을 띤 양식을 통해서만 허용될 수 있을 뿐이다.

2) 예술과 비예술의 해체실패

이처럼 〈우리부부〉가 성기 감춤의 의미를 전복시키지 않는 것이라면, 아무런 예술적 양식을 갖지 않은 채 성기가 노출된 중년 부부의 모습을 담은 사진과 예술사진 사이의 경계는 해체되지 않는다. 만일 〈우리부부〉와 같은 방식의 성기노출 사진이 예술이라면, 바바리맨의 성기노출도 예술적 퍼포먼스가 아니라고 근거짓기가 쉽지 않을 것이다. 바바리맨도 그의 성기를 노팬티로 그의 사적인 바바리 옷 안에 머물게 할 수는 있다. 그의 일탈행위는 그 사적영역에서 바바리를 펼쳐보임으로써 공적 영역으로 성기를 노출시켰다는 점에 있다. 〈우리부부〉와 바바리맨의 퍼포먼스를 예술과 비예술로 경계 지으려고 한다면, 그것은 김인규 화가와 바바리

맨 사이에 모종의 신분적 차이를 인정하는 방법 밖에 없다. 그러
나 그것이야말로 김인규 화가가 지향했던 미학적 평등주의에 정면
으로 반하는 일이 될 것이다.

Ⅳ. 이미지의 사회유해성

1. 사회적 무해성의 주장들

김인규 화가를 옹호하는 사람들은 〈우리부부〉가 도대체 사회에
무슨 해를 주냐고 반문한다. "아직 구체적으로 그의 작품이 어떤
위해를 가하고 있는지 분명치 않다. 만에 하나 사진을 본 부부들
이 기념으로 나체 사진을 찍는다 한들 그게 무슨 문제인가. 설령
반포르노주의자로 보이는 김인규 화가와 달리, 포르노 마니아로
보이는 제프쿤스 부부의 사진과 조각상들이 갤러리에 걸리고 몇몇
호기심 많은 부부가 이를 따라 한들 대관절 그게 무슨 우리 사회
를 위기에 빠뜨릴 대단한 윤리적 문제란 말인가"[32]
그러나 이런 반론은 〈우리부부〉라는 사진이 김인규 화가의 집
벽에 걸려있었을 때에나 타당한 것이다. 집안은 사적 공간이기 때
문에 그것이 예술작품이든 음란물이든 법은 관여하지 않는다. 사
회적 유해성이 없기 때문이다.
또한 〈우리부부〉를 본 중학교 학생들이 '뭐 시시했어요'라는 류
의 반응,[33] 그리고 심지어 김인규 교사에 대한 연민을 보였다는 점

---

32 백지숙, "김인규 나체 사진의 음화", *문화과학* (제27권, 2001), 179쪽.
33 〈우리부부〉를 인터넷에서 본 학생들은 "시시했어요. 너무 안 야했어요", "처음

도 〈우리부부〉가 사회적으로 무해하다는 것을 뒷받침한다고 주장한다. 그러나 과연 그런 것일까? 여기서 그 사진이 학교홈페이지에 링크된 인터넷 사이트에 게시되었다는 점이 중요하게 고려되어야 한다.

2. 청소년 유해성

교사의 예술적 표현이 그가 가르치는 학생들이 관객으로 참여할 수 있는 영역에서 이루어진다면, 그것은 예술영역에 속하면서 동시에 교육영역에 속한다. 그러므로 교육적 목적에 의해 표현행위의 한계가 설정된다. 국가의 법률과 법원의 법률해석에 의해 형법상 범죄행위가 되는 예술적 표현을 교육영역에서 해서는 안 된다.

(1) 교수와 교사의 차이

즉 초·중등교육법에 의하면 "교사는 법령에서 정하는 바에 따라 학생을 교육"(제20조 제4항)해야 하는 반면, 고등교육법에 의하면 대학 교수는 "학생을 교육·지도하고 학문을 연구"(고등교육법 제15조 제2항)한다. 여기서 미대의 교수와 중고등학교 미술교사가 각각의 학생들이 관객으로 참여하는 영역에서 누리는 예술적 표현의 자유가 차등적으로 설정될 수밖에 없게 된다. 이런 차등은 미대 교수와 중학교 미술교사의 예술적 역량이 차이나기 때문이 아니라, 중

에는 좀 놀라고 쑥스럽고 그랬는데, 우리 선생님은 원래 솔직하고 순수한 분이니까 그럴 수 있는 것 같아요", "부부끼린데 그런 사진 찍을 수도 있는 거 아녜요?", "유명 예술가가 그런 사진 올렸으면 누가 뭐라고 했을 것 같지 않아서 더 속상하고 선생님이 불쌍해요" 등과 같은 반응을 보였다고 한다. 이에 관해서는 2001. 6. 한겨레21 제365호의 기사 참조.

학교 학생들의 정신적, 육체적 미성숙 때문이다. 그러므로 교사는 자신이 개인적으로 연구하는 학문이나 주관적으로 생각하는 예술(관)을 어린 초중등학교 학생들에게 교육해서 안 된다.[34] 그러므로 교사로서 받는 학문과 예술의 자유에 대한 제한을 피하고 싶다면, 교사직을 그만두고 자유 예술가로서 살아가야 하는 것이다.[35] 그렇기 때문에 이 사진의 음란성이 문제가 아니고, 교사라는 지위가 문제였다는 점은 비판[36]되어야 할 부분이 아니다. 그것은 오히려 판결을 정당화할 수 있는 측면이 된다.

(2) 도덕적 허무주의와 미학적 삶의 저하

예술적 양식으로 표현되지 않은 채 성기를 자동카메라가 찍어주는 대로 노출시킨 〈우리부부〉가 창출하는 이미지는 성적으로 미성숙하고, 도덕의식의 발전이 아직 충분하지 않은 초·중·고등학교 학생들에게는 성적 표현의 영역에서 '도덕적 허무주의'에 빠질 위험을 가져다 준다. 성도착증이 성욕의 공허함을 키우듯이, 성도덕의 허무주의는 성에 대한 사회의 터부가 생산하는 미학적 쾌락에 대한 무관심을 키울 수 있다. 또한 성도덕의 허무주의는 일상의 세계에서 성기노출의 이미지를 과잉으로 생산하게 만들거나 적

---

34 음란성 규제에서 음란성의 유무판단보다 '미성년자와의 차단가능성'을 중요하다고 보는 견해로 고시면, "홈페이지에 알몸사진 등의 작품들을 게시한 '미술교사 김인규사건'에 대한 대법원의 판결", *사법행정* (10월호, 2005), 20쪽.
35 이러한 점을 간과하고 "교사와 예술가는 김인규에게서 하나로 결합되어 있지 분리되어 있지 않"으며 그래서 예술가의 자유를 교사로서도 누려야 한다는 의견으로 백욱인, "당신들이야말로 음란하다 - 김인규 교사를 옹호하며", *교육비평* (제5호, 2001), 262쪽.
36 이런 관점이 김인규를 옹호하는 견해에서 매우 중요한 부분을 차지한다. 대표적으로 고길섶, "김인규 교사사건을 생각한다", *문학과경계* (통권 제2호, 2001), 471~478쪽 참조.

어도 그것을 방관하게 만든다. 그런 허무주의의 끝은 마치 화장실 문 안쪽 면에 가득한 성기 묘사의 낙서들이 인터넷공간을 가득 채우는 추한 현실이 될 것이다. 이로써 성도덕의 허무주의는 도덕의 문제로만 남는 것이 아니라 성적 표현의 아름다움을 경험하는 삶을 어렵게 만드는 미학적 문제로 확장될 것이다. 〈우리부부〉가 예술의 이름으로 청소년에게 전염시키는 허무주의는 니체(Friedrich Nietzsche)가 말하는 〈① 불명료한 시기(1850~1888)→ ② 위대한 아펙트들의 시기(1888~1988)→ ③ 혼란의 시기(1988~2088)[37]〉라는 허무주의의 현상형식의 발전[38]에서 혼란의 시기, 즉 '극단적 허무주의'(Der extremste Nihilismus)에 속할 것이다. 니체의 지적처럼 예술이 세계의 내부와 일치성을 깨뜨릴수록, 예술은 종교, 도덕, 형이상학으로부터 더욱 더 독립하게 되지만, 바로 그로 인해 예술은 점점 더 허무주의로 빠져들게 된다는 것이다.[39] 〈우리부부〉를 예술이라고 주장하는 것은 그런 허무주의의 극점을 보여준다.[40]

---

37 니체는 ②③의 발전을 전망하며 이렇게 말한다: "내가 여기서 말하는 것은 다음 두 세기의 역사다. 나는 다가오고 있으며, 더 이상 다르게 올 수 없는 것을 기술한다: 허무주의의 도래. 이 역사는 지금 이미 말할 수 있다: 왜냐하면 필연성 자체가 이미 여기서 일하고 있기 때문이다. 이런 미래는 이미 백여 가지 징후 안에서 말해지고 있으며, 이 운명은 도처에서 자신을 고지한다; 미래의 이런 음악에 대해 모두가 귀를 이미 쫑긋 세웠다. 우리의 유럽 문화 전체는 이미 오래 전부터 한 세기 한 세기 자라났던 긴장의 고문을 받으며 마치 대혼란으로 내닫 듯 움직이고 있다." (*KGW* VIII 2 11[411]2, 431쪽; 한글판 518쪽).

38 니체 (백승영 역), *유고*(1888년 초~1889년 1월 초) (해제) (책세상, 니체전집 21권, 2004), 제2부, 2.단락 참조.

39 *KGW* VIII. 1 2[119], 119쪽.

40 김인규 화가는 동화 〈벌거벗은 임금님〉에서 사람들이 권위에 무서워 실제로 벌거벗은 채 행진하는 임금을 두고 '벌거벗었다'고 말하지 못하는 바로 그 진실을 말하고 있는 것이 아니다. 동화 속 사람들이 벌거벗었다는 인식이 〈소년의 눈과 말로〉 공식화되자, 웃음을 터뜨린 것은 옷이란 억압적인 도덕이 아니라 감춤의 미학을 생산하는 수단이기도 한 점을 말해준다. 임금의 화려한 옷과 서민의 초라한 옷 사이의 차이는 권력과 금전의 차이를 보여줄 뿐 옷 자체의 미학

3. 인터넷공간과 갤러리공간

(1) 갤러리공간과의 차별성

물론 〈우리부부〉를 〈여고생〉의 작가 최경태처럼 청소년관람이 제한된 사적인 갤러리에서 전시했다면, 그 사진이 생산하는 이미지가 사회유해성을 가져오는 현실을 만든다고 보기는 어렵다.

1) 전시장의 미학적 의미

갤러리라는 전시장은 대중이 아닌 관심 있는 관객이라는 특수한 집단과 작가가 소통하는 공간이다. 이 감성적 소통의 공간에서만 듀샹의 〈샘〉은 변기가 아닐 수 있다. 이것은 공간이 작품을 구성하는 요소로 기능하며, 작가를 포르노와 같은 상품의 제작자에서 예술가로 변환시키는 요소[41]로도 기능함을 말해준다. 관람객은 갤러리라는 공간의 이와 같은 기능을 승인하고, 그것을 뒷받침하는 사람들이다. 그렇기에 작가가 갤러리에서 작품을 매개로 관람객과 만나는 감성적 교류의 영역은 어떤 작품이 갖는 외형상의 포르노적 요소를 오히려 포르노와 차별화된 의미를 생성시키는 양식적 특성으로 수용할 수도 있게 만드는 영역이 된다.[42]

적 차원을 이데올로기로 만들지는 못한다. 김인규 화가의 〈우리부부〉는 그 소년의 외침과 같은 것이 아니다. 오히려 옷을 입고 행진하는 임금님의 옷을 벗기려하고 있을 뿐이다.

41 이런 견해로 김동일, *예술을 유혹하는 사회학. 부르디외 사회이론으로 문화읽기* (갈무리, 2010), 350쪽; 박일호, "포스트모더니즘 시대의 미술관", *예술경영연구* (제4집, 2003), 6쪽 아래 참조.

42 이런 점에서 예술개념의 화용론적 차원을 강조하는 이상돈, *미술비평과 법* (법문사, 2013), 30~34쪽 참조. 갤러리공간과 웹공간의 기능 차이에 관한 설명도 이 책의 참조 부분과 같은 것임.

2) 웹아트 개념의 오류

그런데 김인규 화가는 인터넷공간을 정보통신시대에 걸맞는 예술표현의 장르로 바라보는 듯하다. 그래서 그는 '웹아트'(web art)라는 개념을 사용한다.

⑺ **웹공간과 갤러리의 차이**   여기서 〈우리부부〉와 같은 사진을 홈페이지에 싣고 그 인터넷공간이 마치 미술관과 같은 공간이며 그 사진을 웹아트라고 말한다면, 이는 큰 오류를 범하는 것이다. 왜냐하면 웹이라는 가상공간은 갤러리와 같이 예술작품을 구성하는 기능을 수행할 수 없기 때문이다. 홈페이지에 구경오는 사람들은 불특정하며, 예술적 공감의 의지가 없이 호기심으로만 방문하기도 한다. 일반에 공개된 웹은 윤리적 성찰을 통해 음란성의 외형을 넘어서 그것이 갖는 미학적 의미를 통찰할 수 없는 미성년자의 구경거리가 되기도 한다. 또한 웹의 방문자는 작품의 실제를 대면하지 못하고, 모니터의 해상도와 영상기술적 제한 속에서 여과된 이미지만을 감상할 뿐이다. 호색적 관심은 갤러리공간보다 인터넷공간에서 훨씬 커지기 쉽다.[43]

⑼ **갤러리의 디지털화로서 웹아트**   그러므로 웹아트는 웹에서 할 수 있는 것들이 예술이 되는 현상이 아니라, 인터넷 밖에서 예술로 승인된 작품들이 인터넷으로 그 감상영역을 확장하는 현상으로

---

43 대법원의 음란 개념이 헌법재판소가 헌법재판소 1998. 4. 30. 선고, 95헌가16 결정에 의해 기준을 확립한 ① 진정음란과 ② 부진정음란, ③ 청소년이용음란 (아동포르노)을 구별하지 않은 채 단일하기 때문에 〈우리부부〉에 대한 유죄판결도 예술창작의 자유를 제한한 것으로 바라보는 견해도 있다. 대표적으로 이인호, "성표현의 자유와 한계", *언론과 법* (제7권 제2호, 2008), 30쪽 참조. 그러나 이 견해에 의할 때 〈우리부부〉는 부진정음란에 해당할 것이지만, 여기서 설명하는 바와 같이 교육공간에서 전시됨으로써 '사회적 유해성'이 상당하기 때문에 여전히 음란물로 통제될 수 있다고 본다.

이해되어야 한다. 비유적으로 말해, 웹이 예술세계로 들어가는 것이 아니라, 갤러리가 웹 속으로 들어오는 것이다. 물론, 예외가 있다. 태생적으로 웹의 미디어를 활용하여 새로운 예술적 장르를 여는 경우는 그 자체로서 웹아트가 된다. 그러나 〈우리부부〉처럼 형식적으로 분류한다면, 사진예술의 장르에 속하는 작품은 그런 뉴미디어를 활용한 웹아트가 되지 않는다.

(2) 교육공간으로서 홈페이지

더욱이 〈우리부부〉와 같은 사진을 교사의 홈페이지에 게시한다면, 그것은 교육영역에 전시한 것과 같다. 인터넷시대에 교육장소는 교실과 같은 물리적 공간만이 아니라 학생들이 출입할 수 있는 사이버스페이스를 포함한다. 왜냐하면 학교의 공지사항이나 과제부여 및 제출 등도 인터넷으로 하고 있기 때문이다. 특히 교사의 홈페이지는 어린 학생들이 관심을 갖기 쉬우며, 웹서핑에 능한 청소년들이 쉽게 찾아 들어갈 수 있다. 만일 예술가로서 인터넷을 통해 학생들을 제외한 일반 대중과 자신의 작품에 대해 소통하고 싶다면, 자신의 사이트에 회원가입제나 성인인증의 기술적 조치를 통해서 중학생들의 출입을 차단해야 한다. 학생들의 출입을 만류하는 권고문은 그런 조치로서의 기능이 매우 부족하다.

[6]
문학의 음란성과 형법

문학 가운데 소설은 그 표현의 상세함으로 인해 다른 문학장르에 비해 음란물로 취급되는 사건이 많다. 여기서는 유죄판결을 받은 바 있는 마광수 교수의『즐거운 사라』와 장정일 작가의『내게 거짓말을 해봐』를 살펴보기로 한다.

Ⅰ.『즐거운 사라』의 형사재판과 예술비평

1.『즐거운 사라』사건의 경과

연세대 마광수 교수는 1992년 『즐거운 사라』를 펴냈다. 1992. 10. 29. 마 교수는 전격 구속되었다가, 12. 28.에 석방되었다.[1] 1995

---

1 마광수 교수에게 이 옥고(獄苦)는 너무나 괴롭고 끔찍한 공포감의 경험이었다

년 대법원의 판결이 확정된 후 마 교수는 연세대에서 해직되었다가, 1998. 3. 사면복권되어 연세대로 복직되었다.

(1) 『즐거운 사라』의 내용

『즐거운 사라』의 줄거리를 나의 시네마토그래피적 분석에 의해 요약하면 다음과 같다.[2]

가족이 미국으로 이주하였지만, 아버지를 "이중인격자"(14)로 싫어하고, 평소 독립해 살고 싶어 했던 사라는 홀로 한국에 남는다. ① 사라는 고등학교 3학년 때 자신에게 데생을 가르쳤던 H대 미대생 기철과 화실에서 첫 성경험을 갖는다(40). 기철은 무기력한 히피이며 자유분방한 예술가(42)이면서 열등감이 많은 사람이었다(53). 사라는 기철을 사랑하지는 않았고, 단지 '순결한 여성의 허울'에서 해방되기 위해 기철을 이용한 것(44)이라고 회고한다. 불행히도 임신을 하게 되었고, 기철에게 돈을 부탁했다. 기철이 돈을 주며 '이건 꿔주는 거야'라고 말했을 때, 사라는 "눈물이 날 정도로 감동을 느꼈다"(44). 기철이 자신을 소유하고 싶어 하고(55), 결혼까지 원하고 있음을 알게 되자(57), 사라는 기철을 떠나기로 한다. 기철과의 성관계는 원래 사라에게는 "〈순결한 여성〉의 허울을 빨리 벗어버리고"(43), "사랑에 대한 미망(迷妄)이나 집착을 미리부터 없애 버리고 싶어서였던"(55) 것이었고, 게다가 사라는 "사랑에 동정이나 연민이 개입되어서는 절대로 안 된다고 생각"(63)하기 때문이었다. 그리고 기철의 그 "너무 나약한 모습"(58), "여자 앞에서 빌빌대는 남자"(64)의 모습에 염증을 느끼며 사라는 "은근히 벌판 같은 가슴을 가진 늠름·당당·용감무쌍한 사내"(58)를 원하게 된다.
② 사라는 나이트클럽 댄서 아르바이트를 하며, 자기를 "찾는 손님들과 진

고 회고한다. 마광수, *사라를 위한 변명* (열음사, 1994), 42쪽.

2　이하 본문에서 괄호로 인용하는 숫자는 마광수, *즐거운 사라* (청하, 1992)의 쪽수임.

심으로 〈사랑〉을 나누고 싶어"하며, 평소에도 "관능적인 판타지"(79)를 즐긴다. 하지만 그녀는 "〈섹스 중독증〉에 빠져들까 봐 겁이 났기 때문"(81)에 종종 손님과의 관계를 거부한다. 자신에게 강요하는 손님을 피해 도망가다 자기를 차에 태워 구해준 남자가 인적이 드문 캄캄한 곳으로 가서 자신을 덮치고 마구 키스를 하자, "그가 불쌍하게 생각되기 시작"(86)했고, 그녀는 스스로 자동차 뒷좌석으로 옮기자고 제안한다. 사라는 "익명의 남자와 갖는 돌연한 〈카섹스〉"를 "두려움 섞인 호기심"(86)으로 받아들인다. 그러나 그 카섹스를 범한 남자에게서 사라는 "코가 높은 남자들은 섹스를 할 때도 심각하고 사색적인 방식으로 하는구나"(87)라는 작은 깨달음을 갖는다. 섹스를 마친 "그 남자가 소리 없이 눈물을 흘리고 있"(87)자, 사라는 "영원무궁한 정신적 사랑이든 임시방편의 육체적 사랑이든, 사랑은 무조건 슬픈 거라는 생각이"(87) 들었다. 사라도 "이상하게 눈물이 줄줄 흘러나왔다"(88). 그래도 그 섹스로 인해 그녀는 이상하게도 "명랑을 되찾을 수 있었다"(90). "그 소나타 승용차 안에서 코가 잘생긴 사내와 가졌던 정사가"(90) 어쨌든 사라에게 "최소한의 칼로리를 공급해 줬기 때문인 것 같았다."

③ 사라는 그녀가 일하던 나이트클럽에서 고등학교 동창생 정아를 만난다(92). 어려운 형편의 정아는 "아버지의 사랑, 아니 보살핌에 아주 굶주려 있었"(106)던 상황에서 룸살롱에서 만나게 된 "약간 천골의 이미지를 풍"(227)기는 "근사한 아빠이기도 하면서 섹시한 애인이기도"(109) 한 김승태와 함께 있었다. 그는 가죽혁대로 엉덩이를 때리기(125)도 하고, 에이널 섹스(110)나 "1대 2의 섹스"(127)를 그토록 원하는 변태성욕자(118)였다. 그의 새디즘적 행동을 정아는 "매저키스틱masochistic한 쾌락으로 승화시키고 있"(111)었다. 사라에게 정아는 "행복한 노예"(116)로 비춰졌다. 정아의 집에 놀러간 사라는 정아와 함께 여자끼리 하는 비디오를 우연히 보게 되면서, "여자들끼리 노는 것이 남자하고 노는 것보다 훨씬 더 순수한 사랑의 유희가 될 수 있을 것 같은 생각이 들었다"(132). 둘은 서서히 레즈비언적인 행동을 하게 되었다. "우정과 애정이 마구 뒤범벅이 되어 있는 상태"(135)가 된 것이다.

사라는 점차 "김승태 앞에서 정아와 색기 色氣로 경쟁을 하고 싶"(137)어졌고, 정아의 바람대로 정력과 정열을 가진(139) 김승태와 "1대 2의 섹스"를 감행하게 된다(139). 1대 2의 섹스는 그녀에게 "관능적 긴장감"(140)을 완벽하게 주었고, 기독교의 삼위일체론이나 색의 기본인 삼원색, 심지어 소설의 주제, 구성, 문체의 삼요소와 같이 〈3〉이라는 숫자는 언제나 〈완벽한 조화〉를 뜻한다"(140)는 생각을 하기도 한다. "그런대로 달짝지근한 복종의 쾌감을 맛볼 수"(144) 있었음에도 사라는 "하렘의 후궁들 같다는 생각이 들어 자존심이 상했다"(144). 사라는 관계를 가질수록 점차 "더 쓸쓸한 소외감 같은 것을 느껴가고"(147), "자꾸 마음이 허전해지"(158)게 되었다. 자신이 "두 사람의 사랑 놀음을 도와주는 보조자의 역할에 불과"(158)함을 깨달았다. "역시 모든 인간관계의 기본은 남녀 단 두 사람끼리의 만남인 것 같다는 생각이 들"(165)면서, 사라는 자신이 "아버지와 사이가 좋지 않은 데서 비롯된 애매모호한 엘렉트라 콤플렉스를 가지고 있"(178)음을 바라보게 된다. "아버지의 얼굴이 김승태의 얼굴 위에 겹쳐서 떠올"(181)리기도 하면서 사라는 김승태를 떠나게 된다.

④ 새 학기가 시작되자 사라는 존 레논을 닮은(185) 국문과 신임교수 한지섭의 카리스마 있는 매력에 빠져 든다. "사랑을 성욕과 같은 의미로 사용하는"(187) 그의 사랑관에 깊이 공감하며, 그의 야한 강의에 탐닉하게 된다(188). 사라에게 한지섭은 귀엽고(190) "수줍음을 많이 타는 철부지 소년"(190) 같기도 하고 늙은 "생 떽쥐베리의 어린 왕자"처럼 보였다. 하지만 사라는 한지섭과의 "불타듯 뜨거운 사랑, 소설 속에서나 나옴직한 무시무시하게 낭만적인 사랑"을 꿈꾸면서도 그의 "신비스런 귀티"(215)와 "새디스틱한 카리스마"(215)에 좀처럼 다가가지 못한다. 그녀는 "한지섭을 계속 〈미지의 남성〉으로 고정시켜 두고 싶어"(231)하는 것 같았다. 그러던 중 외로움의 계절인 10월 중순이 될 쯤, 사라는 룸살롱에서 언더그라운드 가수 김철을 만난다. 남성적이고 시원스럽지만, "돈 많은 집 자식을 패트런 삼아, 거기에 기생해 먹고 사는 이른바 빈대족"(208)이며, "아이큐가 좀 모자라는

어린애"(214)이었기에 사라에게는 동정심이 든다. 사라에게 김철은 "여자의 모성애를 자극하는 남자"(214)였다. 하지만 김철은 사라에게 아직 다가가지 못한 "한지섭의 대용품"(219)이었을 뿐이다. 김철은 사라에게 "봉사 자세로"(220) 대했고, 언제나 "너무 유약"(227)한 남자일 뿐이었다. 사라는 점차 "건방진 영웅심리에서 출발한" 그녀의 "아르바이트가 습관적인 〈잡식성 남성 편력〉으로 이어지고, 그것이 다시 허전한 외로움으로 이어지고 있다는 게 도무지 불안해서 견딜 수가 없"(228)게 된다. 김철에게 느낀 것은 "왠지 모를 연민의 정이나 푸근한 동지애 같은 것"(232)일 뿐이었다. 김철이 사라에게 결혼해달라고 했을 때에 "그와 결혼하는 것은 아무래도 내 쪽에서 밑지는 장사"(324)라는 생각이 들며 그의 요구를 피해간다.

⑤ 남자에 따라 달라지는 "미묘한 쾌감의 차이를 나는 정말 모르겠다"(236)면서 룸살롱 아르바이트를 계속해가던 사라는 한지섭에게 레포트를 제출하러갔다가 긴 대화를 나누게 된다. 사라는 한지섭과의 긴 대화 속에서 그의 심리를 주의 깊게 관찰하다가 '주역의 점괘로 여자가 생긴다는 〈임臨〉이 나왔다'는 설명(260)을 마치던 한지섭의 무릎 위에 올라가 걸터앉고 키스를 하게 된다. 사라는 "나는 오직 그의 곁에 있다는 사실만으로도 황홀해질 뿐이었다"(262)고 느낀다. 두 사람은 사라의 집에서 사랑을 나눈다. 한지섭은 "어린 애 같이 순진한 에고이스트였다"(270). 사랑에서 "귀찮다는 것이 제일 견디기 어려운 일"(269)로 여겼지만, 사라와 사랑을 할 때면 "해맑은 소년의 얼굴"(276)을 띠었다. 그와의 사랑은 달콤했다. "사랑은 오직 〈자기만족〉을 추구할 뿐이다"(281), "결국 모든 사랑은 자위행위의 연장인 셈"(282)이라는 그의 사랑관에도 "뻔뻔한 카리스마"(282)를 느낀다. 한지섭은 "결혼하기는 죽기보다 싫다고 하면서도, 실제로 연애를 할 때는 여자가 여필종부형의 마누라 역할을 해줘야만 편안해 하는 남자였"(291)지만, 사라의 "매저키스틱한 관능을 자극시켰"(295)고, 그가 사라를 "복슬강아지 다루듯 하며 가지고 놀 때마다"(296) 사라는 "나른하고 황홀한 쾌감 속으로 여지없이 무너져 내리게 되는 것이었다"(296). 사라는 매일 자신을 변신시켰으며(300),

"그 때문에 내가 있었고, 나 때문에, 아니 나를 지배하기 위해서 그가 있었다"(301)고 느꼈다. 한지섭은 사라에게 서서히 권태를 느끼게 되었다(303). 그러나 사라는 "만약 당신과 결혼한다면 별다른 잡생각 없이 우선 기쁘게 신혼생활을 시작할 수 있을 것 같아요"(308)라고 하면서 그와의 결혼을 생각해보기도 한다(312). 그는 〈귀매 歸妹〉라는 점괘를 설명해주며(310), 사라에게 "난 너를 소유하고 싶지 않아. 나는 네가 저 점괘에 맞도록 더욱 더 당당하고 자유분방한 삶을 살아가도록 도와주겠어"(311)라고 말한다. 사라는 그와의 "이별에 대한 예감 때문에 슬쩍 아파보았"(315)지만, 그런 것이 사라에게 사랑의 상승작용을 불어옴을 경험하기도 한다. 사라는 자신이 "한지섭에게 결혼 의사를 은근히 타진해 봤던 것도"(322), 그가 대학교수로 자리를 잡은 사람이라는 일종의 신데렐라 콤플렉스에서 비롯됨을 자각하기도 한다.

⑥ "아무런 조건이 개입되지 않는 섹스의 대상으로만 너를 미치도록 원하는 남자들이 줄줄 나타날 게 틀림없어"라는 한지섭의 권고성 예측이 현실화된 것처럼, "흡사 막노동자 같은 인상"(325)의 같은 과 복학생인 최승구와 섹스를 하게 된다. 최승구는 사라에게 욕을 하고 막 다루었지만, 사라는 "그의 품안에서 원시적 흥분상태로 빠져들어"(329)갔고 고갱의 그림처럼 "강렬하고 원시적인 색깔, 그 둔중한 관능미"(329)를 체험하였다. 게다가 평소 약간의 질투심을 느끼던 같은 과 친구 미애의 약혼자 노주형과의 우연한 만남에서 사라는 테이블 밑으로 노주형의 허벅지 위에 발을 올려놓는 등의 장난을 쳤다(336). 신사도를 지키며 살아온 노주형은 그렇게 만난 다음 날 사라가 일하는 룸살롱으로 찾아와 "신파극의 남자주인공이 엮어대는 대사 투로" 사라에게 결혼해달라고 애원했다. 사라는 "미애하고 파혼을 해야 저도 주형 씨 결심을 믿을 수 있을 게 아니예요?"(342)라고 하면서, 얼버무렸다. 그러나 사라는 자신에게 번듯한 신랑감 후보가 나섰다는 것에서 오히려 "결혼에 대한 호기심과 선망, 그리고 유혹으로부터 조금씩 벗어날 수가 있었다"(342). ⑦ 그러던 어느 날 사라는 한지섭으로부터 이별을 통고하는 편지

를 받는다(343). 그러나 사라는 그것을 한지섭의 "어리광"(346)으로 받아들이기로 하고, "얼마간의 공백기가 도리어 긍정적인 예감으로 다가"(346)올 것이라 생각한다. 같은 날 사라는 기철이 자살했다는 소식을 듣는다. 그러나 사라는 슬프기보다는 오히려 완전히 홀가분하게 해방된 것 같아 유쾌한 기분을 느끼면서 "인간은 참으로 이기적인 동물이라는 사실"(348)을 깨닫는다. 같은 날 T교수가 수업이 끝난 후 자신의 연구실로 오라고 하고, 대학원에 진학하라는 권유와 함께 자신에 대한 T교수의 욕망을 읽는다. 하지만 사라는 학점을 위해, 그리고 혹 대학원에 진학하며 미래에 "대학 강단에 서서 어벙한 표정을 하고 있는 학생들 앞에서 미친 척 야한 내용의 강의를 해보는 것도 꽤 재미있는 일"(350)이라는 생각이 들면서, 그의 방을 빠져 나온다. ⑧ 집에 돌아 온 사라는 직업정신을 갖고 룸살롱으로 출근해야겠다는 생각이 든다. 사라는 출근하기 전 거울 속 자신을 보면서 이상하게도 아름다워져 있다는 느낌을 갖는다. 그리고 한지섭이 편지로 말한 〈자유〉 생각이 나며, 지금까지 그녀가 "만났던 남자들에 대한 기억이, 마치 전생의 일이라도 되는 것처럼 까마득한 옛일로 느껴지는 것이었다"(355).

(2) 도덕성으로 환원된 예술성

대법원은 『즐거운 사라』의 내용적 소재가 "정상적인 성적 정서와 선량한 사회풍속을 침해하고 타락시키는 정도"에 도달했다고 보고, 1995년 재판 당시 성이 개방된 추세에 비추어 보아도 『즐거운 사라』는 소설적 표현의 한계를 벗어났다고 보았다.

"소설 "즐거운 사라"는 미대생인 여주인공 "사라"가 성에 대한 학습요구의 실천이라는 이름 아래 벌이는 자유분방하고 괴벽스러운 섹스행각 묘사가 대부분을 차지하고 있는데, 그 성희의 대상도 미술학원 선생, 처음 만난 유흥가 손님, 여중 동창생 및 그의 기둥서방, 친구의 약혼자, 동료 대학생 및 대학교수 등으로 여러 유형의 남녀를 포괄하고 있고, 그 성애의 장면도 자학적인 자위행위에서부터 동성연애, 그룹섹스, 구강성교, 항문성교, 카섹스, 비디오섹스 등 아주 다양하며, 그 묘사방법도 매우 적나라하고 장황하게 구체적이고 사실적으로, 또한 자극적이고 선정적으로 묘사하고 있어서 위 소설은 위와 같이 때와 장소, 상대방을 가리지 않는 다양한 성행위를 선정적 필치로 노골적이고 자극적으로 묘사하고 있는데다가 나아가 그러한 묘사 부분이 양적, 질적으로 문서의 중추를 차지하고 있을 뿐만 아니라 그 구성이나 전개에 있어서도 문예성, 예술성, 사상성 등에 의한 성적 자극 완화의 정도가 별로 크지 아니하여 주로 독자의 호색적 흥미를 돋우는 것으로 밖에 인정되지 아니하는바, 위와 같은 여러 점을 종합하여 고찰하여 볼 때 이 사건 소설은 작가가 주장하는 "성 논의의 해방과 인간의 자아확립"이라는 전체적인 주제를 고려한다고 하더라도 음란한 문서에 해당되는 것으로 보지 않을 수 없다."(대법원 1995. 6. 16. 선고, 94도2413 판결)

극중 인물인 사라의 음란한 행각은 도덕을 해치기 때문에 소설 『즐거운 사라』는 예술성이 없으며, 그 음란성을 완화시키는 예술성도 없다고 본 것이다. 이러한 논증은 〈음란성→반(反)도덕성→예술성 소멸→(처벌이 필요한) 음란성〉이라는 순환구조를 띠고 있다. 여기서 형법상 음란물 판정의 핵심적 이유는 결국 등장인물의 반도덕적 행동 때문이었음을 알 수 있다. 그러나 예술성이란 주인공의 행각의 반도덕성 자체 때문에 소멸하는 것은 아니다. 만일 그렇지 않다면 소설 속 주인공의 행동이 도덕적일수록, 그 소설은 예술적인 작품이 될 것이다. 이렇게 되면 예술작품으로서 소설과 도덕교과서가 구별될 수 없게 된다. 소설 속 인물의 행동의 내용이 아니라 그런 내용을 통해 독자들에게 어떤 '미학적 쾌락'을 주거나 어떤 성찰의 공간을 마련해 주는지가 중요하다.

2. 양식적 예술성

소설의 세 요소를 주제, 구성, 문체라고 할 때, 주제는 주로 사상적 예술성에, 문체는 양식적 예술성에, 그리고 구성은 그 둘에 모두 관계한다. 작가의 변을 들어 본다.

> "리얼리즘 기법을 기본으로 하여 일종의 성격소설을 꾸미되, 주인공의 심리적 내면풍경 묘사에 중점을 두어…(중략)…보다 자유롭고 융통성 있고 적응력이 강한, 말하자면 긍정적인 여성상의 전형을 창조해 보려고 한 것이 내 의도이다."[3]

(1) 리얼리즘적 묘사의 섬세성

『즐거운 사라』는 사라가 1인칭의 화법으로 자신의 남성경험을 내레이션한다. 경험에 대해 반성적인 모습을 보이기도 한다는 점에서 육체적 욕망을 좇는 사라의 내레이션은 매우 사색적이다. 『즐거운 사라』가 아니라 '생각하는 사라'라고 해도 과언이 아니다. 하지만 내레이션은 심리적 내면풍경뿐만 아니라 성행위의 풍경에 대해서도 매우 자세한 묘사를 통해 이루어진다. 이 내레이션 되는 성관계의 풍경은 생각보다 새롭지 않다. 가령 화실에서 성관계도 있을 법하고, 룸살롱 아르바이트하는 여대생이 자유로운 성관계를 하는 모습도 개연적인 현실이다. 다만 90년대의 독자들에게 매우 낯선 묘사는 1대 2의 쓰리썸(threesome)과 도덕적 비난을 자극시키는 교수에 대한 유혹과 매저키스틱한 쾌락의 추구와 같은 것들일 뿐이다. 그러나 이 내용들은 포르노물에서는 매우 진부한 내용에

---

3 마광수, 『즐거운 사라』 (청하, 1992), 359쪽.

속하며, 하드코어에 속한다고 보기조차 어려울 정도이다. 반면에 사라가 하는 내레이션의 언어적 수준은 포르노물 속의 여인들이 하는 내레이션과 비교할 수 없다. 매우 수사학적이며, 섬세한 묘사성을 보여주며, 때로는 철학적인 성찰의 편린도 보여준다. 이런 점은 물론『즐거운 사라』의 양식적 예술성을 어느·정도 생성시킬 수 있다.

(2) 포스트모던적 기법의 의미와『즐거운 사라』

『즐거운 사라』가 리얼리즘적 섬세함과 진정성을 갖고 있는 것은 사실이지만, 남다른 감동을 주는 차원에 이른 것 같지는 않다. 무엇보다도 리얼리즘적 묘사의 음란성을 둔감하게 만드는 양식적 기법이 충분히 사용되지 못했다. 이 점이 법원에 의해 음란물로 취급받는 이유의 하나이다.

1) 그로테스크한 묘사의 부족

그러니까 소설이 성을 사실적으로 묘사한다고 해서 예술성을 생성시키는 것은 아니다. 가령 성을 묘사할 때에도 그로테스크한 묘사들을 개입시킬 필요가 있다. 그로테스크한 성의 묘사는 인간의 성이 아닌 것 같은 기괴한 묘사를 통하여 기존의 음란한 성의 음란성을 낯설게 하고, 성의 의미를 새롭게 생각하게 만드는 기능을 한다. 성행위의 풍경묘사는 그로테스크한 표현기법을 통해 사실 그대로의 의미로 독자에게 다가오지 않고, 전복된 의미로 다가올 수 있다. 그러니까 독자는 소설 속의 묘사를 통해 마치 음란한 광경을 바라보고 있는 것 같은데도, 음란성의 의미가 잊혀지고, 자신이 인지하지 못했던 삶의 의미 차원이 눈앞에서 펼쳐지는 것 같은 몽환적 사색 속에 빠져들 수 있게 되는 것이다.『즐거운 사라』에도 어느 정도 있기는 하다. 가령 다음과 같은 묘사를 들 수 있다.

"나는 그가 얽어논 거미줄에 완전히 걸려들고 싶었다. 그물에 걸려 대롱대롱 바둥거리며, 서서히 다가오는 죽음의 냄새를 맡아보고 싶었다. 조금씩 내 몸을 조여오는 가느다란 은빛 그물에 휩싸여, 나는 거미줄에 걸려든 무명(無名)의 곤충처럼 무섭게 조바심치며, 거미가 어서 빨리 먹어주기만을 기다리고 싶었다."(299)

하지만 『즐거운 사라』에서 그로테스크한 성묘사는 그렇게 많지 않다. 이 점은 『즐거운 사라』가 음란물로 판단된 이유 가운데 하나이다.

2) 예술과 포르노의 경계의 영속적 해체와 구성적 해체

『즐거운 사라』는 음란한 여대생의 성체험과 애정행각을 독자로 하여금 있는 그대로 지켜보게 한다. 그렇기 때문에 『즐거운 사라』는 사라와 같이 사는 것이 자유의 이름으로 정당화되며, 그런 삶을 허구적으로 묘사하는 것이 바로 문학이라는 점을 주장하는 셈이다. 하지만 그것만으로 예술이 된다면, 예술과 포르노의 경계는 '영원히' 지워지고 만다. 포스트모던적 사고에서 예술과 포르노를 형식적 기준으로 경계 짓는 것은 해체되어야 하지만, 해체란 그 둘의 경계 지음을 언제나 전제한다. 그렇기에 예술과 포르노는 서로 경계 지음과 동시에 그 경계를 해체하고, 해체하면서 동시에 서로 경계 짓는 것이어야 한다. 물론 이런 구성적 해체가 문학의 양식적 차원에서 완벽하게 이루어질 수는 없다. 즉, 성의 그로테스크한 묘사를 사용하는 것에는 한계가 있다. 너무 많이 사용하게 되면, 성묘사의 리얼리티를 극소화하게 되므로, 그 또한 예술성을 감소시킬 수 있다. 그러므로 어느 정도의 사실적 성묘사는 불가피하며, 그 묘사는 음란한 언어를 피할 수 없다. 그처럼 불가피한 음

란한 묘사에도 불구하고 문학작품이 예술작품으로 남을 수 있게 하는 것은 바로 그 묘사에 배어 들어가 있는 사상의 힘 때문이다. 문학적 표현 속에서 배어 나오는 사상은 음란한 표현에도 불구하고, 음란함이 소설의 주제가 되지 않도록 하는 힘을 발휘한다.

3. 사상적 예술성의 비평

『즐거운 사라』의 예술성은 사실 스토리 구성이나 그 표현의 사실주의적 섬세함에 있다기보다는 사상적 차원에 있다.

(1) 『즐거운 사라』의 정신분석학적, 철학적 통찰

사라의 사유(thinking)에 반영된 인간의 내면세계에 대한 작가의 정신분석학적 통찰이나 소설 속 인물인 한지섭 교수의 사유를 통해 보여주는 작가의 인생과 사랑에 대한 철학적 성찰[4]은 물론 사상적 예술성을 얼마간 생성시킨다. 1992년에 쓴 글임에도 불구하고 포스트모더니즘(postmodernism)의 사유들이 편린(片鱗)처럼 작품 속에 박혀 있다.

가령 한지섭의 사상 가운데, 양가집 규수의 위선은 호스티스보다 더 천한 것일 수 있다는 사고(313)는 바흐호펜이 주장한 모계중심 질서 이전의 질서인 인류 창녀적 단계(hetaeric statge)가 현대사회에도 유지됨을 보여준 카프카의 작품과 유사하다.[5] 이 통찰은

---

4 이는 마광수 교수가 제출한 항소이유 보충서에 잘 요약되어 있다. 이 보충서는 마광수, *사라를 위한 변명* (열음사, 1994), 405~417쪽.

5 이에 대해 자세히는 Rodolphe Gasché, "Kafka's Law: In the Field of Forcees between Judaism and Hellenism", *MLN* (Vol. 117, No. 5, Comparative Literature Issue, Dec., 2002), 978~979쪽 참조.

숙녀 속에 창녀성이 내재해 있고, 창녀 속에 숙녀성이 내재해 있다[6]는 정신분석학적 통찰을 보여주는 것이기도 하다. 사라가 "달짝지근한 복종의 쾌감"(144), "행복한 노예"(116)와 같은 매저키스틱 쾌락에 자주 빠지는 묘사(296)는 여성주의자들에게 비판적으로 읽힐 수 있지만, 정신분석학에서는 팰러스(phallus)를 향유하는 여성성의 발현으로 읽힐 수 있다. 라깡에 의하면[7] 상징계에서 여자가 팰러스를 가진 것처럼 남자에게 팰러스를 주고,[8] 실재계에서는 여성이 남자로부터 그 팰러스를 받아 향유하는 것이다. 그 밖에도 '광화문 네 거리에서 발가벗고 온몸에 물감칠을 한 다음 아스팔트 위를 기어다니는'(213) 해방적 퍼포먼스에 대한 사라의 욕망은 그녀가 포스트모던 예술의 파토스를 강하게 갖고 있음을 보여준다. 사라의 홀로서기는 사회적 미적 가치를 해체하는 사상으로까지 나아가기도 한다. 그래서 사라는 "얼굴에 주름이 생길까봐 걱정되지도 않았고, 약간 튀어나온 앞니가 창피하게 느껴지지도 않았다"(355)고 독백한다.

이런 사상적 경향들은 모노가미적 가족제도 속에서 생성된 성에 대한 배타적 소유를 정당화하는 도덕을 해체시키는 것이라 할 수 있다.

(2) 소설과 회화의 사상적 예술성의 차이

그러나 이 정신분석학적 통찰이나 철학적 성찰은 사라의 체험과정을 진행시키는 데 구동력으로 작동하지 않는다. 그런 통찰과 성

---

6 이상돈·민윤영, 『법정신분석학입문』(법문사, 2010), 244쪽.
7 라깡의 이론에 대해 홍준기, 『오이디푸스 콤플렉스, 남자의 성, 여자의 성』(아난케, 2008), 295쪽.
8 자세히는 숀 호머, 『라캉읽기』(은행나무, 2009), 184~205쪽.

찰 없이도 사라가 자신의 성경험에 대해 표현적으로 내레이션하는 작품구성은 얼마든지 가능하다. 문학작품이 철학적 사상 그 자체로서 예술이 되는 것은 아니다. 사상은 철학이 문학보다 더 정교하며 깊다. 소설의 사상적 예술성이란, 『즐거운 사라』의 예에서 말한다면, 그 스토리의 전개가 작가의 사상이 아니라 작품 속의 사상에 의해, 특히 정신분석학적 통찰과 철학적 성찰에 의해 구동력을 얻을 때 더욱 증폭되는 것이다.

❖ 빗나간 비평으로서 작품비평을 갈음하는 사상대결 ❖

물론 『즐거운 사라』의 사상을 오로지 마광수 교수 개인의 사상, 특히 성을 정신우월주의나 육체비하주의로부터 해방시키자는 사상[9]이나 '사랑을 성욕의 배설로 환원시키는 사상'으로만 바라본다면, 이 소설 속 사라의 체험과정에서 사상적 추동력을 따지는 것은 무의미할지도 모른다. 그러나 작품의 사상은 작가의 것만은 아니며, 비평담론 속에서 재구성될 수 있어야 한다. 더욱이 작품의 예술성은 비평을 통해 판단되어야 한다. 비평도 작품 속의 사상을 분석하고 재구성해야 한다. 그렇지 않다면, 문학비평이 단지 작가의 평소 사상과 사상적 대결을 펼치는 것에 불과해지기 때문이다. 가령 황국명은 『즐거운 사라』가 여성의 성을 발견하는 것이 아니라 근대사회의 남성중심적 시각에서 여성의 성에 억압적인 검열관으로 행동한다고 비판한다.[10] 이런 비판은 작품비평이라기 보다는 작가와의 사상대결에 가깝다.

---

9 마광수, "문학과 성, 그리고 '외설'의 문제", 남송우·정해룡(편저), *전환기의 문학론* (세종출판사, 2001), 385쪽.
10 황국명, "성표현과 해석", 남송우·정해룡(편저), *전환기의 문학론* (세종출판사, 2001), 350~351쪽.

『즐거운 사라』의 사상은 이외에도 법학에 익숙한 개념인 '성적 자기결정권'의 주체적 향유를 지향한다고 볼 수 있다. 성적 자기결정권(sexuelle Selbstbestimmung)이라는 법적 개념은 주로 타인에 의한 성적 자유의 침해에 대한 방어권으로 구성되어 있다. 이에 비해 사라가 추구하는 성적 자기결정권은 개인이 자신의 성생활에 대해 능동적으로 자유롭게 결정할 적극적인 권리의 측면이다. 이런 적극적인 성적 자기결정권을 외면하는 법은 정보적 자기결정권(informationelle Selbstbestimmung)에서 배워야 한다. 왜냐하면 정보적 자기결정권은 개인정보를 타인의 침해로부터 보호받는 소극적 권리(방어권)뿐만 아니라 정보화 사회에서 인간다운 삶을 영위하기 위한 전제로서 '정보'에 대한 접근과 향유라는 적극적 권리가 모두 인정되고 있기 때문이다.

이 점은 소설이 회화 또는 사진에 대해 갖는 중요한 차이점이다. 회화는 이미지를 통해 사상을 표현하는 한계가 있지만, 소설은 스토리의 상세한 구성과 언어적 묘사를 통해 매우 풍부하게 사상을 표현할 수 있다. 여기서 사상이 스토리의 전개 속에 녹아 들어감으로써 그 스토리를 전개해가는 언어적 묘사의 음란성에도 불구하고 예술작품으로 승화될 수 있다.

(3) 사라의 성적 체험과정의 비사유적 전개

『즐거운 사라』에서 부족한 사상과 양식의 융합은 무엇인가? 사라가 왜 그런 성적 체험의 궤적을 그리게 되었는지가 이를테면 정신분석학적인 통찰로 들여다 본 사라의 내면세계로부터 설명되지 못했다는 점이다. 그렇기 때문에 자칫 이 작품이 프랑스 작가

플로베르(Gustave Flaubert)[11] 식의 내레이션을 한 것, 그래서 포르노에 매우 근접한 작품으로 평가될 여지가 많아졌다는 것이다. 다른 각도에서 바라보면, 사라의 내레이션에 담긴 통찰들은 작가가 사라의 입을 빌려 억지로 끼워 넣는 단지 '붙임말'처럼 존재한다. 하지만 『즐거운 사라』를 자세히 들여다 보면 사라가 〈기철→김승태→김철→한지섭→최승구〉로 이어지는 성의 자유여행을 계속 해가는 과정들은 나름의 반성을 통해 이루어진다. 그런데 그 반성이 소설 속 1인칭 화자인 사라의 사유적 모습과는 달리 사유(thingking)가 아니라 주로 감각(sense)과 직관(intuition) 그리고 감성(feeling)의 반응이라는 점이 특징적이다.

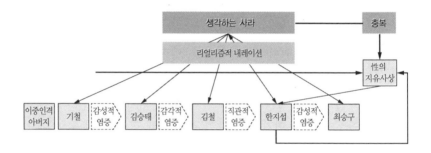

1) 감성적, 감각적, 직관적 추동력에 의한 남성편력

가령 기철의 "너무 나약한 모습"(58), "여자 앞에서 빌빌대는 남자"(64)의 모습에 사라는 '감성적'(emotional)으로 염증을 느끼며 떠

---

11 귀스타브 플로베르(Gustave Flaubert, 1821~1880)는 19세기 프랑스의 사실주의 작가이다. 간질을 앓았으며, 1856년 〈보봐르 부인(Madame Bovary)〉을 발표하여 문학에서 사실주의를 꽃피운 작가이다. 그의 사실주의 문학은 의사인 아버지의 과학정신에 영향을 받은 것으로 볼 수 있다. 플로베르는 〈보봐르 부인〉으로 인해 재판을 받기도 했다.

난다. 이 염증의 추동력은 기철과 정반대 타입인 남자, "은근히 벌판 같은 가슴을 가진 늠름·당당·용감무쌍한 사내"(58)이면서 친구의 아빠 같은 애인인 김승태와 쓰리썸의 관계를 이룬다. 그러나 김승태와의 이별은 가령 그의 천골 이미지에 대한 염증과 같은 '감각적'(sensual) 추동력에 크게 힘입고 있다. 그렇기에 사라는 천골 장사꾼과 정반대의 남자, 동정심을 불러일으키는 유약한 아티스트 김철과 성관계를 맺게 된다. 그러나 김철은 사모하고 있던 한지섭의 대용품이라는 '직관적'(intuitive) 판단에 의해 사라에게서 버림을 받는다. 김철 버리기에 이어지는 애정의 향방은 카리스마 넘치고 귀티나며, 사상으로 무장된 에고이스트 한지섭 교수로 향해있다. 그와의 사랑은 매저키스틱 쾌락과 관음적 판타지로 가득 차 있어 황홀했지만 지적인 요소가 많았다. 바로 그 지적인 요소에 대한 감성적 염증이 원시적이며 둔중한 관능미를 느끼게 한 최승구와의 섹스를 불러온 추동력이 된다.

2) 사라와 『즐거운 사라』의 비주체성

이와 같이 남성편력이 감성적, 감각적, 직관적인 추동력에 의해 펼쳐지고는 있으나, 작가는 사라의 이 편력과정을 묘사하는 언어가 음란하다는 사회적 문제점을 단지 한지섭이 말하는 〈자유〉 사상에 의해서만 정당화하려고 한다. 그렇기에 마지막 장면은 사라가 그간의 남성편력을 모두 전생의 일처럼 여기면서도, 여전히 청담동 룸살롱을 향해 경쾌하게 출근하는 모습으로 끝난다.

㈎ 한지섭의 충복, 사라의 반페미니즘적 성격　　사실 이런 사라의 모습은 사라가 진정하게 자유로운 주체로서 거듭난 것이 아니라, 오히려 한지섭의 〈자유〉 연애론과 '사랑은 성욕의 발현에 불과하다'는 사상을 실천하는 충복(忠僕)으로 길들여진 모습인 것이다. 다시

말해 사라는 그의 남성편력을 통해 기존의 사회윤리로부터 자유로워지기는 했지만, 한지섭의 〈자유〉 사상으로부터 자유롭지는 못했다. 그녀는 소설의 끝에서 완전하게 한지섭의 〈자유〉 사상의 포로가 된 것이다. 물론 사라가 이렇게 한지섭의 사상적 충복이 된 것은 그녀에게 잠재된 사상에 한지섭과 같은 면이 있기 때문이기도 하다. 이 점을 기철과 김승태와의 성관계 사이에 사라가 익명의 남자와 가졌던 카섹스를 통해 암시하며, 한지섭과의 관계 이후에도 최승구와의 둔중한 섹스를 통해 다시 한 번 확인시킨다.

이처럼 사라가 한지섭의 〈자유〉 사상의 충복이라는 점에서 『즐거운 사라』는 급진적 페미니즘에 의해 단죄되는 것은 당연하다. 남성에 포획된 여자의 자유로운 성놀이를 페미니스트들은 폭력이라고 보기 때문이다.[12] 또한 자유로운 성놀이와 여성성의 역할을 새롭게 인정하는 포스트페미니즘(postfeminism)의 관점에서도 『즐거운 사라』는 긍정적으로 평가되기 어렵다. 사라는 한지섭의 사상적 노예로 비춰질 수 있기 때문이다.

❖ 『반노』와 『즐거운 사라』의 차이 ❖

소설 『반노』(叛奴)는 특히 그 제13장 내지 제14장에 기재된 사실이 음란하다고 보아 음란문서제조죄로 기소되었지만, 무죄판결을 받았다. 그 이유는 다음과 같다. "그 표현에 있어 과도하게 성욕을 자극시키거나 또는 정상적인 성적 정서를 크게 해칠 정도로 노골적이고 구체적인 묘사라고도 볼 수 없다고 판단하고 나아가 부수적으로 더욱이 그 전체적인 내용의 흐름이 인

---

12 매키넌(Mackinnon)은 다음과 같이 말한다: "강간은 폭력범죄이지 결코 성적인 것 (sexuality)이 아니다. 성희롱은 권력의 남용이지, 결코 성적인 것이 아니다. 포르노그라피는 여성에 대한 폭력이지, 결코 에로틱한 것이 아니다."(C. Mackinnon, *Feminism Unmodified: Discourses on Life and Law* (Harvard University Press, 1987), 85쪽).

간에 내재하는 향락적인 성욕에 반항함으로서 결국 그로부터 벗어나 새로운 자아를 발견하는 과정으로 이끌어 매듭된 사실을 인정할 수 있으니 이에 비추어 이건 소설을 음란한 작품이라고 단정할 수 없다"[13] 그러니까 판례의 입장에서 보면 『반노』는 성행위를 묘사했지만, 향락적 성욕에 반항하는 주체성의 확립을 통해 음란성이 완화된 반면, 『즐거운 사라』는 오히려 향락적 성욕을 좇는 주체의 자유를 외치고 있기 때문에 음란성이 완화되지 않은 셈이다. 결국 사상 자체를 검열한 것이 된다. 그러나 성에 대한 관점은 그것이 공론을 바탕으로 의회에서 입법으로 범죄화된 성적 일탈이 아니라면 사상의 자유로 보호되어야 한다. 『즐거운 사라』 속의 사라가 실제로 법정에 선다면 폐지가 광범위한 지지를 얻고 있는 간통죄에 해당하거나 교수를 유혹한 점으로 학내 징계를 받을 정도의 일탈만 있다. 물론 룸살롱 아르바이트로 고객과 성관계를 맺은 것은 「성매매알선 등 행위의 처벌에 관한 법률」에 위반한다. 그러나 이 부분은 소설에서 중요한 부분이 아니고, 그 법률 또한 이와 같은 자발적 성매매에 관해서는 폐지되어야 한다는 주장도 유력하다. 그러므로 『즐거운 사라』에 대한 유죄판결은 사실상 성의 자유를 주장하는 사상에 대한 유죄판결인 셈이라고 볼 수 있다.

(나) 마광수 교수의 충복, 『즐거운 사라』   그런데 여기서 재미있는 것은 한지섭이 작가인 마광수 교수를 매우 닮았다는 것이다. 직업, 가치관, (추측컨대) 취향까지도 한지섭은 마광수 교수를 빼닮았다. 그러니까 한지섭은 마광수 교수의 분신(分身)과도 같다. 그러므로 한지섭은 마광수 교수의 욕망을 실행하는 대리인이 되고, 소설 속 사라는 그의 욕망을 채워주는 충복이 되는 것이다. 그러므로 마광수 교수는 『즐거운 사라』라는 소설을 자신의 성적 욕망을 발산하는 수단으로 삼고 있는 것이다. 『즐거운 사라』는 그가 말하는 성

---

13 대법원 1975. 12. 9. 선고, 74도976 판결. 이 사건은 이영섭(재판장), 민문기, 김윤행, 김용철 대법관이 맡았다.

욕을 '대리배설' 시켜주는 충실한 호스티스와도 같다. 물론 소설이 작가 개인의 욕망을 실현시키는 측면이 있다는 것은 언제나 개연적이다. 그러나 그처럼 소설이 작가의 방편으로 머무른다면 소설의 예술성은 떨어진다고 보아야 한다. 마광수 교수가 그토록 비난하는 〈계몽주의적 설교〉를 목적으로 하는 소설14처럼 그의 『즐거운 사라』도 작가의 개인적 목적(성욕의 자유발현)을 위해 봉사하고 있을 뿐일지도 모른다. 여기서 소설이라는 예술작품의 예술성은 '저자는 사라진다'는 데리다(Derrida)의 통찰처럼 그 작품에서 작가의 목적성이 읽히지 않을 때 비로소 상당한 수준으로 올라가는 것이라 할 수 있다. 『즐거운 사라』가 높은 예술성을 인정받기 어려운 것은 소설 속 사라가 한지섭의 자유 사상에 봉사하듯, 『즐거운 사라』라는 소설이 마광수 교수의 개인적 목적에 봉사하기 때문이다.

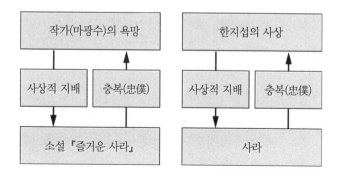

(4) 사상적 예술성을 높이는 대안적 구성

『즐거운 사라』의 낮은 예술성은 성을 표현하는 언어의 외설성에 있지도 않고, 소설 속 사라가 보여주는 애정행각의 반도덕성에

14 마광수, 즐거운 사라 (청하, 1992), 360쪽.

있지도 않다. ① 사상이 소설 속 사라의 애정행로를 전개시키는 추동력으로서 내재화되어 있지 않다는 점, 그리고 ② 작가의 죽음, 즉 작품의 작가로부터의 분리 독립이 성취되어 있지 않다는 점에서 비롯된다. 이 점은 『즐거운 사라』의 구성을 다소 변형시켜 이두 가지 결함을 메우는 대안적 작업을 해 봄으로써 더 잘 드러날 수 있다.

1) 사상의 구성적 침투

첫 번째의 요청을 충족하는 하나의 구성으로 다소 상투적이지만, 가령 사라가 아버지로부터 성폭행이나 그와 유사한 취급을 받음으로써 트라우마에 시달리고 있음을 소설의 출발로 삼는 것이다. 그렇게 되면, 사라의 모든 남성편력이 그 트라우마를 치유하는 과정으로서 해석될 수 있게 된다. 성적 변태성과 도덕적 일탈은 자기치유의 몸짓으로 설정되는 것이다. 하지만 이 설정은 사라의 성행위를 묘사한 언어의 음란성에 도덕적 덮개를 씌우는 것이다. 그처럼 트라우마의 치유적 과정으로 그리는 것은 다소 과도한 도덕주의적 구성이 될 위험도 있다. 그렇다면, 사라가 체험하는 애정들에서 각기 다른 반성적 의미를 생성시키는 정신분석학적 맥락을 지금의 상태보다 훨씬 강화하는 방법을 모색해 볼 필요가 있다. 하지만 작가가 도덕으로부터의 육체 해방만을 편향적으로 지향하는 한, 그런 성찰적 맥락을 사라의 모든 애정행각마다 고유한 모습으로 짜 넣는 것은 기대하기 어려울 듯하다.

2) 자유 사상으로부터 해방되는 엔딩

두 번째의 요청을 위해, 『즐거운 사라』를 작가 마광수 교수의 개인적 욕망의 충복에서 벗어나게 하는 것이 필요하다. 이는 소설 속 사라를 한지섭의 〈자유〉 사상의 노예적 지위에서 벗어나게 하

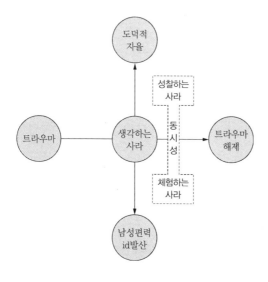

고, 자기성찰의 주체로 묘사할 것을 요구한다. 그러므로 사라가 한지섭의 말대로 "아무런 조건이 개입되지 않는 섹스의 대상으로만 너를 미치도록 원하는 남자들"(318) 가운데 "오늘 밤 진짜 근사한 남자를 만날 수 있을 것 같은 예감"(355)으로 청담동 룸살롱에 출근하는 엔딩은 바뀌어야 한다. 예컨대 사라가 룸살롱을 그만둔다는 말을 하고 걸어 나오는 모습으로 끝을 맺어도 좋을 것이다. 성매매가 반도덕적인지는 근원적인 성찰이 필요하지만, 현시점에서 룸살롱 아르바이트를 그만두는 것은 체험에 대한 반성과 성찰을 통해 새로운 자율적 도덕의 지평으로 나아가는 상징을 가질 수 있기 때문이다. 물론 사라가 소설의 끝 장면에서 그녀의 경험들이 전생의 일처럼 여겨진다는 '망각적 자각'은 유지할 필요가 있다. 트라우마의 치유는 극복하는 방식이 아니라 잊어버리는 방식으로써 가장 완전해질 수 있기 때문이다. 물론 소설의 초반부에서 사라의 트라우마를 설정하지 않을 수도 있다. 그럴 경우에는 적어도 사라가 '쾌락적 삶의 자유로운 비행'을 시작하는 모습이 아니라, 그런 비행도 추락하게 된다는 것을 암시하는 설정, 즉 에로스의 무상함과 덧없음도 함께 하는 모습으로 그릴 필요가 있을 것이다.

4. 종합적 비평

『즐거운 사라』는 양식적으로 리얼리즘적 섬세성이 있다는 점에서 상당한 정도로 예술성이 있다. 그러나 그 섬세한 묘사의 음란성을 덮어주는 다른 표현기법, 이를테면 그로테스크한 표현 등이 부족하다는 점에서 작품의 예술성은 사상의 차원에 더 많이 의존하게 된다. 물론『즐거운 사라』는 사상적 예술성이 없지 않다. 단편적으로 등장하는 정신분석학적 통찰은 일상적 도덕관념을 전복시키는 잠재력을 갖고 있어 보인다. 하지만, 사라의 애정행각을 추동시키는 힘으로 사상이 작용하고 있지는 않다. 사라가 반성적으로 자각한 자유의식도 한지섭의 사상에 감금된 모습이며, 소설『즐거운 사라』 자체가 작가의 욕망을 대리 배설하는 수단으로 기능하는 것으로 볼 수도 있다. 작품의 사적 소유화는 예술성을 높일 수 없게 만든다. 그러므로『즐거운 사라』는 분명히 예술작품이기는 하지만, 그 예술성이 매우 높다고는 볼 수 없다. 하지만『즐거운 사라』의 예술성은 형사처벌이 필요 없을 정도로 그 음란성을 완화하는 수준은 달성하고 있다고 말할 수 있다. 그러므로 마광수 교수와 그의『즐거운 사라』에 대한 형사재판은 무죄판결로 종결되었어야 마땅하다. 마광수 교수의 다음 말은 이 점을 스스로 보여주고 있다.

> "'사라'사건 이후 제일 안타까운 것은 글 쓸 의욕이 사그라들었다는 사실이었다…(중략)…글을 쓸 때마다 마치 펜을 든 팔을 툭툭 차이는 상태가 수년을 이어져 왔으니 말이다. 못썼다고 욕을 얻어먹는 것까진 좋으나 '못썼으니까 잡아가도 된다'는 식의 말은 정말로 유감스러웠다."[15]

---

15 마광수, *사라를 위한 변명* (열음사, 1994), 9쪽.

Ⅱ. 『내게 거짓말을 해봐』의 음란성과 예술성

1. 사건의 경과

(1) 장정일과 『내게 거짓말을 해봐』

작가 장정일은 1996년 소설 『내게 거짓말을 해봐』(김영사)를 펴냈다. 장정일은 1962년 경북 달성에서 태어나 1977년 성서중학교를 졸업하고 고등학교에 진학하지 않았다. 여호와의 증인인 어머니의 영향과 규율이 강했던 아버지로부터 해방되고자, 아버지가 죽은 이후에도 아버지의 다른 형태인 학교로부터 해방되고 싶은 갈망이 함께 작용한 것으로 보인다.16

> ❖ 작가 장정일의 이력 ❖
>
> 장정일은 1984년 언어의 세계 제3집에 「강정간다」 외 4편의 시를 발표하면서 등단하였다. 1987년 동아일보 신춘문예에 희곡 「실내극」이 당선되었으며, 같은 해 첫 (단독) 시집 「햄버거에 대한 명상」으로 26살의 젊은 나이에 제7회 김수영 문학상을 수상했다. 그의 첫 소설은 1988년 『펠리컨』(세계의 문학, 봄호)이었으며, 이후 본격적으로 소설을 쓰기 시작하여 첫 소설집 『아담이 눈뜰 때』와 장편소설 『너에게 나를 보낸다』(1992), 『너희가 재즈를 믿느냐』(1994)를 거쳐 1996년에 이 소설 『내게 거짓말을 해봐』를 발표하였다.

하지만 그는 1979년 폭력사건으로 아버지의 또 다른 절대적 형태인 소년원에 복역하게 된다. 그렇기에 아버지에 대한 적대감은

---

16 김종욱, "〈햄버거〉에서 〈거짓말〉까지 문학적 연대기: 장정일을 만나기 위하여", *작가세계* (제9권 제1호, 1997), 18~22쪽 참조.

그의 작품 전반에서 보이지 않는 추동력일지도 모른다. 하지만 이 소설은 음란물로 기소되었고, 2000. 10. 27. 대법원에서 유죄가 확정되었다.[17]

(2) 『내게 거짓말을 해봐』의 줄거리

이 소설의 줄거리를 요약하면 다음과 같다. 이 요약은 물론 나의 시네마토그래피적 분석에 의해 재구성된 것이다. 따라서 작품의 예술성에 대한 나의 비평적 관점이 들어간 것일 수밖에 없음을 미리 밝혀 둔다.[18]

① 제이는 38세의 "신경이 가녀"(20)린 중견의 조각가다. 어린 시절 군인 출신인 아버지의 엄격한 규율, 이를테면 잠잘 때 "천장을 향하도록 똑바로 누워 몸을 일자로 하고 입은 굳게 다물고 잠을 자"(57)지 않으면 밧다를 맞는 규율을 받으며 자랐다. 그는 아버지를 "신격화된 아버지"(56), 즉 신버지라고 부른다. 그런 아버지의 억압과 명령을 "학대가 아닌 사랑이라고 곡해"(102)하면서 제이는 "이불의 네 모서리가 방의 네 모서리와 대칭을 이루지 못하면 잠을 자지 못"(101)할 정도로 결벽증에 걸렸다. 초등학교 5학년 때 아버지가 돌아가셨지만, "그의 무의식 속에 잠재된 아버지의 명령"(54)은 계속되었다. "제이의 내면 깊숙이 아로새겨진 아버지의 억압과 명령은 그의 육체에 직접 행사되는 실체였다"(56). 그래서 제이는 유년시절 "수도승처럼 살기를 원했"(17)다. 담배도 안 했으며, "영화감상이나 음악처럼 눈이나 귀 어떤 것도 자신을 즐거움에 빠뜨리는 것은 멀리 하겠다는 맹세"(17)를 하기도 했다. 하지만 그런 욕망은 "아버지의 말에 복종하는 것 속에서만 자유를 느꼈던 그가 아버지가 설정해 준 여러 목표들을 상회하고자 하는 의

---

17 대법원 2000. 10. 27. 선고, 98도679 판결.
18 괄호 안의 숫자는 따옴표 속에 직접 인용된 이 소설의 표현이 있는 장정일, 내게 거짓말을 해봐 (김영사, 1996)의 쪽수를 가리킨다.

도에서 나온 것"(53)이었다. 제이는 조각을 하면서부터 "아버지의 망령으로 부터 벗어나기 시작"(54)했다. 하지만 제이는 점차 "조각이라는 게 실은 어린 시절 아버지로부터 강요받았던 매일매일의 일기쓰기의 변용에 불과"(73)하며, 자신의 작품들이 "자신의 삶을 보이지 않는 아버지의 면전에 보고하는 기록체계이면서"(54), "아버지가 자신에게 가르쳐 준 삶을 형상화"(55)하고, "자유스러운 자아의 표현이 아니라 아버지를 우상화시키는 것"(55)임을 깨닫게 되었다. 그래서 제이는 작품활동을 중단하기로 결심한다. 제이는 지난 몇 년간 자신의 작품에 통칠하는 세부작업, 즉 작품을 '쓰레기'나 '똥'으로 만드는 작업에만 매달렸다. 제이의 이 분뇨예술(73)은 자기 모멸을 통해 아버지의 망령으로부터 벗어나기 위함이었다. 그런데 작품 활동을 "하지 않게 된 후로 환각이 그를 찾아왔다"(103). 제이의 신버지는 "특정한 어떤 구멍이 아니라 온몸을 투명하게 관통하는"(103) 방식으로 찾아왔다. 신버지의 임재(臨在)는 "제이의 온몸에 뻗친 신경줄이 기타줄처럼 떨리며"(103) 우는, 마치 "몽정과도"(103) 같이 성관계를 닮은 모습이었으며, 그 짧은 황홀경이 지나고 나면 무기력증과 우울증에 빠졌다. 그러나 이제 제이는 신버지의 강림이 "자신의 내적 욕구에 의해 만들어진 가상"(104)이며, "자신이 창작행위를 하는 동기와 힘을 아버지를 적대화하는 일에서 얻어온 것"(104)일지도 모른다는 생각을 갖기도 한다. 이렇듯 신버지의 망령 속에서 헤어나지 못하는 제이는 죽음충동에 깊게 빠지게 된다. 그래서 그는 "두 해만 지나면 불혹의 나이다. 불혹이 되기 전에 죽고 싶다"(75)고 말한다. 와이와 섹스를 할 때도 제이는 "죽지 못해 산다"(32), "죽지 못해!"(33)라든가 "나는 너를 완전히 부서뜨릴 거야"(64)라고 말한다. 그는 "사랑은 맞아 죽는 것이다"(76)라고 생각한다. 제이는 종종 파시스트적인 관점에서 세평을 쓰기도 했다. 그는 글쓰기에서조차 자기 속에 "아버지가 들어 있다는 것을"(136) 알았다. 그래서 더욱 그렇게 썼다. 언론과 대중으로부터 외면을 받을 것이라는 점도 그는 알았다. 그래서 그는 "똥 같은 글을 더 쓰고 싶지 않"(136)다고 혼잣말한다.

② 신버지의 망령은 죽음충동을 발현하지 않고 살아있는 자신에 대해 "자

긍심이나 자존심이 전무하"(81)도록 만든다. 제이에게서 자존감이 완전히 소멸한 것은 자신의 내면에는 아버지의 억압과 명령이 깊숙이 아로새겨져 있고, 자신의 육체에는 그 억압과 명령이 직접 행사되고 있다고 느끼기(56) 때문이다. 음주운전을 막기 위해 경찰관이 음주운전자를 신나게 두들겨 팰 수 있게 하자거나(84), 기초약품의 슈퍼판매를 위해 이를 반대하는 파업을 하는 "문 닫은 약국을 부수고 방화"(93)하라는 잡문을 쓰기도 하는 제이, 주한미군범죄가 일어날 때마다 미군을 한 명씩 암살하는 임무를 "사형수나 무기수에게 사면을 조건으로"(136) 맡기자는 글을 쓰는 제이의 속에 있는 "파시스트"(94)의 모습은 바로 신버지와 닮아가는 일그러진 자기 모습이었다. 그런 자신의 모습을 정신분석하는 제이는 결국 자기모멸의 길을 간다. 그래서 그는 남녀 관계를 인격이나 정신 또는 몸의 전체적 교감이 아니라 오로지 "씹에만 한정하고 싶"(28)어 한다. 자신의 성기도 "똥이라고 생각해야만 마음이 편"(72)했다. 에이널 섹스도 그에게는 "여성에 대한 정복욕"(72)이 아니었다. 그것은 "여성에게 수치를 주려는 뜻보다 자신에게 모멸을 안기려는 쪽"(72)이라고 이해한다. 그가 "소아애증이나 '트랜지스터형'의 앳된 여자에 정신없이 반하는 까닭"(81)도 자존감이 없는 자아의 발현일 뿐이다. 그에게 섹스는 그 "일만이 죽지 못해 살아 있는 자신에게 기쁨을"(26) 주며, "그의 뇌리와 두 손에 달라붙은 신버지를 잇"(26)게 만들었다. 그러니까 "여자의 음부는 제이의 도피처 역할을 톡톡히"(36) 한 것이다. 하지만 섹스에서도 신버지의 망령은 어김없이 찾아왔고, 그의 가학증적 행동이 바로 그 망령이다. 제이의 아내 지가 이년 전 파리로 조각을 공부하러 유학을 떠나 사실상 별거상태에 들어가게 된 것도 제이가 성교를 할 때 "가학증적인 환상"(118)으로 아내 지의 엉덩이를 빨래판으로 두들겨 패고, 심지어 다음날 여는 "그의 작품전시회에 '당신의 나신을 전시하고 싶다'"(119)며 지를 설득했던 무렵이었다. 지가 제이를 못 견디고 파리로 떠날 때 제이는 이혼을 제의했다. 자신은 작품을 하지 않고 자기인생을 살고 싶은데 아내와 살면 "화단의 중견 행세를 하면서 현상 유지를 해야"(154)한다고 생각했기 때문이었다. 그러나 학자 집안의 외동딸인 아내의 완강한 거부로 이혼은 하지 못했다.

③ 아내가 파리로 떠나고, 자기모멸의 삶을 산 지 2년이 되던 해 제이는 안동 근처 와이 시에서 와이를 만나게 된다. 와이는 "불량기도 가정적 문제도 없"(28)으며 예술적 감수성도 무딘 편(28)의 18세 여고생이다. 와이가 제이를 알게 된 것은 고2 때 수학여행에서 우연히 동성애와 비슷한 육체적 교감을 가진 우리를 통해서였다. 우리는 "예술적인 감수성이 뛰어나"(29)고, "신체 잘 발달된 만능 스포츠맨"(31)이었으며, "전 학년의 우등생이자 전교의 모범생"(29)이었다. 그리고 와이의 "정신적 어머니"(30)와 같은 존재였다. 그러던 그녀가 고3이 되어 갑자기 공부를 등한시하고, 제이의 작품세계를 동경하게 되었다. 우리는 제이의 전시 팜플렛이나 화집을 모았다. 와이는 우리에게 "배반감을 느끼기는 했지만"(96), "우리에게는 미치도록 몰두하는 남자가 있는데 나한테는 없다는"(97) 것을 더 속상해했다. 와이와 우리의 "동성애적 친밀성"(48) 때문인지, 동성애자의 변심과 남친이 생기는 과정에서 발생하는 삼각관계의 질투심 비슷한 것이 와이에게도 찾아 왔다. 그래서 "원래 아무 것에도 몰두하는 데가 없었"(63)던 와이는 제이에게 몰두해 보기로 결심한다(97). 와이는 처음엔 "내가 어떻게 감히"라면서 제이에게 접근도 못하고 있는 우리를 위해 제이에게 전화를 했다. 그러나 제이의 근사한 목소리에 와이는 "우리에게서 제이를 훔친다는 죄책감에도 불구하고 그에게 '씹하고 싶다'는 제의를 하게 되었다"(48). 와이는 전화로 한 달이 넘게 제이와 폰섹스를 가졌다. 그리고 와이는 안동으로 찾아온 제이와 첫 섹스를 갖는다. "세 개의 구멍을 한꺼번에 취득하기로 한 제이는"(72) 와이와 첫 만남에서 통상의 섹스 이외에 오럴과 에이널 섹스까지 감행한다. 이 섹스의 광경은 매우 자세히 묘사된다. 이렇게 와이가 38세의 제이와 변태적인 섹스를 감행할 수 있었던 것은 동사무소 직원이었던 그녀의 착한 큰 언니가 "강간을 당하고, 일 년 넘게 우울증에 빠져 있다가"(45) 목매 자살했던 충격과 둘째 언니도 볼링장에서 아르바이트를 하다 강간당하고 그 남자와 살게 된 아픈 기억 때문이기도 했다. 그래서 그녀는 제이와 성관계 후 "나는…강간당하기 전에 내가 선택한 사람과 치러 버리고 싶었던 거"(46)라고

제이에게 말한다. 이 점은 우리가 와이의 꽃잎 속으로 손가락을 집어 넣으려 할 때 단호히 거부하면서 "자신의 꽃잎을 딸 수 있는 것은 자신이 선택한 남자의 그것이어야"(47)한다고 외친 이유이다. 그녀는 어떤 이물질의 꽃잎 침범도 "강간"(47)이라고 간주한다. 하지만 와이는 제이와의 관계 후 "제이를 우리로부터 훔쳐 왔다는 죄의식"(39)을 가졌고, 우리가 추궁하자 와이는 "단 한 번의 통화로 그의 정부가 되기로 했다"(95)고 하며 모든 것을 다 말해버린다. 우리는 와이의 몸을 두들겨 패면서 "너는 내 처녀를 빼앗아 갔어"(96)라고 말한다.

④ 제이와 와이가 변태적인 성관계를 갖는 순간, 제이는 신버지의 망령에서 벗어나고, 와이는 강간의 충격과 고통스러운 기억을 지워버리는 듯하다. 섹스가 변태적일수록 더욱 그렇게 보인다. 제이는 와이가 옷을 다 벗고 김치찌개를 먹을 때 입을 벌리고 음식물을 씹어 대는 모습을 관찰하면서 쓰리썸의 관계를 암시하는 상상을 한다. "와이가 음식을 먹는 모습"을 보면서 마치 자신이 "보는 앞에서 와이가 또 다른 남자와 성교하는 모습을 보"(61)는 것처럼 흥분하기도 한다. 두 사람의 섹스는 "'아 죽어' 혹은 '널 죽이고 싶어'하고 연거푸 외"(67)칠 정도이다. 그러나 제이가 섹스를 대하는 자세가 자기모멸적인 것과는 정반대로 와이는 "행복에 대한 예민한 능력"(77)을 보여준다. "욕조에 가득찬 물이 두 사람의 부력에 밀려 타일바닥으로 쏟아지는 소리를 듣고 와이는 '행복이 지저귀는 소리야'라고 말한다"(77). "제이가 부정적으로 물으면 와이는 긍정적으로 대답한다"(44). 또한 섹스 후 잠을 자는 와이에게서 "차고 넘치는 수면이 제이의 척추로 스며"(58)든다. 제이와의 두 번째 만남부터 몽둥이로 엉덩이를 맞는 피학적 성애 상황에서도 와이는 "'널 사랑해. 널 사랑해'라고 외치거나 '난 행복해. 난 행복해'라고 말한다"(146). "행복을 추구하는 와이의 능력은 거의 동물적이며 괴력에 가깝다"(146).

와이와의 첫 만남을 마치고 서울로 다시 돌아온 제이는 그의 집에 와 있던 24세의 여자 피와 다시 섹스를 하게 된다. 하지만 그녀와의 관계는 마치 그의 성기를 "피에게 임대해 준 꼴"(99)이었고, 그렇기에 제이는 그 와중에도 와이와 통화를 한다. 피는 미국에서 큐레이터 공부를 하다 아버지 사업이 망해 돌아온 여자이다. 피와의 관계는 피가 어느 전시회에서 제이에게 유학을 계속할 수 있는 특전을 얻어줄 수 없냐고 묻는 대화에서 시작되었다. 그녀는 담배를 피웠고, 잠이 적어서 밤새 제이로 하여금 잠을 편히 잘 수 없게 하는 여자였다.

⑤ 제이는 와이와 변태적인 성교를 이어간다. 제이는 와이와 한 시간 이상 하는 "전화상의 섹스"(106)로도 "그녀의 모든 것을 가졌으며, 그것은 가상이 아니었다"(107). 제이는 "한 목소리가 한 사람의 영혼뿐 아니라 육체마저 소유하는 것이 그리 어려운 일이 아니라는 것을"(108) 알게 되었다. 그렇기 때문에 "수절은 침탈된 영혼의 백기다"(108)라고 말한다. 제이는 안동의 같은 여관에서 두 번째 변태적인 사랑을 나눈다. 와이는 "너무너무 보고 싶었어"(113)라고 하며 울기도 하고, 오럴 섹스를 할 때 제이의 성기를 "오늘은 끊어갈 테야"(113)라고 말한다. 제이는 "와이와 함께 돌이킬 수 없는 열정 속으로 빠져들지도 모른다는 두려움을"(130) 느끼며, 그 "여행의 끝이 두렵"(131)게도 느껴진다. 제이에게 와이와 자신의 사랑은 "이질적인 것을 하나 되게 만드는 그 열정"(123)으로서 "우리들의 고유한 위치와 존재를 무와 혼돈으로 되돌"리는, 그래서 "내가 죽어 사라지는 최악의 경험"(123)이 될 수밖에 없기 때문이었다.

하지만 제이는 그 여행을 계속 해간다. 제이의 "가학증적인 환상"(118)은 와이의 엉덩이를 50센티로 잘라 놓은 대걸레로 "엉덩이가 붉어질 때까지 연거푸 두들"(118)기게 한다. 와이는 "널 사랑해, 난 맞는게 좋아"(125)라고 소리친다. 제이에게 몽둥이는 "혁대의 무정형적이고 자유스러운 성격"(126)과는 달리 상대방에 대한 지배력과 장악력을 강화해 준다. 그런 변태적 성관계 속에서 제이는 "이런 모습으로 있는 게 너무너무 행복하다"(114)고 생각한다. 명예와 돈에 대해 "나는 그까짓 것 다 잃어도"(121) 그 일을 할 것이라고 다짐하며, "이렇게 아무것도 않는 게 죽여주게 좋다"(114)고 생각한다. 그러나 제이의 가학증은 와이가 즐기고, 와이의 피학증은 제이가 즐기는 듯하다. 제이는 말한다. "난 너의 노예가 되어 널 소유하고 싶어"(139).

그래서인지 와이가 우리에게 제이와의 일을 자세히 말할 때, 우리는 이렇게 반응한다. "너희들 참 재미있게 논다"(133).

대학수능시험을 치르고 대구에서 세 번째의 만남을 가졌을 때, 와이는 호기심이 아니라 "처음으로 하고 싶어지는 기분"(140)이라며, 성교에서 "굉장히 능동적으로 나"(149)섰다. "제이는 자신을 여자로 상상하면서 남자인 와이에게 당하고 있는 것이라고 생각했다"(149). 와이와 헤어진 후 파리의 아내에게 전화를 건 제이는 그녀로부터 '파리로 와 자신의 출품작품에 대해 같이 의논해 달라'는 요청을 받게 되고, 이를 수락한다(154).

⑥ 제이와 와이의 변태적 성행각은 점점 더 심해진다. 마침내 제이는 와이의 젖가슴을 아버지가 했을 법한 방식으로 치고, 전깃줄로도 그녀를 심하게 때린다. 그리고 부은 와이의 몸을 보며 "널 전시하고 싶어"(165)라고 말한다. 변태적 행위를 한 제이는 "와이에 대한 연민과 자신에 대한 혐오가 함께 밀어 오른다"(165). "내가 만든 것은 다 이래. 모두 아버지의 모조품이야"(165)라고 말하며, 자신의 가슴을 점령한 우울을 향해 "너와 함께 죽어버리고 싶다"(166)라고 중얼댄다. "그는 하나의 복제에 불과하며 그의 삶은 그림자 놀이"(166)에 불과하다.

다시 파리에 있는 아내 곁으로 간 제이는 와이를 망가뜨릴 거라는 생각 속에서 "다시 와이를 만나고 싶지 않"(173)다고 자기를 다져본다. 하지만 가학을 거부하는 아내와의 정사는 실패하고(173), 서울에 돌아온 제이는 바로 안동으로 내달아 그새 대학생이 된 와이와 가학적 성교를 또 다시 시작한다. 제이가 와이에게 결혼하자고 했을 때 와이는 "네가 이혼하면 우리 사이도 끝"(175)이라고 말한다.

와이는 제이에게 자신이 맞는 것 자체에 쾌감을 느끼는 것이 아님을 고백한다. 그녀는 "네가 좋아하니까"(176) 행복한 것이라고 말한다. 제이는 이제 와이에게 자신을 때리라고 한다. 처음에 머뭇거리던 와이는 제이의 말과 행동을 흉내내며 제이를 때린다. "응이 아니라 네, 라고 말해 봐"(177)라고 요구하기도 한다. 제이는 육체는 고통스러운데 정신은 "고향 집에 되돌아온 듯한"(177) 기쁨을 느낀다. 와이는 제이에게 말한다. "내게 엄마라고 말해봐"(179). 제이는 "눈물이 왈칵 솟아오른다"(179). "자기 의사나 욕망 없이 오직 아버지 수발을 들며"(179) 살았던 어머니 생각이 난다. 와이의 가학은 점점 깊어만 갔다. 제이가 때리지 말라고 해도 와이는 이제 "널 안 때리면 내가 무슨 재미로 너와 만나니?"(184)라고까지 말한다. 그녀는 제이를 때릴 때면 "붕 뜨는 것 같아. 엄마가 된 것 같고, 어떤 때는 멈춰지지 않을 정도로 좋"(184)다고 한다. 제이도 "와이의 매질이 갖는 엄격함과 정확함 그리고 아름다움에 대한 기대로 설렌다"(185). 제이가 맞기 시작한 날로부터 "제이는 육체적 고통이 쾌감으로 전화하는 완벽한 순간"(186)을 경험한다. 와이의 매가 "항문을 끝으로 하는 그의 내장 끝 줄기를 톡톡 건드려 주는 것 같은 뭐라 말할 수 없는 시원한 기분"(186)을 느끼게 했고, "저 우주로 사라질 것 같은 열락을 가졌다. 그날 오늘까지의 제이는 끝이 보이지 않는 캄캄한 소실점으로 사라지고 자신이 사라진 먼 소실점으로부터 또 다른 제이가 환하게 스며나왔다. 제이는 자기 속에 있는 악마와 같은 힘을 천사에게 양도하고 더 큰 힘, 즉 무를 얻었다"(186). 그때 "와이는 그의 성모다"(186). 와이가 제이의 집에서 성교를 할 때 직전 애인인 피가 집으로 들어오자 와이의 태연한 제의로 셋은 성관계를 갖는다. 피는 그 이후 제이의 집에 오지 않았다. 제이는 이전에는 하지 않았던 "집 안 곳곳에 거울을 놓아 두기"(188)를 시작했다. "지금까지 회피해 왔던 자기 얼굴을 바라 보려고 한다. 그 아무의 것도 아닌 자기 얼굴, 백면의 얼굴을." 제이는 다시 파리로 떠나기 전 점점 더 성숙해지는 와이를 바라보며 와이의 사타구니에 "내 꺼"라는 문신을 약하게 새겼다. 그러나 그 문신은 곧 스스르 없어졌다. ⑦ 파리에 있을 때 제이는 우리에게서 "까미유의 아마조네스 진군. 당신, 사랑하는 당신에게 바쳐요. 당신을 저주하는 우리가"(191)라는 제목의 비디오를 받는다. 그 비디오에는 다비드의 조각 같은 몸의 우리가 전라로 등장하며, 그녀가 조각한 성기 모양의 막대에 콘돔을 덮어 자신의 하이멘을 파열시키는 행위를 한다. 우연히 이를 같이 보게 되었던 아내는 "아무 말 하지 않는다"(192). 서둘러 귀국한 제이는 와이가 그새 제이보다 나이가 더 든 남자에게 오럴 섹스를 해주었다는 고백을 받는다. 그러나 둘의 가학적, 피학적 성행위는 계속된다. 마침내 에이널 섹스로 제이의 성기에 묻은 물똥을 와이가 입에 머금고, 제이가 다시 "그 배설물을 탐욕스레 거두어 삼"(195)키며 와이를 사랑한다고 노래한다. 제이는 자신은 어떻게 이리 똥을 잘 먹을 수 있느냐고 스스로 묻는다. 그리고 "자신이 바로 똥이기 때문이다"(195)라고 스스로 답한다.

⑧ 와이는 제이와의 일들을 늘 우리에게 그 둘의 "사랑 행위에 대한 복기를"(156)하듯 다 말해주었다. 자랑 반, 죄책감 반 그리고 "우리를 자신의 '정신적 어머니'로 생각하고 있었"(199)기 때문이었다. 언제 한 번은 와이의 억지로 제이와 우리는 짧은 통화를 하게 되었다. 제이는 아나나 우리와 같은 예술가 지망생들은 자신을 "근친의 감정 속에 묶어"(157) 버린다고 느낀다. 그들은 흔히 "사랑의 광기가 들어서야 할 자리에 사랑의 광기로 가장된 예술적 광기가 들어서"(157) 있는 존재라고 생각한다. 제이는 그런 우리가 못마땅하다. 어느 날 와이와 헤어지고 집에 돌아온 제이는 그의 집이 불타 사라지고 없음을 알게 되었다. 그러나 그는 연기가 모락모락 나는 "자신의 집을 바라보며 생애 처음으로 가장 편안한 안도감을 느꼈다. '이제 모두 끝났다.'"(197)고 생각하며, 자기 작품을 모두 불태워 달라는 유언을 남겼던 카프카를 떠올린다. "예술가가 진정으로 자기를 모멸하는 방법은 그리하여 감시체계와 고해체계로부터 벗어나는 길은 생을 바꾸는 일이리라"(197)고 말한다. 제이 집의 방화는 와이의 오빠로 추정되었다. "물 날린 해병대 바지를 입고 군화를"(181) 즐겨 신는 "와이의 오빠는 오토바이만 보면 순간적으로 공황 상태에 빠져 버리는 광적인 오토바이 애호가"(137)이다. 그는 "두 번이나 소년원엘 갔다 왔다"(137). 와이의 오빠는 안동역 광장에서 와이와 제이가 함께 있었던 모습을 본 뒤 제이의 신분을 추적했고, 결국 우리를 통해 둘의 관계를 알게 되었다. 오빠와 그의 식구는 와이를 집에 가두고, 오빠는 와이의 머리를 빡빡 밀어버린다. 하지만 와이는 집을 탈출해 나와 제이와 다시 만난다. "제이가 자신의 집을 새로 짓지 않듯이 와이 역시 그녀의 가족과 대학을 포기한다"(200). 여러 도시의 여관을 전전하며 변태적 성행각을 계속해간다. 와이의 가학적 행위는 제이라는 "남자를 여성화시"(200)

키며 쾌감을 늘려간다. 제이는 와이에게 "난 당신의 노예야, 그러니 벌을 줘"(201)라고 한다. 와이는 제이의 "양 허벅지에 각각 자신의 한자 이름과 '내 님'이라는 글자를 새긴다"(201). 와이는 제이와 변태적 성행위의 도피행각을 벌이면서 계획적으로 우리에게 행적을 보고함으로써, 우리를 통해 들을 오빠가 몇 시간 뒤쯤 그들이 떠난 거처를 습격할 수 있게 해준다(203). 와이와 제이는 어느 날 그렇게 둘을 쫓던 오빠가 밤길에 과속으로 오토바이를 달리다가 가로수를 들이받고 죽었다는 소식을 듣게 된다. 와이에게는 "'이제야 보내 버렸어'하는 표정이 역력했다"(203). 제이는 점차 와이를 더 만족시켜 줄 수 없을 만큼 육체적 고통의 한계에 도달한다.

⑨ 제이는 와이와 심하게 다투고 우리가 습작을 하고 있는 폐쇄된 공장으로 달려갔다. "대리석으로 조각된 여신상을 보고 있는 것처럼 아름답고 강"(205)해 보이며 수줍어 하는 우리를 범하려다 오히려 그녀에게 간단히 제압당했고, 그 수치와 부끄러움 속에 제이는 "작업장에 굴러 다니는 조각도로 그녀를 마구 난자했다"(205). 제이는 그 행위의 이유를 알지 못한다. "우리가 너무 아름답고 강"(205)해서 질투가 났기 때문이라고만 느낀다. 그는 황급히 다시 파리로 갔다. 그곳에서 제이는 "그건 사랑이 아니야. 나는 내가 원해서, 나만의 행복을 추구했을 뿐이야"(204)라고 말하며, 와이에게 맞을 때 "나는 천국의 문을 보았다"(204)고 느낀다. 마침내 제이는 "대체 예전에 무슨 일을 했던 사람인지 알지 못하는 것처럼 내게 아버지가 존재했는지 나는 모른다"(206)고 생각한다. 아버지는 그의 "공상의 산물"(206)이고, "내 똥같은 작품의 논리적 근거를 마련하기 위해 그토록 그악한 아버지가 만들어진 것"(206) 그리고 "내 성적 환상을 인정받기 위해 내 유년을 압박한 아버지가 필요했"(206)던 것일지 모른다는 생각을 한다. 제이는 이제 안다. "어떤 아버지도 존재하지 않았다는 것을. 나는 아버지 따위의 존재 없이 고독 속에 태어났다"(207). 그러던 사이 와이의 어머니는 중풍으로 돌아가시고, 아버지는 스스로 양로원으로 들어갔다. 와이는 브라질에 사는 언니의 초청으로 브라질로 살러 가던 길에 파리의 공항에서 제이를 불러낸다. 그녀는 고등학교 교복을 가방에서 꺼내 입고, 제이의 엉덩이를 곡갱이 자루

로 내리쳤다(207). 그녀는 제이에게 그 순간 "교복처럼 순결한 날개와 세상을 행복하게 해주는 지휘봉"(208)을 든 천사처럼 보인다. 제이는 와이의 물음에 그게 자기가 바랐던 것이라고 울면서 답한다. 그리고 말한다. "어린 시절부터 나는 얼마나 아버지의 성기가 부러웠던가? 그리고 그가 나를 사랑해주길 얼마나 희망했던가! 그리스도가 하느님에게 그랬던 것처럼 모든 이들이 아버지의 영원한 신부였으니"(208). 제이는 와이가 준 교복과 곡갱이 자루를 들고 집으로 가져와 잠들었다가 눈을 떴다. 아내가 "와이의 교복을 입은 채 의자에 앉아 턱밑에 한 손으로 쥔 곡갱이 자루를 펴고 있었다"(209). 그리고 아내는 허벅지에 쓰인 와이가 누구냐고 물으면서 대답하지 않는 제이에게 곡갱이 자루를 방바닥에 한 번 쾅 찍으면서 "자, 내게 거짓말을 해봐!"(209)라고 말한다. 그래서 제이는 거짓말을 하기 시작했다.

⑩ 이 소설의 끝은 와이가 리우데자네이루에서 SM 클럽인 아마조네스 클럽의 여신이 되고, 우리에게 보내는 편지로 맺어진다. 와이는 가학이나 피학이 "자기 존재를 확장하고 변화시키기 위해서"(214) "지금까지 고수해 왔던 자아를 버리고 다른 자아를 채워 넣는 것, 그들의 쾌감도 고통도 모두 거기서 비롯되는 것"(214)이라고 말한다. 그리고 우리가 제이를 찾아갔다면 지금쯤 잘해야 "그의 식탁을 아기자기하게 꾸미는 존재밖에 더 되지 않았을 거야. 아니라면 나처럼 이런 모양의 여신이 되어 있겠지"(214)라고 말한다. 그리고 제이에게 잘렸던 두 팔을 봉합하고, 끝내 작품 활동을 재기하여 첫 전시회를 여는 우리에게 "이제서야 네게 용서를 구하고 싶어. 내가 제이를 범인으로 지목하지 않은 것을. 하지만 난 네 뜻을 따랐다고 생각해. 너 역시 아무 말 하지 않았으니까"(215). "하지만 우리는 모든 것을 이겨 냈어. 사랑과 저주의 시간들 속에서 오직 우리만 승리했어. 진정한 여신이자 나의 '정신적 어머니'인 우리에게. 미래로부터 Y가."(215).

2. 『내게 거짓말을 해봐』의 예술성

『내게 거짓말을 해봐』(이하 편의상 '내거해'로 줄여 표현함)를 읽는 독자는 『내거해』의 대부분을 차지하는 제이와 와이가 벌이는 변태적 성행각에 대해 습성화된 성윤리의 감정을 작동시키게 되고, 그 반윤리적 성행위의 극단적 추구가 반복되면서, 신물이 난다고 여기기 쉽다. 그러나 이 『내거해』의 양식 속에는 사상이 이데올로기가 아닌 채로 녹아 있으면서, 동시에 양식은 사상을 생성시키는 완벽한 예술성을 보여준다. 이 『내거해』를 읽기 위해서는 후설(Husserl)의 사고 중지 요청을 받아들이듯 윤리적 또는 이성적 사고를 중지시키고(stop thinking!) 그 본질을 직관하고 나서, 다시 그 직관된 본질을 사유에 담는 작업이 필요하다.

(1) 추상적 표현성 속의 성

얼핏 보면 『내거해』는 별 양식적 아름다움이 없어 보인다. 가령 이 소설의 예술성을 낳는 양식적 특성으로 자칫 『즐거운 사라』와 같은 리얼리즘적 기법을 주장할지도 모른다.

1) 익명화된 시공간과 리얼리즘의 거부

그러나 『내거해』는 자연을 완벽하게 지배하는 이성의 정교함을 보여주는 양식으로서 리얼리즘이 없다. 그렇게 보는 가장 중요한 이유는 제이와 와이가 만나는 공간들(안동시, 대구, 서울 제이의 집)의 풍물에 대한 사실주의적 묘사가 거의 없다는 점이다. 도피적인 성행각을 하며 다니던 여러 도시들의 이름도 별 의미가 없다. 제이가 아내와 만나는 파리나 와이와 만났던 드골 공항 등도 마찬가지이다. 이 소설에 등장하는 공간들은 고유지역이라기 보다는 그저 익명화된 공간들일 뿐이다. 따라서 다른 어떤 지명을 썼어도 별 차이가 없고, 모든 지명을 A, B, C, D…등으로 특정했어도 무방할 정도이다. 심지어 와이는 경상도의 시골 여학생임에도 사투리가 별로 보이지 않는다. 제이와 와이가 만나는 시간을 가리키는 가령 "1994년 10월 23일 아침 일곱시"(7)와 같은 시간 표기는 단지 숫자일 뿐, 그 시간이 위치한 역사적 맥락이나 문화적 배경 등의 의미는 제이와 와이의 만남에서 완벽하게 괄호 쳐져 있다. 이처럼 『내거해』는 리얼리즘적 기법과는 거리가 멀다.

2) 추상표현주의적 묘사의 사상성

이에 비해 이 소설은 성애장면에 대한 묘사가 전체에서 ─내가 위에서 한 줄거리 요약과는 달리─ 대부분을 차지하는 것처럼 보인다. 그렇기 때문에 이 소설을 마치 사진으로 본다면 뒤의 배경들은 흑백으로 희미하게 있고, 피사체만 선명한 컬러로 도드라져 보이게 처리된 영상과도 같다. 이 익명화된 시·공간은 마치 추상표현주의로 분류되는 색면회화(color painting)의 평면과 같다. 색면회화가 세계대전과 반인류적 학살 등의 역사현실을 가져온 근대적 이성의 합리성을 반성적으로 성찰하는 것처럼, 『내거해』의 추상적인 시·공간 묘사는 인간이 이성으로 건설한 도덕적 사회의 반인간적 측면에 대한 거부를 묘사하는 것이다. 그런 묘사를 배경으로 『내거해』는 반도덕성의 극단을 보여주는 남녀의 변태적 성행각을 마치 강조하듯이 전면에 또렷이 부각시키는 '표현성'을 보여준다.

(2) 양식을 통한 성찰

『내거해』의 '추상적 표현성'은 전위적 요소가 더해져 더욱 더 성찰적인 맥락을 형성시킨다.

1) 그로테스크함

예컨대 제이와 와이는 마치 언제, 어딘지를 잘 모르도록 시간과 장소가 뿌옇게 처리된 배경화면에서 주구장창 가학적, 피학적 성행위만 하고 있는 것처럼 보인다. 이렇게 강조된 성행위는 그로테스크한 묘사를 띠기도 한다. 마치 메이플소프(R. Mapplethorpe)의 자화상[19]처럼 제이는 와이와 성교하면서 그 기분을 "이럴 때 꼬리가 있으면 얼마나 힘차게 흔들어 댈 것인가"(32)라고 표현하기도 한다.

변태적 성행위의 묘사를 보면 제이와 와이는 인간이 아니라 개나 동물, 잘해야 우리가 아직 잘 알지 못하는 외계인과 같다. 해도 너무 많이 하고, 변태적이어도 너무나 변태적이다. 백여 대씩이나 때리고, 어루만져주고, 나중에 항문의 똥을 입에 머금고 또 다시 받아먹으며 행복해한다. 이런 모습을 두고 도덕적으로 단죄하기보다는 보통의 인간과 다른 기괴한 존재로 표상하는 것이 더 개연적이다. 이들의 성행위 묘사를 따라가다 보면, 기존의 사랑이나 자존감 또는 정체성 같은 것이 매우 낯설어지기 시작한다. 그리고 독자들로 하여금 작게는 도대체 사랑이란 무엇이며, 어떠해야 하는 것일까 하는 물음에서부터 크게는 도대체 인간존재란 무엇인가라는 물음, 그리고 더 궁극적으로는 우리의 이성적인 문명(civilization)과 문화가 어떠했던 것이기에 이런 변태적 성행위가 묘사될 수 있을까라는 물음을 갖게 만든다. 마광수 교수의 『즐거운 사라』가 독자로 하여금 사라가 느낀 유혹과 같은 유혹에 빠지고 싶게 만든다면, 『내거해』의 와이는 인간과 인간사회의 문명을 곤혹스럽게 만들 뿐이다. 이처럼 『내거해』는 그로테스크한 양식의 사용을 통해 음란성보다는 성찰의 공간을 제공한다는 점에서 사상

---

19 [5]단락 Ⅱ.1.(1)의 메이플소프가 꼬리를 달고 있는 듯한 자화상 사진 참조.

적 예술성을 갖고 있다고 말할 수 있다.

2) 성찰 없음의 성찰

하지만 『내거해』가 그로테스크한 양식을 통해 생성시키는 사상은 그 내용을 소설이나 작가가 은연중에 지시해 놓고, 독자로 하여금 따라오게 하거나 그 사상에 물들도록 하는 방식이 아니다. 이성에 의해 건설하는 사회의 유토피아적 행로에 대한 거대담론도 아니고, 특정 이데올로기에 대한 편향성도 없다. 심지어 『즐거운 사라』처럼 사랑은 단지 성욕의 발현이고, 자위행위의 연장이라거나 소설은 그런 성욕의 대리배설이라는 식의 이념이나 이론도 내세우지 않는다. 『내거해』는 제이와 와이가 벌이는 성행각을 『사라를 위한 변명』처럼 변명해주는 어떤 이념도 제시하지 않는다. 이런 이념의 백지화(白紙化) 상태에서 『내거해』는 변태적 성행위를 그리고 그것의 표현을 -적어도 우리 사회의 문화 상황에서 바라볼 때에는- 끝까지 몰고 가고 있는 것이다. 그렇게 『내거해』는 이념에 대한 성찰이 없어 보인다. 그런데 바로 이 성찰 없음의 극단화 속에서 묘하게도 성찰의 맥락이 생성된다. 죽으려고 자살을 시도한 사람이 다시 살아났을 때 강한 생의 의지를 갖게 되는 것과 비슷하다.

그로테스크한 성묘사가 전위적으로 이끄는, 그토록 집요하게 묘사되고, 지겹고도 역겹고 그리고 괴롭도록 묘사된 변태적 성행각의 끝에서 독자들은 이성사회가 이룩한 문명의 죽음과 같은 징후를 체험한다. 그 문명의 죽음을 느끼는 순간 우리는 그 문명을 다시 살아나게 하는 성찰을 시작하게 된다. 가령 그렇게 극단적인 성적 변태를 통해서만 해소할 수 있는 그 무엇, 이를테면 트라우마(trauma)와 같은 것이 제이와 와이뿐만 아니라 보통의 인간인 나에게도 있는 것일까? 그런 트라우마가 있다면, 우리의 문화는 그것을 외면하도록 우리를 길들였는가? 그렇다면 각자는 자신의 트라우마와 어떻게 마주하고 그것을 의식화할 수 있는가? 그런 트라우마는 한 사회의 구성원 모두에게 공통된, 즉 집단적인 트라우마인가? 그런 집단적 트라우마를 외면하는 이성적 문화는 무엇이며 어떻게 해체될 수 있는가? 등등. 제이와 와이의 성행각은 그 도가 심화될수록 이런 성찰의 맥락 속에 오히려 점점 더 잠기게 된다.

3) 트라우마의 해체와 자아의 해체

바꿔 말해 제이와 와이는 육체에 몰두해 있지만 그로써 오히려 정신의 문제가 중심으로 부각되는 것이다. 이는 『즐거운 사라』처럼 정신주의와 대립하는 육체중심주의를 강조하는 것과 명확하게 대조된다. 제이와 와이가 『즐거운 사라』보다 훨씬 고강도의 변태적 성행위를 끝까지 몰고 갔음에도 그들은 사라와 달리 오히려 정신문제를 강력하게 독자에게 부각시킨다. 하지만 『내거해』는 어떤 사상도 제시하지 않는다. 단지 제이가 그런 변태적 성행위를 극단적으로 좇을 수밖에 없게 한 추동력은 그가 '신버지'라고 부르는 아버지의 억압과 명령 그리고 감시체계에 노예처럼 지배당한 자아가 겪는 트라우마(trauma)이다.[20] 그가 조각활동을 중단한 것, 그의 작품들에 통칠한 것, 와이와 죽음에 이르는 변태적 사랑행각을 벌인 것, 때리고 또 때리고, 맞고 또 맞은 것은 트라우마를 해체하려는 몸부림이다. 그런 몸부림의 끝에서, 즉 변태적 성행각의 끝에서 제이는 "끝이 보이지 않는 캄캄한 소실점으로 사라지고 자신이 사

---

[20] 장정일 작가의 첫 소설인 『아담이 눈뜰 때』(1990)부터 『내게 거짓말을 해봐』(1996)에 이르기까지, 그의 작품에는 〈아버지＝세상＝악〉, 〈아버지＝해체해야 할 것〉이라는 등식이 성립해 왔다고 보는 구모룡, "오만한 사제의 위장된 백일몽", *작가세계* (제9권 제1호, 1997), 44쪽.

라진 먼 소실점으로부터 또 다른 제이가 환하게 스며나"(186)오는 것을 경험한다. 그래서 제이는 "자기 속에 있는 악마와 같은 힘을 천사에게 양도하고 더 큰 힘, 즉 무를 얻"(186)게 된다. 그리고 "와이는 그의 성모"(186)와도 같게 된다. 제이의 상대인 와이에게서도, 제이의 아버지와 비슷한 오빠의 권위와 지배적 질서, 그리고 강간을 당한 두 언니의 경험에서 형성된 트라우마가 제이와의 변태적 성행각을 추동시키는 힘으로 설정되어 있다. 물론 트라우마가 소멸한 뒤의 와이의 모습은 다소 애매하다. 그러나 그녀가 브라질로 가서 SM 클럽에서 성교 없는 피학을 경험하고 가학의 주체로 일하게 되면서 갖는 자각은 새로운 자아에 지향된 인생행로를 암시한다. 즉 사람들이 SM 클럽을 찾는 것은 성욕을 채우기 위해서가 아니라 "자기존재를 확장하고 변화시키기 위해서"(214), "지금까지 고수해 왔던 자아를 버리고 다른 자아를 채워 넣는 것"이라고 말한다.

트라우마 → 자기모멸적 변태적 성행각 → 소멸 → 새로운 자아

4) 변태적 성묘사의 의미 전복

여기서 첫째, 『내거해』의 변태적 성행위 묘사는 성을 위한 성의 묘사가 아니라 이런 트라우마가 해체되는 과정에서 필연적으로 요구되는 것임을 알 수 있다. 왜냐하면 제이의 아버지가 상징하는 이성적 사회의 도덕적 문명이 억압한 −예컨대 전쟁이나 집단학살과 같은 반이성적 현실을 가져온 이성의 그림자로부터− 인간성을 해방시키기 위한 방법은 이성적인 것이 아니라 반이성적인 방법이거나 적어도 이성 밖의 어떤 방법이어야 하기 때문이다. 『내거해』

에서 극단적으로 변태적인 성행위는 바로 그런 반이성적 방법의 기표이다.[21] 둘째, 그렇다면 『내거해』에서 제이와 와이가 벌이는 변태적 성행위는 소설 속의 '현실', 픽션 속의 논픽션이 아니라 현실 속의 '가상', 논픽션 속의 픽션이 된다는 점이다. 즉 『내거해』라는 소설을 읽을 때 그 변태적 성행위들은 그것들이 현실에서 일어나면 어쩌나 하고 염려하게 되는 그런 현실이 아니다. 그 변태적 성행위들은 오히려 트라우마가 해체되기 위해 기능적으로 작동하는 허구적 장치로, 즉 현실에 없고, 일어날 것 같지도 않은 가상으로 받아들여질 수 있다. 여기서 전복(subversion)이 일어난다. 이성은 반이성에 의해 뒤집힘으로써 자아가 해방된다. 소설 속의 현실은 가상이 되고, 소설이라는 가상은 소설을 읽는 독자들에게 트라우마를 문명적으로 치유하는 기능을 수행하는 현실이 된다.

❖ 여성성의 전복 ❖

『내거해』는 급진적 페미니즘의 관점에서 보면 폭력(violence)의 연속이다. 여자인 와이가 나중에는 제이를 가학하지만, 처음에는 남자인 제이가 와이를 때린다. 하지만 와이가 그렇게 맞는 것은 진짜 좋아서라기보다는 "네가 (제이가) 좋아하니까"(176)이기 때문이다. 여기서 여성은 가학성의 남성성을 향유함으로써 여성성을 구현하는 것으로 보인다. 이 점은 라깡의 팰러스 (phallus)에 대한 이론과 일치한다. 하지만 『내거해』는 이런 팰러스의 이론을 남녀에게 호환시킨다. 여성인 와이가 가학성으로서 기쁨을 누리고 남성인 제이가 피학성으로서 기쁨을 누리는 것이다. 그런데 제이가 피학성의 기

---

21 제이가 "난 너의 노예가 되어 널 소유하고 싶어"(139)라고 말한 것도 이를 방증한다. 제이가 와이의 노예가 되어 노예로서 와이를 소유한다는 것은 논리적 모순이다. 그러나 헤겔의 '주인과 노예의 변증법'에서 보듯 노예는 영원히 노예인 것이 아니라 주인으로 전복된다. 마찬가지로 이성과 반이성 또는 비이성의 관계도 언제나 뒤집힐 수 있는 것이다.

5) 삶과 죽음, 에로스와 타나토스

『내거해』에서 제이가 와이와 변태적 사랑을 한 것은 그가 조각을 하게 된 것과 마찬가지로 '신버지'로부터 벗어나는 행위였다. 에로스도 마찬가지이다.

㈎ 에로스와 타나토스의 전복   에로스는 죽음을 연기하고[22] 삶을 견뎌내게 하는 힘[23]이 된다. 그러니까 제이가 와이와 에로스를 발산하는 것은 작품 활동으로 형성된 사회적 자아(ego)로써 벗어날 수 없었던 신버지의 망령에서 벗어나 자기(self)를 찾아가는 몸부림이다. 이 몸부림 없이 그는 삶을 견뎌낼 수가 없다. 하지만『내거해』는 에로스는 삶을 지탱하는 충동적 힘이고, 타나토스(thanatos)는 죽음으로 향한 충동적 힘이라는 프로이트의 이해를 한 번 더 전복시킨다. 즉 제이는 사랑은 "내가 죽어 사라지는 최악의 경험"(123)이라고 말한다. 만일 제이의 말처럼 에로스가 '죽어 사라지는 것'이라면, 타나토스는 '살아 나타나는 것'이 된다. 제이와 와이의 변태적 성행각은 에로스인데, 이는 삶을 견디게 하는 충동적 힘이면서 동시에 죽어 사라지는 것이 된다. 그러나 그들의 성행각이 죽음을 향해 치닫는 전차와 같게 된 것은 사랑 때문이 아니라

---

22 이런 관점으로 이상돈, *욕망은 행복을 낯설게 한다* (연극과 인간, 2003), 19쪽.
23 삶은 견디어내는 것(enduring life)을 프로이트는 모든 생명의 첫 번째 의무라고 본다. 지그문트 프로이트 (김석희 옮김), "전쟁과 죽음에 대한 고찰", *문명 속의 불만* (열린책들, 2005), 69쪽.

그 변태성 때문이다.

(나) 자아의 죽음과 새로운 자아의 시작   하지만 그 변태적인 사랑으로 죽어 사라지게 되는 것은 신버지의 망령으로 뒤덮인 사회적 자아(ego)일 뿐이지, 정신분석학적 의미의 자기(self)가 아님을 간과해서는 안 된다. 사회적 자아의 사라짐은 곧 무의식의 자기(self)로부터 새로운 자아를 구축할 가능성을 열어 놓는다. 다시 말해 타나토스는 죽어 사라지는 힘이 아니라 새롭게 살아 나타나게 하는 힘이 된다. 따라서 제이의 정신변화를 보면 〈에로스→변태성→자아의 '죽음'→타나토스→새로운 자아의 형성(='삶')〉으로 이어진다. 여기서 제이와 와이의 변태적 성행각은 이성의 그림자인 사회적 자아를 죽게 만드는 타나토스의 발현이면서, 동시에 무아 또는 새로운 자아의 형성을 일으키는, 즉 삶을 생성시키는 에로스의 발현이 됨을 알 수 있다.

그러므로 『내거해』가 양식적으로 보여준 추상적 표현성에는 입체성이 더해짐을 알 수 있다. 즉, 트라우마가 생성된 상태에서 그것을 소멸시키게 만드는 변태적 성행각의 추상적 표현성이 〈에로스→삶, 타나토스→죽음〉이라는 하나의 시각으로 이루어지는 것이 아니라, 〈에로스→죽음, 타나토스→삶〉이라는 다른 시각까지 더해져 다시각성(多視覺性)을 얻게 된 것이다. 이 다시각성은 피카소의 입체주의 그림처럼 추상적 표현도 입체성을 띨 수 있게 한다. 그런 점에서 『내거해』의 변태적 성행각은 '입체적인 추상적 표현성'의 구조 속에서 펼쳐진다고 볼 수 있다.

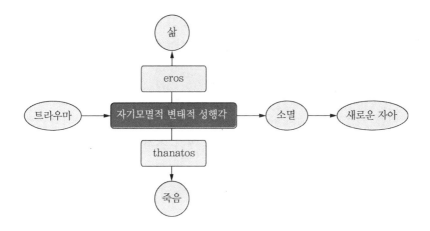

그러므로 제이와 와이가 벌인 자기모멸적인 변태적 성행각은 삶과 죽음, 에로스와 타나토스, 트라우마의 발생과 소멸 그 사이에 위치한다. 제이와 와이의 성행각은 입체적인 추상적 표현성 속에서 제이와 와이를 죽음에서 삶으로 추동하는 힘으로 작동하고 있는 것이다.

(3) 무한한 개방성의 구조

그런데 『내거해』가 보여주는 양식과 사상이 완벽하게 융합된 예술성은 제이가 겪은 성찰적 변화에 『즐거운 사라』처럼 어떤 이념을 주장하지 않는다. 이념은 비워두고, 성찰의 연속적 가능성만 열어둔다. 이를 위해 『내거해』는 엔딩 없는 엔딩을 맺는다. 그렇기 때문에 육체적 탐닉의 변태적 극단에서 전환되는 정신문제의 부각은 영화 「피에타」처럼 '권선징악'의 플롯24을 채택하지 않는다. 성찰은 윤리적 결론을 내지 않고, 가능한 미래적 삶의 불확정

---

24 이 점에 대한 나의 비판적 비평으로 앞의 [2]단락 Ⅰ.2.(3) 참조.

성으로 향해 있다. 이 불확정성은 포스트모던 양식의 전형[25]이다. 이 양식은 『내거해』에서 두 가지 점으로 뚜렷하게 드러난다.

1) 엔딩 없는 엔딩의 구조

『내거해』의 끝 장면을 보자. 와이의 교복을 입고 제이의 아내가 "내게 거짓말을 해봐"라고 말한다. 이 장면은 제이가 윤리적으로 속죄해야 하는 상황에 처하게 되는 것이 소설의 엔딩이 아님을 보여준다. 제이는 다시 거짓말을 하기 시작한다. 이런 상황 속에 있는 아내는 와이가 전이된 존재라고 해석되기도 한다. 그러나 아내가 말하는 거짓말은 제이와 와이의 '거짓말' 같은 변태적 성관계의 역사를 가리키기 쉽다. 여기서 제이와 와이의 만남을 너무나 현실 같지 않다는 의미에서 '가상'이라고 가정해보자. 그러면 제이의 아내가 "내게 거짓말을 해봐"라고 말하고, 제이가 이에 응하여 거짓말을 시작하는 엔딩 장면은 가상(제이와 와이의 변태적 관계모습)이 현실(제이와 아내의 삶) 속으로 들어오게 됨을 보여준다. 또한 다른 한편 제이가 아내가 시키는 대로 '거짓말을 시작한다'는 것은 곧 제이와 아내의 관계라는 '현실'이 제이와 와이의 관계와 같은 '가상'의 세계 속으로 들어가게 됨을 말해주기도 한다. 이처럼 가상이 현실 속으로 들어오고, 현실이 가상의 세계로 들어가는 구조는 권선징악이 아니다. 그 엔딩구조는 제이와 와이가 벌인 변태적 성행각을 생성시키고, 스스로 처하게 된 성찰의 맥락을 똑같이 펼쳐놓는 것으로 소설을 끝나게 하는 것이다. 그렇게 보면 이 소설의 엔딩은 제이와 와이가 펼친 변태적 성행각의 '시작'과도 같은 것이

---

25 하지만 미래적 삶의 불확정성은 포스트모던적 양식만이 아니고, 불교적 성찰이 기도 한 것으로 보인다. 법정 스님은 "지나간 모든 순간들과 기꺼이 작별하고 아직 오지 않은 순간들에 대해서는 미지 그대로 열어둔 채 지금 이 순간을 받아들인다"(법정, *아름다운 마무리* (문학의 숲, 2008), 24쪽)라고 말씀하신다.

다. 권선징악의 엔딩이 아니라 엔딩이 다시금 시작이 된다. 바로
그런 점에서 『내거해』는 '엔딩 없는 엔딩'의 구조를 띠고 있다고
말할 수 있다. 이로써 기승전결과 같은 고전적 양식은 해체되고,
포스트모던적 양식성이 생성된다.

2) 우리의 위치

『내게 거짓말을 해봐』에서 우리라는 존재는 매우 확정짓기 어
려운 의미를 갖는다.

(가) 우리의 인물분석   실제 이 소설에서 그 많은 분량은 제이와
와이의 변태적 성행위의 묘사에 할애되어 있고, 우리에 대한 묘사
는 극단적으로 매우 적은 분량이다. 그런데도 우리는 제이와 와이
의 만남을 매개한 존재이면서 둘의 만남을 해체시키는 발단이 되
기도 한다. 우리는 와이와 먼저 동성애적 친밀감을 갖게 되었지만,
예술에 대한 동경으로 동성애적 친밀감을 떨쳐버렸고, 사랑도 자
신이 동경하는 제이라는 예술가 속에 묻어 버렸다. 와이로부터 그
둘의 사랑을 복기(復棋)하는 것과 같이 자세한 얘기를 들으면서도
우리는 습작활동에 몰두했다. 우리는 습작활동 기간에 처녀성을
스스로 파괴해버림으로써 사랑을 이루지 못한 저주의 감정을 예술
혼으로 승화한다. 그 처녀성의 파괴도 그녀가 만든 작품(남근조각상)
에 의해서였고, 그 파괴의 행위도 마치 개념예술적 퍼포먼스(con-
ceptual performance)와 같았으며, 그 과정은 마치 비디오 아트처럼
영상에 담겼다. 우리가 와이의 오빠가 오토바이 사고로 죽게 되는
과정[26]의 인과적 고리의 하나라는 이유만으로 제이가 우리를 해치

---

26 와이의 오빠는 제이의 아버지와 같이 억압하며 감시하는 자로서, 오빠의 죽음
    은 제이가 아버지의 망령에서 벗어나는 과정과 동시적인 것이라 할 수 있다.
    이 점에서 "오빠와 아버지가 한 인물의 두 분신이듯 와이와 제이 또한 한 인물
    의 두 분신임을 알게 된다"(정장진, "시인과 법. 「내게 거짓말을 해봐」를 읽고",

려 할 때도 우리는 작업실에서 여신 같은 이미지를 보여준다. 이는 우리가 이미 근접하기 어려운 존재, 그래서 숭고미를 느끼게 하는 존재임을 보여준다. 그렇기에 제이는 똥이 되어버린 자신의 타락의 끝에서 그런 숭고한 여신을 파괴하지 않을 수 없었을 것이다.

(나) 파레르곤으로서 우리   여기서 데리다가 말하는 에르곤(ergon)과 파레르곤(parergon)의 이론을 가져올 필요가 있다. 이 소설에서 제이와 와이의 자기모멸적 성행각은 에르곤(ergon)이고, 우리는 파레르곤이다. 우리는 제이와 와이의 성행각과 대조적으로 순수하고, 숭고한 아름다움과 예술혼을 보여주지만, 『내거해』에서는 주변적인 위치에 서 있다. 우리의 주변적 지위는 제이와 와이가 소설의 중심에서 펼쳐 보이는 관계를 대비적인 설정 속에서 두드러져 보이게 만든다. 제이와 와이의 행각은 우리라는 순수한 예술혼과 대비될 때 더욱 더 타락의 끝으로 밀려가는 것으로 비춰질 수 있기 때문이다.

그러나 우리는 에르곤의 의미를 구성해주는 파레르곤이면서, 언젠가 에르곤이 될 미래의 가능성을 의미한다. 우리의 여신스런 아름다운 모습은 제이의 자기모멸적 성행각을 비웃고, 우리의 순수한 예술혼은 제이의 예술파괴적 자기모멸을 무(無)로 만들 수 있는 것이다. 그렇기 때문에 예술을 '신버지'의 감시체계와 보고체계의 연장으로 경험한 제이는 우리를 '미래'에 언젠가 또 다시 자기모멸적 행위에 의해 파괴되어야 할 또 다른 제이로 받아들인 것일 수도 있다. 그래서 제이는 우리를 덮치고, 마구 난자한다. 우리는 두 팔이 잘린 채 피투성이로 쓰러진다. 제이의 이러한 자행은 우리가 "대리석으로 조각된 여신상을 보고 있는 것처럼"(205), "너무나 아

작가세계 (통권 제32호, 1997), 121쪽)라고 볼 수 있을 것이다.

름답고 강했다는 것 밖에"(205)는 다른 이유가 없었다. 두 팔 잘린 "대리석으로 조각된 여신상"의 모습은 미의 아이콘 비너스를 연상 케 한다. 미의 여신인 우리는 봉합수술로 두 팔을 회복하고, 다시 작품 활동을 하여 마침내 첫 전시회를 연다. 이는 우리가 죽음을 넘어서 예술혼의 순수성과 숭고미를 보여주는 주체로 우뚝 서게 되었음을 말해준다.

(다) **전미래 시제로서 우리** 『내거해』에서 에르곤인 제이와 와이가 트라우마에 시달린 자아를 해체하고 새로운 자아로 나아간 것처 럼, 파레르곤인 우리도 죽음을 넘어섬으로써 더 숭고해진 예술혼 의 '미래적' 주체로 우뚝 서는 것이다. 여기서 파레르곤인 우리가 에르곤이 되는 것은 오로지 미래의 가능성으로서만 설정되어 있을 뿐이다. 파레르곤은 미래의 에르곤이 될 가능성일 뿐 현재의 에르 곤을 밀어내며 그 중심적 위치를 차지하는 것은 아니기 때문이다. 그렇기에 와이는『내거해』의 끝에 위치한 우리에게 보낸 편지에 서 "사랑과 저주의 시간들 속에서 오직 우리만 승리했어"(215)라고 말하면서도 "미래로부터 Y가."라고 말하고 있는 것이다. 즉 제이 와 와이가 중심이 되는 시간 속에서 파레르곤은 오로지 데리다가 말하는 '전미래 시제'(futur antérieur)로서만 에르곤이 될 뿐인 것이다.

(4) 가상과 현실의 해체된 구분

『내거해』가 포스트모던 양식을 갖고 있다고 말하는 또 다른 이 유는 가상과 현실의 구분이 해체되고, 가상은 현실이 될 수 있고, 현실은 가상이 될 수 있다는 구성을 보여주기 때문이다. 소설 속 에서 가상과 현실이 경계를 해체하고, 서로가 되어버리는 호환적 구조가 다중적으로 설정되어 있다. 예컨대 첫째, 제이가 작품 활동에 몰두함으로써, 그러니까 작품의 이미지 세계라는 가상 속에 들어감으로써 어린 시절 제이가 겪은 아버지의 억압과 명령으로부터 해방되는 현실이 만들어졌다(가상→현실). 그러나 거꾸로 아버지의 망령은 제이가 작품 활동을 하는 현실의 에너지를 얻기 위해 만들어낸 가상일 수 있다(현실→가상). 둘째, 제이와 와이는 처음 만났을 때 이미 오래 사귄 여인들처럼 육체적으로 깊숙한 관계를 가졌는데, 이 현실은 전화상으로 하는 가상의 섹스가 가져온 현실이다(가상→현실). 반면에 제이와 와이의 만남이 현실화될수록, 그 사이에 가졌던 전화상의 섹스를 더 강한 상상의 세계로 옮겨 놓는다(현실→가상). 셋째, 제이가 와이를 몽둥이를 때리는 전희행위를 한 것은 소설 속에서는 현실로 벌어진 일이다. 그러나 그 현실은 상징의 세계에서는 아버지의 망령이 침투된 자기 자신을 똥같은 존재로 만드는 가상을 구축한다(현실→가상). 거꾸로 제이가 억압하고 명령하는 아버지를 '신버지'의 이미지로 바라봄으로써, 제이는 그 신버지로부터 자유로워지고 싶은 몸부림으로서 와이에 대해 가학적인 변태적 성행위를 하게 된다(가상→현실).

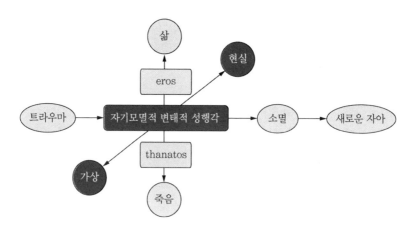

이로써 입체적인 추상적 표현성의 구조 속에서 지겹도록 변태적인 섹스를 거듭하는 제이와 와이의 행각은 새로운 차원을 얻게 된다. 그것은 현실과 가상이 서로 호환되는 차원이자 시·공간(의 입체적 차원)을 초월하는 차원이다.

(5) 소설의 가상과 작가의 현실 사이의 해체

그런데 이 시·공간을 초월하는 차원은 작가와 소설 사이에서도 현실과 가상의 구분을 해체하는 방식으로 더욱 확장된다. 나의 주관적인 추측이지만 장정일 작가는 소설 속의 제이가 자기모멸과 자기파괴의 길을 가는 변태적 성행위를 법이 허용하는 범위를 넘어 극단적으로 묘사함으로써 실제로 감옥에 가는 길을 선택한 것으로 보인다.

1) 예술의 이해

이 점은 제이가 소설가 친구로부터 자신은 처벌의 위험을 피하기 위해 자신의 소설 속 여주인공을 여고 3학년생 술집 접대부에서 막 고등학교에서 퇴학당한 문제아로 바꾸었다는 얘기를 들었을 때, "나라면 개피를 뒤집어 쓰겠어. 내 주먹을 스스로 망치질해서 뭉뚱그릴 용기가 없다면 누군가 강제로 나의 손발을 묶어 주는 것도 좋은 방법이지"(135)라고 말한 데서 쉽게 엿볼 수 있다. 장정일 작가는 제이의 입을 빌려 "예술과 외설의 선을, 검열과 표현 자유의 경계를 아슬아슬하게 밟고 있으며 처벌을 면하는 게 아니라 그 선을 훌쩍 넘어가 버리기를 원했을 것"(135)이라고 말하고 있는 듯하다. 장정일 작가는 예술이 아버지나 권력의 실행적 표현물이 아님은 물론이고, "예술이 아버지나 권력의 대항물"(135)도 아님을 말하고 싶었을 것이다. 『즐거운 사라』가 자유로운 성을 억압하는 권력의 대항물이었다면, 『내거해』는 "권력과 아버지에게 바치는 고해에 불과"(135)한 것이다. 그렇게 고해에 불과하다고 말하는 것은 성찰의 내용을 특정한 이념으로 채울 때 예술은 다시 아버지와 권력의 실행자가 되는 오류에 빠지게 될 수 있기 때문이다. 그러니까 『내거해』가 권력 대항적 성격이 아니라 현실 고해적 성격을 취한 것은 『내거해』를 문학에 대한 희망과 절망 사이에 위치하게 만든다. 사이성(inbetweenness)은 『내거해』의 절묘한 성찰적 지점이다. 그렇기에 다음과 같은 비평은 적절하다.

> "그것은 먼저 그의 문학이 내포하고 있는 모순성에 대한 관심에 있다. 그의 문학은 세상에 대한 희망과 절망, 구원을 향한 희구와 그 방기 사이의, 자신에 대한 우월감과 열등감, 문학에 대한 진지함과 경박성 사이의, 모든 갈등 위에 놓여 있다."27

2) 자기로 실존하기로서 소설

그러므로 『내거해』에서 작가가 과도한 성애의 묘사를 지겹도록 계속한 것은 처벌될 것을 예상하면서도 스스로 그것을 원했기 때문일 수 있다. 이것은 소설이 현실 속으로 들어온 것임을 보여준다(가상→현실). 반면에 장정일 작가는 ─나의 추측이지만 그의 삶에서─ 아마도 자기치유의 과정으로서 소설 속의 제이로 하여금 자기모멸적 자기파괴에 이르게 하는 가상을 만들어낸 것이 아닌가 추측된다. 즉 작가의 현실에서의 삶이 소설 속으로 들어 온 것이다(현실→가상). 이처럼 장정일 작가의 논픽션과 『내게 거짓말을 해봐』의 픽션은 그 경계를 허물고 있다. 이로써 소설 쓰기는 픽션을

---

27 방민호, "그를 믿어야 할 것인가", *창작과 비평* (제88호, 1995), 79~80쪽.

만드는 일, 또는 전위적인 글쓰기와 같은 것이 아니라, 작가가 그 자신으로 돌아가 실존하는 것이 된다. 소설을 씀으로써 투옥됨을 무릅쓰면서까지 작가가 '자기 자신이 된다'는 것(becoming self)[28]은 소설이 허구면서도 현실의 삶처럼 살아 있게 만든다.

❖ 메타픽션으로서 소설 ❖

이렇게 장정일 작가의 소설은 "글쓰기란 무엇인가에 대한 질문의 제기와 함께 나의 글쓰기란 무엇인가에 대한 성찰과 자기부정의 작업을 동시적으로 수행하고 있다"[29]고 볼 수 있다. 일종의 메타픽션(metafiction)이다. 메타픽션이란 대체로 ① 언어의 세계 재현능력에 회의를 갖고, ② 창작행위에 대한 자의식이 매우 강하며, ③ 가상과 현실 사이의 관계가 불안정하고, ④ 양식적으로 패러디와 유희기법을 사용하는 글쓰기 등의 특징을 갖는 포스트모던 소설을 가리킨다.[30] 장정일 작가의 『내거해』도 메타픽션의 전형을 보여준다. 『내거해』는 작가가 생각하는 현실에는 어떤 서술적 묘사도 허구일 수밖에 없는 불확정성이 있다는 전제[31]에 서 있는 데(①의 특징 합치), 이 전제는 다시 정반대로 허구로서 인식되어 온 소설이 글쓰기의 형태로 현실로 흘러들어 온다는 통찰로 이어지고 있다(③의 특징과 합치). 그 밖에도 『내거해』는 패러디는 적으나 유희기법은 종종 사용하며(④의 특징과 합치), 제이와 와이가 하는 변태적 성행위를 인공물로 극단화함으로써 글쓰기에 대한 자의식을 현저하게 보여준다(②의 특징과 합치).

---

28 이 개념에 대해 자세히는 이상돈·민윤영, *법정신분석학입문* (법문사, 2010), 106~107쪽 참조. 이 책에 의하면 '자기되기'를 보장하는 것이 포스트인문주의적 인권의 핵심이며, 법의 임무가 된다고 본다. 그렇기에 『내거해』에 대한 나의 이 비평이 맞는 것이었다면, 장정일 작가를 처벌한 형사사법은 포스트인문주의적 권리(posthuman rights)로서 인권을 침해한 것이 된다.

29 권명아, "〈햄버거〉에서 〈거짓말〉까지 작품론 1: 진지한 놀이와 지워지는 이야기", *작가세계* (제9권 제1호, 1997), 67쪽.

30 이런 메타픽션에 관한 자세한 논의는 포스트모던 문학이론을 이끄는 Patricia Waugh, *Metafiction: the Theory and Practice of Self-Conscious Fiction* (London: Routledge, 2009) 참조.

31 같은 관점으로 문재원, "장정일 소설론", *인문논총* (제48집, 1996), 269쪽.

이런 점에서 『내거해』는 포스트모던 문학의 정점에 있는 작품성을 갖기에 부족함이 전혀 없다. 『내거해』는 예술성이 매우 높은 예술작품이다. 그러나 작가가 작품으로 처벌되기를 원했고, 그 처벌이 예술의 더 높은 차원으로 나아가는 불가피한 궤적이었다면, 『내거해』를 처벌하는 사법부는 오히려 작가의 예술혼에 이용된 셈이 된다.

(6) 예술과 형법 사이의 법관

여기서 법관이 빠져나올 수 없는 예술과 형법 사이의 아포리아(aporia)가 등장한다. 예술을 위하여 처벌을 원하는 작가의 표현을 두고 그가 원하는 대로 처벌할 것인가, 아니면 예술을 처벌하는 폭력성을 벗어던지고자 하는 형법의 도덕성을 위해 처벌하지 않고, 또한 그렇게 함으로써 예술작품에 불어넣는 작가의 숭고한 예술혼을 오히려 약화시킬 것인가? 바꿔 말해, 형법이 예술을 위해 봉사할 것인가, 아니면 예술이 형법을 위해 봉사할 것인가? 선택은 법관이 자신이 되는 그의 실존적 결단에 맡겨져 있을 뿐이다. 그러나 『내거해』로 장정일 작가를 처벌한 법은 이제 장정일 작가의 『내거해』를 석방시켜 주어야 한다. 이 소설에 대한 판금조치가 해제되어야 한다는 것이다.[32]

---

32 참고로 이 소설을 원작으로 만들어진 영화 〈거짓말〉은 원작의 정신분석학적 맥락을 많은 부분 삭제하고 있음에도 불구하고 그 예술성을 인정받기도 한다. 그런 관점으로 강내희, "〈거짓말〉 사태가 제기한 문제들 - 예술의 음란성 논란과 음란물의 사회적 관리", 『문화과학』 (통권 제21호, 2000), 163쪽.

제 3 부

예술의 이적성과 형법

[7]
회화의 이적성과 형법

Ⅰ. 〈모내기〉 사건과 국가보안법

회화가 표현하는 사상이 이적성을 띠는 경우에 국가보안법상 이적표현물작성죄(제7조 제5항)로 처벌될 수 있다. 이적표현물작성죄로 유죄판결을 받은 그림의 대표적인 예로 신학철 화가의 〈모내기〉(1987)를 들 수 있다.[1]

1. 〈모내기〉 사건의 경과

신학철 화가는 1995년 작품인 〈금강〉에서 보여주듯 동학의병부

---

[1] 〈모내기〉와 비교할 만한 작품으로 전정호·이상호의 〈백두산의 산자락 아래, 밝아오는 통일의 새날이여〉(1987)를 들 수 있다. 1987년 민족미술협회의 회원전인 〈통일전〉에 전시된 이 작품도 징역 2년에 집행유예 3년과 작품의 몰수 판결을 받았다.

▲ 신학철, 모내기, 1987[4]

터 현대의 민주화 항쟁까지 정치권력에 저항하는 민중들의 모습을 줄곧 담아온 화가이다.[2] 그는 "80년대의 삶과 현실에 뿌리박은 새로운 형상회화의 흐름의 거목"[3]으로 평가받는다. 신학철 화가는 초기에는 아방가르드협회(A.G.)에서 오브제 작업을 했다고 한다. 그러나 70년대 후반부터 민중미술을 본격적으로 시작했고, 군부독재 시절인 1982년 제1회 미술기자상을 수상함으로써 민중미술가로 우뚝 섰다. 그는 1991년에는 제1회 민족미술상을 받기도 했다.

〈모내기〉로 국가보안법 위반의 유죄판결을 받은 1998년으로부터 7년 뒤인 2005년에는 〈포플라가 있는 길 Ⅰ·Ⅱ〉, 〈원추리〉 등이 국회의장 집무실과 회의실, 비서실 등에 걸리는 영광을 안기도 했다. 현재 한국민족예술인총연합 이사장을 맡고 있어, 그는 성공한 '민중미술가'라 할 수 있다. 이런 그의 인생사 한 가운데 위치한 중요한 사건은 민중미술협의회의 제2회 통일전에 출품한 〈모내기〉(1987년)로 인해 국가보안법위반으로 재판을 받은 일이다. 이 재판에서 신학철 화가는 1심과 항소심[5]에서는 무죄를 선고 받았지만, 1998년 뒤늦게 대법원에서 유죄판결[6]을 받았다. 신학철 화가

---

2 최근 신학철 화가는 민중이나 정치사를 담는 아래에서 위로 가는 수직적인 그림에서 서민들의 이야기를 풀어내는 수평적인 그림으로 선회하고 있다고 스스로 말한다. 이 인터뷰 내용은 http://blog.naver.com/tnt62sik?Redirect=Log&logNo=120010180612 참조.
3 이선영, "뜨겁게 솟아오르는 우리시대의 서사화 — 신학철전(5. 1.~11·학고재)", 미술세계 (통권 제79호, 1991), 92쪽.
4 그림사진은 구글(https://www.google.co.kr)의 이미지 검색에서 나온 사진을 퍼옴.
5 서울형사지법 1994. 11. 16. 선고, 93노7620 판결.
6 대법원 1998. 3. 13. 선고, 95도117 판결.

는 〈모내기〉의 평화로운 마을은 자신의 고향인 경북 금릉(현재 김
천시)을 그린 것이며, 집안 형님의 써레질을 보고 통일에 방해가
되는 것들을 싹 쓸어내고 싶은 마음으로 그렸다고 말한다.[7] 그러
나 그는 다른 인터뷰에서는 이 그림에서 모를 심고 추수를 했을
때가 통일이 되었을 때를 가리키는 것이라고도 밝혔다.[8]

2. 〈모내기〉 재판의 경과

제1심과 항소심은 무죄를, 대법원은 유죄를 인정했다. 이 그림
에 대해 상반된 결론을 보인 1, 2심과 대법원의 판결이유를 요약
해보면 아래 표와 같다. 특히 그림의 상반부와 하반부를 어떻게
해석할 것인지에 따라 판결의 향방이 갈렸다.

	제1심과 항소심의 〈모내기〉 비평	대법원의 〈모내기〉 비평
하 반 부	"모내기 그림의 하반부에 관하여는, 전체적으로 원 작자가 표현하고자 하는 바대로 통일에 장애가 되 는 요소로서의 외세와 저 질외래문화를 배척하고 우 리 사회를 민주화하여 자 주, 평화적 통일로 나가 야 한다는 조국통일에의 의지 및 염원을 나타낸 것 이고, 하반부의 그림 중에	"그림의 상단 우측에 백두산을, 하단에 파도가 이는 남해바다를 그리는 등 전체적으로 보아 한 반도를 묘사하고 있고 상반부와 하반부로 나누 어 각각 다른 광경을 그리고 있는 바, 그림 하반 부는 모내기를 하는 농부가 황소를 이용하여 써 레질을 하면서 소위 미·일 제국주의 등 외세를 상징하는 이.티(E.T), 람보, 양담배, 코카콜라, 매 트헌터, 일본 사무라이, 일본 기생, 레이건 당시 미국대통령, 나카소네 당시 일본수상, 군사파쇼 정권을 상징하는 전두환 당시 대통령, 미군을 상 징하는 탱크, 핵무기 등은 물론 지주 및 매판자

---

7 이는 한겨레 21 정재숙 기자의 인물탐험, 〈화가 신학철〉(http://oldconan.tistory.
   com/2867참조)에서 한 인터뷰의 내용임.
8 신학철 화가의 이 인터뷰 내용은 http://blog.naver.com/tnt62sik?Redirect＝Log&
   logNo＝120010180612 참조.

	탱크, 미사일 등 무기를 써래질하는 모양은 비인간적이고 평화와는 상치되는 무기의 배제를 상징적으로 나타내어 평화통일을 이루어야 함을 표현하고자 하는 것이고…"	본가 계급을 상징하는 사람들을 황소가 짓밟으면서 남해 바다 속으로 쓸어버리고 삽으로 분단을 상징하는 38선의 철조망을 걷어내는 형상을 묘사하고 있고…" "그림 하반부는 남한을 그린 것으로서 미·일 제국주의와 독재권력, 매판자본 등 통일에 저해되는 세력들이 가득하며 농민으로 상징되는 민중 등 피지배계급이 이들을 강제로 써래질 하듯이 몰아내면 38선을 삽으로 걷듯이 자연스럽게 통일이 된다는 내용을 그린 것"
상 반 부	"위 모내기 그림의 상반부에 관하여는 통일이 주는 기쁨과 통일 후의 평화로운 모습을 이상향으로 묘사하고 있는 사실"(을 인정함)	"그림 상반부는 상단에 잎이 무성한 나무숲에 천도복숭아가 그려져 있고 그 나무숲 좌측상단에 두 마리 비둘기가 다정하게 깃들어 있는 모습이 그려져 있으며 그 나무숲 우측 아래에 북한에서 소위 '혁명의 성산'으로 일컬어지는 백두산이 그려져 있으며 그 바로 밑 좌측 부분에는 꽃이 만발한 곳에 초가집과 호수가 그려져 있으며 그 아래 부분에 농민들이 무르익은 오곡과 풍년을 경축하며 각종 음식을 차려놓고 둘러앉거나 서서 춤을 추며 놀고 주변에는 어린이들이 포충망을 들고 행복하게 뛰어 노는 장면이 그려져 있는 사실"(을 인정함) "그림 상반부는 북한을 그린 것으로서 통일에 저해되는 요소가 전혀 없이 전체적으로 평화롭고 풍요로운 광경으로 그림으로써 결과적으로 북한을 찬양하는 내용으로 되어 있고…"
결 론		"피지배계급이 파쇼독재정권과 매판자본가 등 지배계급을 타도하는 민중민주주의 혁명을 일으켜 연방제통일을 실현한다는 북한 공산집단의 주장과 궤를 같이하는 것으로 여겨질 뿐만 아니라, 위에서 본 제작동기, 표현행위 당시의 정황 등 제반 사정을 종합하여 보면, 위 그림은 반국가단체인 북한 공산집단의 활동에 동조하는 적극적이고 공격적인 표현물"

II. 양식적 예술성

모내기가 이적표현물이 아니거나 형사처벌이 필요 없을 정도로 이적성을 완화시키는 예술성이 있는 회화인지를 판단하기 위해 먼저 그 양식적 특성들을 분석해 보기로 한다. 모내기의 가장 큰 특징은 민중미술들이 대개 그렇듯이 마치 정치적 선전포스터와 유사한 외양을 보여준다는 점이다. 그럼에도 불구하고 〈모내기〉를 정치적 선전포스터가 아니라 미술작품으로 특징짓는 양식적 차이를 어디서 찾을 수 있을 것인가? 만일 포스터와의 양식적 차이가 없다면, 〈모내기〉는 정치적 표현물로서 법적으로 취급되어야 하고, 차이가 있다면 예술적 표현물로서 매우 강한 보호를 받아야 한다.

1. 포스터의 텍스트성과 회화의 이미지성

포스터는 흔히 일정한 문구를 갖는다. 〈모내기〉도 텍스트가 있다.

(1) 포스터적 텍스트가 없음

황소로 써레질을 하며 청산하는 것들 가운데, 양담배나 코카콜라 등의 제품에 문자가 새겨져 있다. 그러나 이런 제품에 들어간 문자는 포스터의 텍스트와 기능적으로 같은 것은 아니다. 포스터의 텍스트는 그 그림이 선전하는 의미를 명시적으로 표현하는 문구들로 이루어지지만, 〈모내기〉에서 써레질로 청산되는 물품에 새겨진 문구는 가령 작가가 말하는 민족통일의 염원이라는 의미를 명확하게 표현하는 텍스트가 아니기 때문이다. 이런 점에서 〈모내기〉는 포스터적 텍스트는 갖고 있지 않다고 볼 수 있다.

(2) 이미지의 부식성과 텍스트의 이미지성

그러나 그림에서 그림의 의미를 형상화하는 텍스트가 있고, 없고는 포스터와 회화의 차이를 구별해주는 양식이 되기는 어렵다. 현대미술의 한 장을 이루었던 리히텐슈타인(Lichtenstein)의 팝아트에서 보듯이 만화처럼 등장하는 그림 속의 텍스트들은 사실은 문구가 아니다. 즉 그 텍스트들은 다른 부분의 '메시지'를 구성하는 요소가 아니라 이미지를 구성하는 요소로서 기능하기 때문이다. 리히텐슈타인의 그림에 등장하는 텍스트는 일종의 '심상적 이미지'로서 기능한다.

반면에 텍스트가 없는 그림이라고 해서 포스터의 텍스트가 수행하는 메시지의 선전기능을 수행하지 않는 것도 아니다. 왜냐하면 그림이 생성하는 이미지는 직접 체험을 통해 이해할 수 있는 의미를 갖고 있고, 그 의미는 이미지를 체험하는 주체의 내면세계로 들어가 그의 가치의식을 변화시킬 수 있는 힘을 갖기 때문이다. 이를 이미지의 '부식성'(corrosivity)이라고 부를 수 있다.

> 미술사학자 James Elkins는 이런 이미지의 속성을 이렇게 말한다. "이미지란 정보체계에 있는 한 조각의 데이터가 아니다. 그것은 부식성이 있는 (corrosive) 것이며, 내 안으로 터널을 내고, 현재의 나의 일부를 녹여서 다른 모습으로 개조할 수 있는 잠재력을 가진 어떤 것이다. 바로 그 어떤 이미지 때문에 내 안의 어떤 점들이 달라진다. 만일 내가 기꺼이 내 지킴이 (guard)를 실망시키고 또한 이것이 어떻게 작동하는지에 관해 정직해질 의향이 있다면, 이것이 의미하는 바는 나는 (역주-이미지를 체험하기) 이전의 나와 같은 사람이 아니라는 것이다."9

---

9 James Elkins, *The Object Stares Back: On the Nature of Seeing* (Simon & Schuster, 1996), 42~43쪽.

그러므로 텍스트가 아니라고 해서 그림이 선전포스터보다 선전 기능이 없거나 약하다고 볼 수 없다. 그러므로 〈모내기〉가 선전한 다고 보는 내용의 텍스트가 없다고 하여 포스터와 양식적으로 구별될 수 있는 것은 아니다.

2. 포스터와 회화의 차이

포스터와 회화는 텍스트성과 이미지성 이외에도 몇 가지 중요한 차이들을 갖고 있다. 그 점에서 〈모내기〉가 포스터와 양식적으로 얼마나 구분되는지를 살펴보자.

(1) 포스터의 단일성과 회화의 다의성

포스터는 선전하려는 의미를 강조하고 부식성 있게 대중에게 전달하기 위하여 그것이 전달하려는 의미를 단일하게 구성하기 쉽다. 이에 비해 회화는 매우 다의적인 이미지를 생성한다는 점에서 포스터와 구별된다. 이와 같은 텍스트의 '단일성'과 회화적 이미지의 '다의성'은 분명히 포스터와 회화의 지울 수 없는 차이점이다. 그러나 〈모내기〉가 주는 의미가 단일한 것인지, 다의적인 것인지는 〈모내기〉가 텍스트를 사용하지 않았다는 점에 의해 판단되는 것이 아니다. 〈모내기〉가 주는 의미가 단일하다면, 그 의미는 텍스트적인 것이고, 다의적이라면 그 의미는 이미지에 의해 생성되는 것이라고 보아야 한다. 〈모내기〉가 주는 의미는 원심과 대법원에 의해 다음 표와 같이 달리 읽힌다. 이러한 의미의 차이는 비평적 관점의 차이에 의해 발생한 것이다. 여기서 〈모내기〉가 주는 의미는 비록 단일한 것은 아니지만, 다의적인 것도 아니며, 단지

원심	대법원
저질외래문화의 축출	미·일 제국주의와 군사파쇼정권 및 지주와 매판자본가의 축출
자주평화통일	민중민주주의혁명에 의한 통일

'이중적인' 것임을 알 수 있다. 포스터가 전달하는 의미도 종종 이중적인 경우가 적지 않다. 그러므로 〈모내기〉는 회화가 주는 의미의 다의성을 보여주지 못함으로써 정치적 선전포스터와의 차이를 만들어내지 못하고 있다.

(2) 재료와 복제성의 차이

포스터를 만들 때 작가는 처음부터 대량으로 복제할 의도를 갖고 있고, 그렇기 때문에 포스터를 유화처럼 만들고자 할 때에도 컴퓨터 그래픽으로 만들면 되고, 굳이 유화를 이용해야 할 필요가 없다. 이에 반해 회화는 아무리 민중미술이라 할지라도 복제할 의도가 없이 원칙적으로 '일품'으로 만들고, 유화의 경우에는 유화에 적합한 재료를 사용한다. 〈모내기〉는 바로 그런 회화의 원칙적 일품성을 유지하고 있고, 그림마당 민의 〈통일전〉에 출품했을 뿐이었다. 그러나 이런 차이도 매우 상대적이다. 회화도 프린트화로 수없이 복제할 수 있고, 포스터도 회화의 근대적 양식인 오일 온 캔버스(oil on canvas), 즉 유화로 그린 다음에 프린트화로 복제할 수 있다. 작가의 복제의도도 상대적이다. 회화도 사회적으로 널리 그 가치를 인정받으면, 언제나 프린트화로 복제하여 대중화할 가능성이 있고, 화가도 이를 배제하지 않는다. 그런 점에서 〈모내기〉가 유화로 그려졌고, 전시회에 출품했을 뿐이라는 점 때문에 선전포스터와 다른 양식성을 인정할 수 있는 것은 아니다.

(3) 표현기법의 차이

선전포스터는 흔히 선이 단순, 간결하고, 색이 넓은 면을 이루면서 사상을 명확하게 하는 특징이 있다는 점에서 회화와 차별화되기도 한다. 그러나 이것은 포스터에 대한 일종의 스테레오타입(stereotype)이다. 에곤 쉴레(Egon Schile)의 그림에서 보듯 선이 매우 단순하고 간결한 회화도 많으며 그림에서 색이 넓은 면을 이루는 색면회화(color field painting)도 매우 중요한 회화의 한 기법이다. 이런 스테레오타입을 거꾸로 이용한다면, 흔히 볼 수 있는 회화적 기법을 통해 선전포스터의 기능을 수행하게 만들 수도 있다. 〈모내기〉가 그런 예가 아니라고 단정할 만한 양식적 특성을 찾기가 매우 어렵다.

Ⅲ. 사상적 예술성

〈모내기〉가 보여주는 사상이 숭고미를 생성시킴으로써 예술적 가치를 생산하는 것일까?

1. 이분법의 구조

〈모내기〉는 그림의 상반부와 하반부, 두 부분으로 극명한 대조를 이루는 구성을 하고 있다.

(1) 하급심과 대법원의 비평적 해석의 차이

이 이분법적 구성은 두 가지로 해석할 수 있다. 첫째, 하급심(원심)처럼 그림의 상반부는 통일이 이루어진 평화롭고 행복한 민중의 삶을 보여주고, 하반부는 통일을 이루기 위해, 극복되어야 할 현실의 모습을 그린다고 볼 수 있다. 둘째, 대법원처럼 〈모내기〉의 이분법적 구성에서 상반부는 통일에 저해요소가 없는 평화롭고 풍요로운 삶이 보장된 북한의 모습을, 하반부는 미제국주의의 식민지로서 남한의 비참한 모습과 통일을 위해 척결되어야 할 부정적 현실의 모습을 그린다고 볼 수 있다. 〈모내기〉가 표현하는 사상성은 이둘 중 어떤 것인가?

(2) 시네마토그래피에 의한 분석

이 점을 판단하기 위해서는 '시네마토그래피'(cinematography)[10]이론을 사용해 볼 필요가 있다. 이 이론에 의하면 해석이나 비평은 ① 이미지 창출(해석), ② 정신특성의 분석, ③ (카메라기술적) 편집(창작성)을 통해 이루어진다.

1) 이미지 해석

하급심(원심)이 바라본 상반부의 이미지는 통일이 이루어진 평화롭고 행복한 민중의 삶이며, 하반부의 이미지는 통일을 이루기 위해 극복되어야 할 현실의 모습이다. 이에 비해 대법원이 바라보는 상반부의 이미지는 통일에 저해요소가 없는 평화롭고 풍요로운 삶이 보장된 북한의 모습이며, 하반부의 이미지는 미제국주의의 식민지로서 겪는 남한의 비참한 현실의 모습이다.

---

10 프로이트의 비평을 시네마토그래픽하다고 본 Peter Fuller, *Art and Psycho-analysis* (Lodon, 1980), 40~57쪽 참조.

2) 정신특성의 분석

하급심과 대법원의 비평적 관점에 밑바탕을 이루는 정신특성을 분석해보자. 첫째, 하급심이 해석한 상반부에서 나타난 작가의 정신특성은 통일 후의 더 나은 삶을 고도산업사회나 후기자본주의 사회가 아니라 농경사회의 전원적 모습으로 그린다는 점에서 시대착오적 역사의식이라고 할 수 있다.[11] 이에 비해 대법원이 해석한 상반부에서 작가의 정신특성은 북한체제를 동경하는 작가의 '현재의식'이라 할 수 있다. 이러한 정신특성의 분석은 작가가 1986. 2. 민중미술운동을 지향했던 민족미술협의회에 가입하고, 1987. 3. 공동대표를 역임하였으며, 이런 미술운동이 1986~1987년경 당시 북한의 주체사상을 좇는 남한혁명이론인 민족해방 민중민주주의혁명론(NLPDR)이 득세하였던 시대상황 속에서 전개되었다는 점을 고려한 결과로 볼 수 있다.[12]

둘째, 하급심이 해석한 하반부에서 작가의 정신특성은 통일을 위해 해야 하는 선결과제에 대한 작가의 '현재의식'이다. 이에 비해 대법원이 해석한 하반부의 이미지는 남한은 발전한 것이 아니라 미제국주의의 식민지로 전락해 있다는 '역사의식'이다.

---

11 민중미술이 그리는 이상향이 대체로 '산업화되지 않은 농경사회'이며, 경제적 풍요로움보다 '민중이 역사의 주체가 되어 생존의 가치와 존엄성을 존중받는 이상적인 현실'이라고 보는 김현화, "1980년대 민중미술: 반(反)풍요와 반(反)개방, *미술사학* (제25호, 2011), 2~83쪽.

12 이러한 고려는 정신특성의 분석에서 불가피하며 정당하다. 이를 두고 "대법원의 판결문은, 민미협과 민예총은 '빨갱이 단체'이니까 여기 속한 사람들은 다 '빨갱이'이며, 진보적 통일운동을 하는 사람은 무조건 '빨갱이'라고 규정하고 있는 것이다"(이재현, "신학철 화백의 「모내기」는 이적표현물?", *월간말* (제143호, 1998), 224쪽)라고 보는 것은 부적절하다. 일종의 침소봉대이다. 그림의 이미지 분석을 위한 하나의 과정으로서 정신특성을 분석하고, 작가의 단체활동을 그런 분석에서 단지 하나의 요소로 고려하는 것은 정당하며, 그러한 고려가 특정한 결론을 이미 예정하게 만드는 것은 아니기 때문이다.

3) 편 집

하급심의 이미지 편집은 하반부(=통일과제에 대한 현재의식)로부터 상반부(=통일 후의 삶의 모습)로 진행하는 '시간적' 정렬을 따르고 있다. 이에 비해 대법원의 이미지 편집은 상반부(=북한체제가 동경할 만한 체제임을 인정)로부터 하반부(=척결해야 하는 미제국주의의 역사적 식민지화)로 내려가는 '공간적' 정렬을 따르고 있다. 이런 정렬에 의하여 하급심은 작가가 〈모내기〉를 통해 '자주평화통일'의 사상을 그리고 있다고 보고, 대법원은 작가가 '민중민주주의혁명 사상'을 그리고 있다는 비평적 결론에 이르게 된다. 여기서 국가보안법의 구체적 내용은 회화에 대한 시네마토그래피에 의한 비평에 의해 형성됨을 알 수 있다.

(3) 시간적 다시각성과 공간적 다시각성

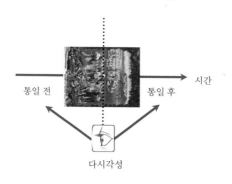

〈모내기〉의 상반부와 하반부는 모던 회화에서 입체성을 표현하는 기법인 원근법에 의해 표현되어 있지 않다. 〈모내기〉의 이분법은 일종의 입체주의 회화처럼 '다시각성'(多視覺性)을 보여준다. 이 점은 〈모내기〉의 이분법이 상반부는 북한을 하반부가 남한을 가리키는 지리적 구분이 아님을 보여준다. 하반부가 모내기를 그리고, 상반부가 추수의 모습을 그리는 것은 하반부와 상반부의 구분이 '공간적' 구분이 아니라 '시간적' 구분임을 보여주기도 한다. 하반부는 통일의 과제를 이행하는 과정을 바라보는 시각에서, 그리고 상반부는 통일이 달성된 상태를 바라보는 시각에서 그려진 그림이다. 시간의 흐름을 흔히 수평적으로 좌에서 우로 진행하는 화살표로 나타낼 때 이런 다시각성은 마치 〈모내기〉 그림을 오른쪽으로 눕히고 통일 전과 통일 후라는 두 개의 시각에서 그림을 바라보는 것으로 비유할 수 있다. 이 둘의 시각은 시간적 차이를 갖고 있다는 점에서 다시간성을 갖고 있다. 이렇게 시간차이를 가진 다시각성의 관점에서 〈모내기〉를 바라보면, 위 두 가지 해석 가운데 원심의 해석이 더 공감을 준다고 볼 수 있다.

하지만 이런 다시각성은 작가의 인터뷰 내용으로만 보면 물리적

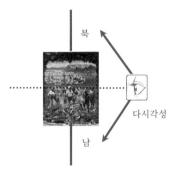

시간의 차이를 나타내지 않는다. 왜냐하면 상반부가 통일이 달성된 상태를 표현했다고 하면서, 그 상태를 표현하는 실제공간은 제작 동기의 하나였던 고향마을 금릉이라는 남한의, 그것도 통일 이전의 한 마을을 소재로 하고 있기 때문이다. 여기서 시간적 다시각성은 의문에 빠지게 되고, 다시각성은 '공간적인' 다시각성, 즉 상반부는 북한을 바라보는 시각, 하반부는 남한을 바라보는 시각을 표현했다는 해석이 생길 수 있게 된다.

(4) 민중민주주의혁명 사상에 의한 시간적 선분

그러나 〈모내기〉의 공간적 다시각성은 남한과 북한 사회의 병폐를 균형 있게 바라보는 다시각성으로 이어지지 않는다. 가령 하반부가 통일의 과제를 이행하는 실천만을 그렸다고 하나, 그 실천의 내용은 대부분 남한의 현실을 민중민주주의혁명론의 관점에서

만 파악하고 있다. 통일을 위해 제거되어야 할 부정적 현실이 거의 민중민주주의혁명의 편향적 시각에서 바라보는 남한의 현실로만 채워져 있다. 특히 하반부에서 제거되어야 할 현실을 그리면서도 소련제 탱크는 온전하게 서 있는 모습은 민중민주주의혁명의 편향적 시각을 압축하여 보여준다.

이로써 하반부와 상반부의 다시각성은 사실상 북한체제에 의한 남한체제의 혁명적 변화라는 사상에 의해 시간적으로 통일 전과 통일 후로 선분(線分)된다. 바로 이 민중민주주의혁명 사상에 의한 선분(線分)에 의해서만 비로소 −작가의 말처럼 상반부가 남한 경북의 금릉을 묘사한 것임에도 불구하고 통일 '후'의 이미지를 생성시키는− '시간적인' 다시각성이 생성되는 것이다. 다시 말해 하급심의 해석은 이미 〈모내기〉에 대한 대법원의 사상비평을 전제할 때에만 비로소 가능한 것이다. 이로써 〈모내기〉의 화가가 그림 속에 구현한 사상은 비교적 단일하게 해석될 수 있다.

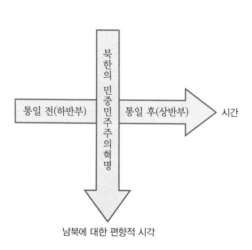

남북에 대한 편향적 시각

따라서 저자의 사상이 무엇인지가 불명확한 상태에 있을 때 적용되는 원칙, 이를테면 −이적성에 대한 의문보다 예술의 자유를 우선시킨다는 의미의 '의심스러울 때에는 예술에 유리하게'(in dubio pro ars) − 원칙은 〈모내기〉의 경우에는 적용되지 않는다고 할 수 있다.

2. 사상의 예술성 생성

상·하반부를 시간적으로 선분하는 민중민주주의혁명의 사상은 국가보안법상 이적성이 인정되는 사상이다. 이런 이적사상은 그것을 표현하는 양식의 예술성에 의해 형사처벌이 필요하지 않을 정도로 완화시키기 어렵다. 예술의 자유는 방어적 민주주의의 틀 안에서만 헌법에 의해 보호되는데, 민중민주주의혁명의 사상은 그 틀의 외부에서 민주주의를 공격하는 적대적 사상이기 때문이다. 게다가 〈모내기〉는 민중민주주의혁명 사상을 다의적으로 읽힐 수 있게 하는 풍부한 표현방식을 갖고 있지 않은 편이라 할 수 있다.

하지만 〈모내기〉를 민중민주주의혁명 사상에서 바라보지 않고, 원심처럼 저질외래문화의 축출과 자주평화통일의 사상에서만 바라본다고 하자. 그러면 〈모내기〉는 국가보안법의 통제를 면할 수는 있다. 그러나 〈모내기〉가 예술성을 인정받을 수 있는지는 여전히 의문이다. 왜냐하면 〈모내기〉가 통일을 위해 제거되어야 할 현실로부터 진정으로 해방되는 상징을 발산하는 이미지를 생성한다고 보기는 매우 어렵기 때문이다. 이는 통일을 위해 해야 할 과제와 그 과제를 이행했을 때 누리게 될 행복한 삶의 모습을 매우 유치한 상징들에 의해 —예컨대 커다란 밥그릇이나 상반부 그림의 테두리를 장식한 무릉도원을 은유하는 복숭아 열매 장식 등을 통해— 보여주려고 한데서 비롯된다. 큰 밥그릇, 복숭아 열매, 추수 후의 춤추는 농민, 뛰노는 아이들은 미제국주의가 지배하는 남한의 자본주의 문명의 병폐를 극복한 상징이 되기는 너무나 단순하고 소박한 과거 농경사회의 이상을 표현할 뿐이기 때문이다. 해방은 농경사회를 지나 자본주의 사회로 발전하고 동시에 그 사회의 병폐를 지양하는 새로운 차원에서나 꿈꿀 수 있을 것이다.

Ⅳ. 종합적인 비평

〈모내기〉는 양식적으로 정치적 선전포스터와 많이 구별되지 않고, 이적성이 인정되어 온 민중민주주의혁명 사상을 이미지화하고 있다는 점에서 국가보안법상 이적표현물에 해당한다. 하지만 사상의 이적성에도 불구하고 작가가 추구하는 작가정신의 일관성은 약하게나마 어느 정도의 예술성을 생성시킬 수는 있다. 법관은 벌금형의 실형과 선고유예나 징역형의 집행유예, 그 둘 사이에서 적정형벌을 찾아나갈 수 있을 것이다. 이 사건에서 법원이 실제로 선고한 벌금형은 작가의 삶을 황폐하게 만들지는 않았다. 그 이후 최경태는 화가로서의 명성을 더욱 높여간 것으로 보인다. 역설적이게도 대법원의 유죄판결은 최경태 화가의 사상적 예술정신의 투철함을 돋보이게 만들었다고 말할 수 있다.

❖ 유엔인권이사회의 예술문외한적 권고와 인도적 개입의 부적절성 ❖
그렇기에 2004. 4. 18. 유엔인권이사회에서 그림의 원상복구 및 반환을 우리 정부에 권고한 것은 부적절하다. 그 이유는, ① 첫째 방어적 민주주의의 원리에 따라 정치적 표현의 자유에 한계지점을 설정하는 것은 인권을 침해하는 일이 아니라 자유민주주의체제의 존립을 통해 더 많은 인권의 보호를 가능하게 하기 위한 것이기 때문이다. ② 둘째, 표현의 자유의 한계지점을 정하는 일은 국내공론에 바탕을 둔 주권의 행사이며, 각국은 서로 다른 역사적, 문화적 전통과 정치적 상황 속에서 다소 다른 한계를 설정한다. 그러므로 민주헌법의 해석이 허용하는 범위 안에서 표현의 자유에 일정한 한계를 설정하는 의회와 사법부의 결정에 간섭하는 것은 부적절한 '인도적 개입'의 전형을 보여준다. 아마도 제3세계의 독재국가에서 예술가가 정치권력에 복속되어 있는 법원에 의해 정치적 재판을 받는 상황과 비슷하게 이 사건을 바라본 듯하다. ③ 셋째, 유엔인권이사회의 결정은 예술작품의 숭고미가 예술에 대한 법의 비례성을 잃지 않은 규제에 의해 생성되고, 그 규제의 적절성에 대한 반성을 통해 형법도 더 정의로운 법으로 거듭나는 동적인 상호작용의 관계를 바라보지 못한 예술문외한적인 결정이다. 신학철 화가는 이 재판을 통해 더욱 유명해졌으며, 그의 개인적인 삶에 굴곡이 만들어졌다기보다는 더 높은 예술가로 고양되는 전기를 가졌다고 볼 수도 있다. 또한 이 재판을 통해 형법은 공중의 비판을 받고 예술작품을 규제할 때 더욱 반성적인 규범으로 성장해갔다고 볼 수 있다.

[8]
소설의 이적성과 형법

소설도 그 내용의 이적성으로 인해 국가보안법 위반여부가 논란이 되는 경우가 있다. 작가 조정래의 작품 『태백산맥』은 국가보안법 위반으로 고발당했고 오랜 논란 끝에 11년이 지난 2005년에 와서야 비로소 검찰에 의해 무혐의 처분을 받았다. 또한 작가 황석영은 1989년 밀입북한 혐의로 구속되기도 했다. 그러나 가장 먼저 이적성이 문제된 작품이면서 1967년 당시 반공법 위반으로 유죄판결을 받은 사건으로 남정현의 『분지(糞地)』를 들 수 있다.

Ⅰ. 『분지』사건의 경과

1. 『분지』의 발표와 처벌

남정현은 1950년대부터 특유의 독설과 풍자로 사회 현실의 모순을 날카롭게 파헤친 작품들을 꾸준히 발표해왔다.[1] 그는 1964. 11.경 '현대문학'과 '사상계'로부터 원고청탁을 받고, 1964. 12. 중순경 『분지(糞地)』를 탈고하였으며,[2] 그 동안 한 번도 투고를 하지 않았던 '현대문학'(1965.3.)에 『분지』를 발표하였다. 이 작품이 주목받게 된 것은 1965. 5. 8. 북한의 기관지 「조국통일」이 이 작품을 전재하면서다. 이 일로 남정현은 당시 중앙정보부에 끌려갔으며, 고문도 받았다고 한다.[3] 1965. 7. 9. 남정현은 국가보안법의 전신인 당시의 반공법 위반으로 구속되었다가, 같은 달 23. 구속적부심을 통해 석방되었고, 1966. 7. 23. 반공법 제4조 제1항 위반으로 불구속 기소되었으며, 1967. 6. 28. 제1심에서 선고유예 판결을 받았고, 1970. 4. 7. 항소심에서 피고인의 항소는 기각되었다.

---

1 『분지』 전후로 발표된 그의 대표적인 작품으로 단편 『경고구역』(1958), 『굴뚝 밑의 유산』(1959), 『모의시체』(1959), 『기상도』(1961), 『너는 뭐냐』(1961), 『혁명후기』(1964), 『허허선생 1 -3』(1969~1973) 등을 들 수 있다.
2 임헌영, "반외세 의식과 민족의식", *남정현 문학전집 3* (국학자료원, 2002), 175~176쪽; 김태현, "북한의 적화전략에 동조 말라" *남정현 대표작품선* (한겨레, 1987), 379쪽.
3 구자황·김성수, *한국근현대예술사 구술채록연구 시리즈 35 남정현*, (문예진흥원, 2005), 108~125쪽; 한승헌, "시국사건 변론 첫발 '분지'에 내딛다", *한겨레뉴스* (2009. 1. 18.) 참조.

2. 줄거리

『분지』는 홍만수가 향미산에서 미군인 스피드 상사의 부인을 강간하고, 그곳에서 미군에 의해 포위된 채 폭격이 최후로 통첩되고 남은 20여분 동안 그의 어머니에게 회고적으로 말을 하는 방식으로 쓰여 졌다. 아래의 줄거리는 내가 이 소설을 읽고, 사건과 독백들을 시간 순으로 다시 배열하여 요약해 본 것이다.[4]

① 홍길동의 10대손 홍만수는 "여나믄 살짜리 철부지였"(138)을 때 해방을 맞이했다. 그의 어머니는 "미국이 말이지, 일본 놈을 아주 쳐부신 거란다"(139)라고 하며 아빠의 귀가를 벅찬 마음으로 기다렸다. 만수도 어머니를 따라 "하나님 우리 아빠를 빨리 보내주세요"(141), "하루 속히 아빠의 그 훌륭한 모습을 볼 수 있게 해주세요"(141)라며 기도했다. 밤새 정성껏 만든 태극기와 성조기를 앞세우고 "무슨 환영대회에 나가시던"(141) 어머니는 "불과 한나절 사이에"(142), "짐승처럼 해괴한 소리를 치시며 돌아오"(141)셨다. 미군에게 겁탈을 당한 거였다. 어머니는 만수 앞에서 옷을 벗고 "그 환히 들여다보이는 가랑이 사이의 그것을 마구 쥐어뜯으"(142)셨고, 민첩하게 만수의 머리를 나꿔채어 억지로 만수의 얼굴을 자신의 "가랑이 사이에 바싹 갖다 대는 것이"(143)었다. 그리고 외쳤다. "아 내 밑구멍을 좀 똑똑히 보란 말이엿. 아이고 분해, 이놈의 새끼야 좀 얼마나 더러워졌나를 눈을 비비고 좀 자세히 보란 말이엿"(143). 만수는 "처음 보는 여인의, 아니 엄마의 알몸"(142)을 보는 순간, "공연히 부끄러워져서 고만 온몸이 착 하고 눌어붙는 기분"(142)이었다. 만수는 부들부들 떨면서도 어머니의 "가랑이 사이에 참으로 예기치 않았던 기이한 형태의 기관이 있었음을 발견하고 놀라움과 동시에 일종의 쾌감 비슷한 감정으로 하여 아랫도리가 다 자

---

4 이하에서 따옴표 안의 숫자는 남정현 지음(박금산 엮음), 남정현 작품집(지만지, 2010)에 실린 『분지』의 쪽수를 가리킨다.

르르 흔들렸다"(144). 어머니가 미군한테 겁탈 당하고 미쳤다는 소문이 파다하게 퍼졌다. 어머니는 그 소문 속에서 알몸이 되어 얼마 동안이나 식음을 전폐하다 "사타구니만을 열심히 쥐어뜯으시던 어느 날"(144) "이 죽일 놈들아! 날 죽여다오. 애절하게 외마디 소리를 치시더니 영 그냥 눈을 감고 마셨"(144)다. 만수는 어머니를 "빼앗긴 아쉬움이 억울함이 제아무리 거세더라도"(144) 이를 악물고 어머니를 잊으려 한다. 어머니의 "그 흉칙한 음부가 커다랗게 확대되어 가지고는"(144) 그의 "눈앞을 탁 가로막"(144)았기 때문이었다. 항시 협박하듯 어머니의 "음부만이 커다랗게 확대되어 가지고는"(138) 만수의 시야를 온통 점령하였다. 그래서 어머니를 잊는 것은 그에게 "인생의 무슨 신조처럼 굳어버렸"(145)다.

② 만수는 여동생 분이와 함께 가난한 외가를 찾아가 살았다. "세상 물정을 조금 알기 시작할 무렵 돌연히 충돌한 六·二五의 피난이니 입대니 하는 그 쓰라린"(149) "천벌 비슷한 재앙의 노정을 무사히 겪"(149)은 뒤 군복을 벗고 돌아 왔을 때 분이는 어머니를 "겁탈한 바로 그 장본인일지도 모르는 어느 미 병사의 첩 노릇"(149)을 하고 있었다. 그 미 병사는 스피드 상사였다. 분이는 "오빠의 용서를 바란다고 조르는 것"(150)이었지만, 만수에게는 그저 "뭘 좀 먹고 한참 푹 자고 싶은 욕망만이"(150) 그를 위협하고 있었다. 그래서 만수는 "우유와 버터와 초코렛과 껌 등이 자아내는 향기 속에서" 그냥 "목석처럼 순종했"(151)다. 분이가 시키는 "그 양키 물건 장사치에 종사"(151)하게 되었다. 만수는 여자들이 "이방인들의 호적에 파고들어 갈 기회"(151)를 좇아 안달인 현실과 "양키를 매부로 삼은"(152) 만수를 특혜족으로 인정하고 자기 같은 것을 "다 빽으로 알고 붙잡고 늘어지려는 주변의"(152) 허기진 눈깔들을 원망했다. 스피드 상사는 "밤마다 분이의 그 풍만한 하반신을 이러니저러니 탓잡"(153)으며 "분일 마구 구타하"(154)기도 하였다. 스피드는 "본국에 있는 제 마누라 것은 그렇지가 않다"(153)며 분이에게 욕설과 폭언을 일삼았다. 만수는 "그렇게도 탐스러운 한 송이의 꽃이, 그 곱고 부드러운 피부며 아기자기한 둔부의 곡선이, 그리하여 보기만 해도 절로 황홀한 쾌감을 자아내는 분이의 그 아름다운 육체"(153)가 "잔인한 곤욕의 장을 겪"(154)는 모습을 보면서, 미쎄쓰 스피드의 "밑구멍의 구

조며 형태는 어떨까. 좁을까 넓을까. 그리고 그 빛깔이며 위치는 좌우간 한 번 속 시원하게 떠들어 보고 의문을 풀어야만 미치지 않을 것 같은 심정"(154)이 되었다.

③ 스피드의 부인 비취가 남편을 보러 한국에 오자 만수는 스피드의 양해 하에 "조국의 산하를 소개하여 주겠다는 명목으로"(155) 비취를 향미산의 정상으로 유인하였다. 그때 그는 "정말 그때의 하반신을 한번 관찰함으로 써" 그의 "의문을 풀고 싶었을 뿐, 그 이외 다른 아무런 흉계도 흑막도 없었"(155)다. 만수는 비취에게 옷을 벗어달라고 정중하게 부탁했다. 눈이 휘둥그레진 비취에게 만수는 분이가 스피드에게 탓잡히는 형편을 밝혔다. 그리고 분이의 "육체적인 결함이 어디에 있는가를 자각케 하여 그 시정을 촉구하는 방향으로 나가야"(156) 하기에 그 청을 한 것이라고 하였다. 그러나 비취는 만수의 "한쪽 뺨을 후려"(156)쳤다. 만수는 기회를 놓칠 것 같은 두려움이 엄습해와 "고만 겁결에 왈칵 달려들어 여사의 목을 누르면서 성큼 배 위로 덮쳤"(156)다. 그녀의 옷을 찢고 손을 쓱 디밀었다. 그는 "아 미끄러운, 그리고 너무나 흰 살결이여"(156)하며 감격했다. "순간 하늘과 땅도 영롱한 빛깔에 취하여 조금씩 흔들리는 것 같더군요. 여사는 연신 악을 쓰며 몸을 비틀다가 활활 타는 저의 동자를 대하곤 듯한 바가 있던지 제발 죽이지만은 말아달라고 애원하듯 하고는 이내 순종하는 자세를 취해주"(156)었습니다. 만수는 그녀의 "유방에 얼굴을 묻고 한참이나 의식이 흐려지도록 취해 있"(157)다가 "원더풀"(157)이라 외쳤다. 비취의 "몸에서 내려온"(157) 만수는 "세상이 온통 제 것 같아서 견딜 수가 없"(157)었다. 비취는 그때 도망쳤다. 그녀의 뒷모습은 어머니가 "발광하여 돌아오시던 날의 바로 그 모습이었"(157)다. 순간 만수는 "왜 그런지 가슴이 후련해지면서 왈칵 겁이"(157) 났다. 만수는 "인간의 천국이라는 미국을 한 아름에 안아본 성싶은 그 벅찬 감동으로 하여"(157) 마음을 주체할 수가 없었다. 순간 총성이 들리면 만수는 쫓기기 시작했고, 사흘을 "바위와 바위 사이를 방황하며 목숨을 이"(158)어 갔다.

④ 소설은 바로 이런 상황에서 독백으로 시작한다. "향미산의 둘레에는 무려 일 만여를 헤아리는 각종 포문과 미사일"(126)과 "미제 엑스 사단의 그

늠름한 장병들이 신(神)이라도 내포할 기세로"(126) 만수를 향해 포위해있다. 만수는 그 순간 어머니를 떠올리며 어머니에게 다음과 같이 고한다. 미군은 자신을 소탕하기 위해 "이삼억 불(佛)"(126), "대한민국의 일 년 예산에 해당하는 금액"(126)을 씁니다. 저는 이제 "독 안에 든 쥐"(125)이고, "어디 원 눈꼽만 한 면적이나마 빠져나갈 구멍이"(125) 없어 보입니다. "향미산을 중심으로 하여 직경 수천 마일 이내에서 벌어지고 있는 주민들의 이 어이없는 상태"(127)에서 "펜타곤 당국이 수시로 발송하는 지시서에 순종하여야만 겨우 목숨은 건질 수가 있다니 할 수 없는 일이겠지요"(128). 어머니 미군 방송 아링톤발 0.038메가 싸이클에 귀를 기울여 보십시오. "전 세계의 자유민 여러분…(중략)…홍만수란 이름으로 저질러진 그 치욕적인 사건은 분명히 미국을 위시한 자유민 전체의 평화와 안전에 대한 범죄적인 중대한 도전 행위로 보고…"(128), "전 인류의 생존을 위태롭게 하는 악의 씨라는 사실에…(중략)…홍만수는 물론 그의 목숨을 며칠이나마 돌보아 준이 향미산 전체의 부피를 완전히 폭발시킬 계획인 것입니다"(129). 어머니 "제가 지금 이 땅에서 빨갱이를 무찔러준 우리의 우방인 미국의 그 크나큰 힘과 약속을 신용하지 않는 것이 아닙니다"(130). "인간의 천국을 이룬 아메리칸의 그 초인적인 투지와 열의나 지모(智謀)를 철저하게 믿는단 말씀입니다"(130). 그러나 "이방인들이 흘린 오줌과 똥물만을 주식으로 하여 어떻게 우화처럼 우습게만 살아온 것 같은 저의 이 칙칙하고 누추한 과거를 돌아다볼 때에 말입니다"(131). "제가 이대로 아무런 말이 없이 눈을 감는다고 한번 생각하여 보십시오."(131). "그러면 누구보다 먼저 하나님께서 저를 용서치 않을 것입니다"(131). "저는 지금 인간으로서의 자격을 인정받으며 떳떳하게 한번 살아보지 않고는 도저히 죽을 수가 없는 딱한 형편에 놓여 있는 것입니다"(132). "노아의 홍수가 다시 한번 지상을 휩쓸더라도 노아의 방주엔 제가 제일 먼저 타야 할 사람이라고 자부하는 것입니다"(132). "저의 마음은 추호도 동요됨이 없이 도리어 이렇게 이제야 겨우 제 세상을 만난 기분인걸요"(133). "과거란 모름지기 당신을 잊어버리기 위한 가열한 투쟁사의 한 장면이었다고나 할까요"(137). "당신을 잊기 위한 노력이 곧 제가 행사할 수 있는 유일한 효도의 문으로 통하는 길이었다면 당신은 이

자식을 더욱 나무래 주시겠읍니까"(137). 어머니의 "음부가 이렇게 오래도록 한 인간의 가슴속에 깊은 상흔을 남기실 줄이야 당신도 미처 모르셨겠지요"(138).

⑤ 어머니, 국회나 정부는 "민중들의 선두에 서서 몸소 아스팔트에 배때기를 깔고 전 세계를 향하여 일대 찬란한 데몬스트레이션을 전개할 용의는 없는가"(152)를 말해야 합니다. "한민족을 살리기 위해서 원조를 해줄 놈들은 끽소리 없이 원조를 해주고 그렇지 않은 놈들은 당장 지옥에다 대가리를 처박으라고 전 세계를 향하여 피를 토하며 고꾸라"(152)져야 합니다. "참으로 오래간만에 사지를 쭉 뻗고 이렇듯이 한가한 마음으로 하늘을 쳐다볼 수 있다는 기회를 얻어, 그 하늘을 통하여 처음으로 당신의 음부가 아닌 당신의 그 자애로운 모습을 대하게 되었다는 사실만으로도 저는 지금 흡족합니다"(159). "향미산은 온통 불덩어리가 되어 꽃잎처럼 흩어질 테지요. 그리고 흩어진 자리엔 이방인들의 넘치는 성욕과 식욕을 시중들기 위하여 또 하나의 고층빌딩이 아담하게 세워질지도 모릅니다. 그러나 저는 조금도 염려하지 않습니다. 최후니깐요. 이제 저의 실력을 보여줘야지요. 예수의 기적만 귀에 익힌 저들에게 제 선조인 홍길동이 베푼 그 엄청난 기적을 통쾌하게 재연함으로써 저들의 심령을 한번 뿌리째 흔들어놓을 생각이니깐요"(159). "이제 곧 저는 태극의 무늬로 아롱진 이 런닝샤쓰를 찢어 한 폭의 찬란한 깃발을 만들 것입니다. 그리고 구름을 잡아타고 바다를 건너야지요. 그리하여 제가 맛본 그 위대한 대륙에 누워 있는 우유빛 피부의 그 윤이 자르르 흐르는 여인들의 배꼽 위에 제가 만든 이 한 폭의 황홀한 깃발을 성심껏 꽂아놓을 결심인 것입니다. 믿어주십시오 어머니, 거짓말이 아닙니다. 아 그래도 당신은 저를 못 믿으시고 몸을 떠시는군요. 참 딱도 하십니다. 자 보십시오. 저의 이 톡 솟아나온 눈깔을 말입니다. 글쎄 이 자식이 그렇게 용이하게 죽을 것 같읍니까. 하하하"(160).

Ⅱ. 예술성과 이적성의 줄타기

1. 유죄판결의 이유

소설 『분지』의 예술성에 대한 회의는 주로 사상의 측면에 대해서다. 검찰이 제기한 공소사실을 보면, 소설 『분지』는 ① 계급의식을 조장하고, ② 반미사상을 고취하며, ③ 북한의 대남 적화전략의 활동에 동조한다는 점에서 이적표현물에 해당한다는 것이었다.

(1) 공소사실

먼저 검찰의 공소사실을 인용해 보면 다음과 같다.

"대한민국이 마치 미국의 식민통치에 예속되어 주한 미군들은 갖은 야만적인 학살과 난행 등을 자행하고 우리 국민의 생명 재산을 무한히 위협하며, 몇몇 고관 예속자본가들과 결탁하여 국민 대중을 착취하여 비천한 피해대중은 참담한 기아선상에서 연명만을 하고 있으면서도 이런 극심한 것을 말할 자유도 없는 이 나라에서는 이런 대중을 버리고 오직 자본가, 정치자금 제공자들의 이익을 위하여 입법·행정을 하고 있으며, 국민 대중들은 물론 국회의원마저 미국에 아부 예속되고, 약탈의 수단인 원조로써 경제의 명맥을 틀어쥐고 미국의 예속 식민지, 군사기지로써 약탈과 착취, 부정과 불의에 항거하는 자들은 미국의 가공할 강압과 보복을 받으면서도 굴복과 사멸함이 없이 최후의 승리를 쟁취한다는 양 남한의 현실을 왜곡 허위선전하며 빈민대중에게 계급 및 반정부의식을 부식(扶植) 조장하고 북괴의 6·25 남침을 은폐하고 군복무를 모독하여 방공의식을 해이하는 동시에 반미감정을 조성 격화시켜 반미사상을 고취하여 한미유대를 이간함을 표현하는 등을 주요 내용

으로 하여…(중략)…북괴의 대남 적화전략의 상투적 활동에 동조한 것이다."⁵

(2) 판결이유

서울형사지방법원은 1심에서 남정현에 대한 형의 선고를 유예하는 판결을 내렸다. 이 판결이유의 요지를 살펴보면 다음과 같다.

"…라는 등으로 각 묘사 표현하여, 대한민국이 마치 미국의 식민지 통치에 예속되어 주둔미군들은 갖은 야만적인 학살과 난행 등을 자행하고 우리 국민의 생명 재산을 무한히 위협하여 몇몇 고관, 예속자본가 등과 결탁하여 국민대중을 착취하여 비천한 피해대중들은 참담한 기아선상에서 연명만을 하고 있으면서도 이런 극심한 짓을 말할 자유도 없는 이 나라에서는 이런 민중을 버리고 오로지 자본가, 정치자금 제공자들의 이익을 위하여 입법, 행정을 하고 있으며, 국민대중들은 물론 국회의원마저 미국에 아부 예속되고 약탈의 수단인 원조로서 경제의 명맥을 틀어쥐고 미국의 예속식민지 군사기지로서 약탈과 착취, 부정과 불의에 항거하는 자들은 미국의 가공한 강압과 보복을 받으면서도 굴복과 사멸함이 없이 최후의 승리를 쟁취한다는 양 남한의 현실을 오객 허위선전하여 빈민대중에게 계급 및 반정부의식을 부식조장하고 반미감정을 조성 격화시켜 반미사상을 고취할 요소 있는 단편소설 '분지糞池'라는 제목의 작품을 창작하여 1965. 2. 20. 경 …(중략)…월간잡지 3월호《현대문학》지에 게재 분포케 하여 북괴의 대남적화 전략의 상투적 활동에 동조한 것이다."⁶

---

5 김태현, "북괴의 적화전략에 동조 말라", 남정현 대표작품선 (한겨레, 1987), 379쪽.
6 서울형사지방법원 1967. 6. 28. 선고, 66고14198 판결 참조 (판결문 인용은 한승헌변호사변론사건실록간행위원회, 한승헌변호사변론사건실록 1 (범우사, 2006), 82쪽).

2. 공산주의 사상의 소설성

그러나 소설 어디에도 북한의 대남 적화전략에 동조하거나, 계급의식을 조장하는 분명한 표현은 보이지 않는다. 그런 점에서 위와 같은 공소사실이 오히려 부분적으로 소설을 쓰고 있다고 볼 여지도 있다. 소설적 성격의 공소사실은 일종의 매카시즘(McCarthyism)의 산물일 수 있다. 물론 『분지』에 대한 매카시즘적 통제는 6·25 전쟁의 상흔과 반공이 필요한 역사적 상황에서 발생한 것이다. 하지만 북한의 기관지 「조국통일」에 실렸다는 점과 약간의 반정부적, 반미적 요소가 있다는 점만으로 소설 『분지』가 공소사실에서 적시된 사상(위의 ①②③)을 추구하는 표현을 했다고 바라본 것은 마치 선입견이 텍스트를 대체한 것과 같다.

심지어 『분지』의 텍스트는 공산주의 사상과는 거리가 먼 징표들을 갖고 있기도 하다. 특히 다음과 같은 표현에서 보듯 주인공 홍만수가 기독교인임을 명시적으로 표현하는 구절을 통해 『분지』는 종교를 실질적으로 허용하지 않는 북한의 공산주의체제에 동조하지 않을 높은 개연성을 보여준다. "그러면 누구보다 먼저 하나님께서 저를 용서치 않을 것입니다"(131). "그리하여 저도 끝까지 긴장된 마음으로 당신을 따라 하나님께 부탁했었지요. 하나님 우리 아빠를 빨리 보내주세요"(141).

3. 민족주의를 위한 반정부적 표현

다만 다음과 같은 표현들은 반정부의식을 조장한다는 오해를 받을 여지가 있었다.

(1) 반정부의식을 조장하는 표현

"그 빌딩이란 이름의 호화스런 인간의 거처는 말입니다. 기이하게도 항시 이방인과 몇몇 고관과 그리고 그들의 단짝들만을 위해서 문호를 환히 개방하고 있을 뿐, 저희들에게 있어서는 언제나 흔들어도 열리지 않는 깊은 유택(幽宅)이며 동시에 높은 신전(神殿)이었습니다"(146). "이 견딜 수 없이 썩어빠진 국회여 정부여…(중략)…너희들은 도대체 뭣을 믿고 밤낮없이 주지육림 속에서 헤게모니 쟁탈전에만 부심하고 있는가"(152). "저의 출신구 민의원인…(중략)…공 모 의원은 벌써 스피드 상사의 상관을 찾아가 열 몇 번이나 절을 하고…(중략)…의정단상에 나가는 대로 자유민의 체통을 더럽힌 그따위 오물을 사전에 적발하여 처단하지 못한 사직 당국의 무능과 그 책임을 신랄하게 추궁할 것임을 거듭 약속하고"(158) 등등.

그러나 이런 비판들은 매우 추상적이고 단편적이라 할 수 있다. 어느 시대 어느 사회의 정치인이나 고위관료에게도 가해질 수 있는 일반적인 비판의 수위를 크게 넘어서지 않고 있다. 게다가 이 비판마저도 민족의 주체성 상실에 대한 비판의 단지 한 부분으로 되어 있다. 평범한 여자들도 미군 품에 들어가지 못해 안달이 났다는 뉘앙스의 표현도 함께 하고 있기 때문이다. "생전에 당신이 그렇게도 부잣집 맏며느리감이라고, 그 품행이며 미모를 입이 닳도록 칭찬하여 주시던 옥이도 순이도 그들은 지금 이방인들의 호적(戶籍)에 파고들어 갈 기회를 찾지 못하여 거의 병객처럼 얼굴에 화색을 잃어가고 있다는 사실을 말씀드리고 싶었을 뿐입니다"(151).

(2) 최고 가치로서 민족주의

그러니까 소설 『분지』에서 반정부사상은 민족주의(nationalism)[7]와 애국주의(patriotism)를 표현하는 데 사용된 장치일 뿐이지, 정부의 전복(顚覆) 등을 지향하는 식의 반정부사상은 아니다. 다만 『분지』 의 민족주의는 기독교신앙보다 더 높이 설정되어 있는 것처럼 보이기도 한다. "예수의 기적(奇蹟)만 귀에 익힌 저들에게 제 선조인 홍길동이 베푼 그 엄청난 기적을 통쾌하게 재연함으로써 저들의 심령을 한번 뿌리째 흔들어놓을 생각이니깐요."(159) 그러나 어쨌든 이처럼 강력한 민족주의 이데올로기만으로 현행 국가보안법상 "국가의 존립·안전이나 자유민주적 기본질서를 위태롭게 한다는 점"을 인정할 수는 없다.

4. 반미(反美)가 아닌 향미(向美)

물론 1960년대 한국사회의 이데올로기 지평을 크게 〈비판적 자유주의〉와 〈진보적 민족주의〉로 구분하고, 자유주의의 진영에서 바라본다면, 진보적 민족주의를 좇았다고 볼 수 있는[8] 『분지』는

---

7 『분지』에 등장하는 미국에 대한 묘사들은 미국의 패권주의에 대한 도전이 아니라 민족의 주체성을 회복하기 위한 알레고리들로 바라보는 작품비평으로 강진호, "외세의 질곡과 민족의 주체성. 남정현의 분지(糞池)론", 돈암어문학 (제12권, 1999), 225~237쪽, 특히 233쪽 참조.
8 이렇게 보는 김건우, "「분지」를 읽는 몇 가지 독법－남정현의 소설 「분지」와 1960년대 중반의 이데올로기들에 대하여", 상허학보 (제31집, 2011), 270~276쪽: "남정현의 「분지」를 해석하는 심급은 확실히 신민족주의 혹은 반제 민족주의 담론에 놓여 있었다. 그래서 「분지」를 가장 '정확하게' 읽은 쪽은 역설적으로 말해 반공국가권력의 장치였던 검찰과 그리고 '북'이었다.…(중략)…1960년대 중반 한국사회의 이데올로기들의 지형도에 있어 「분지」는 좌표계에 해당했던 것이다."(276쪽).

반미사상으로 읽힐 여지가 있다.9

(1) 중의적인 반미 표현

그러나 『분지』는 반미사상을 고취할 가능성이 매우 희박하다. 반미사상을 보여주는 표현들이 대부분 중의적이기 때문이다. "향미산 기슭을 첩첩하게 메운 딸라의 부피 유 에쓰 에이, 그 위대한 미국의 눈부신 표정(表情) 앞에서 제정신을 수습하기란 누구에게 있어서나 참으로 어려운 작업이니깐요"(126). "신(神)의 어깨에라도 매달리는 기분으로 펜타곤 당국이 수시로 발송하는 지시서(指示書)에 순종하여야만 겨우 목숨은 건질 수가 있다니 할 수 없는 일이 겠지요."(128). "펜타곤 당국에서는 전 인류의 환호 리에 그들의 성공을 자축하는 찬란한 축제가 벌어질 것입니다. 여인과 술과 그리고 터지는 불꽃 속에 춤은, 리듬은, 전 미주(全美洲)를 감미롭게 덮으면서 저의 죽음을 찬미할 것입니다."(130). "어떻게 '반공'과 '친미'만을 열심히 부르짖다 보면 쉽사리 애국자며 위정자가 될 수 있는 것 같은 세상"(156). "진정으로 한민족(韓民族)을 살리기 위해서 원조를 해줄 놈들은 끽소리 없이 원조를 해주고 그렇지 않은 놈들은 당장 지옥에다 대가리를 처박으라고 전 세계를 향하여 피를 토하며 고꾸라질 용의는 없는가"(152).

---

9 하지만 『분지』는 그 이전의 남정현 작품처럼 미국적 가치를 맹종하는 여성을 상정한 것이 아니라 미국에 희생된 여성들을 배치함으로써 "한국 현대사의 진전을 왜곡하는 외세로서의 미국을 비판하는 반미적 서술자를 내세워 미국의 패권적 성격을 직접적으로 비판한다"고 보는 견해도 있다. 그런 견해로 양진오, "필화의 논리와 그 문학적 의미에 대한 연구: 남정현의 「분지」를 중심으로", *어문론총* (제46호, 2007), 295~329쪽, 인용문은 324쪽.

(2) 향미의 사상

게다가 '반미'(反美)가 아니라 미국을 선망하고 닮고 싶은 경향이라는 의미로 '향미'(向美)의 사상을 보여주는 표현들도 산재해 있다.[10] "제가 지금 이 땅에서 빨갱이를 무찔러준 우리의 우방인 미국의 그 크나큰 힘과 약속을 신용하지 않는 것이 아닙니다"(130). "인간의 천국을 이룬 아메리칸의 그 초인적인 투지와 열의나 지모(智謀)를 철저하게 믿는단 말씀입니다"(130). 반미가 아닌 향미의 사상은 소설 속에 내재해 있다. 이를테면 만수가 강간을 저지르고 미군에 포위되었던 산의 이름도 바로 향미산(向美山)으로 되어 있다. 물론 향미산은 미국은 좇고 싶은 높은 땅이면서 척결하고 싶은 땅이라는 이중성을 갖는다. 그러나 만수의 이 미국에 대한 이중적 의식은 결코 반미의식으로 해석될 수 없다. 의식은 향미이지만, 반미라도 해야 될 것만 같은 사회현실을 개탄하고 원망하는 의식을 보여주는 것이기 때문이다.[11] 그러므로 주인공 홍만수의 진심은 향미의 현실조건이 진정으로 부여된다면, 향미 쪽에 있다. 그렇기에 그가 스피드 상사의 미국부인의 성기를 분석하고 싶은 욕망이 생기게 된 계기, 즉 스피드 상사가 동생 분이의 하반신을 품평하고 학대함(154)을 알게 되기 전에는 미군 PX물건을 파는 장

---

10 참고로 어려서 병치레가 많았고, "헐리웃 영화, 특히 서부영화 팬이었고, 카멜, 모리스, 럭키스트라이크 등 양담배만 피던 남정현"(정지영, "외세에 짓밟힌 오물의 땅, 분지. 남정현", *월간말* (통권 제266호, 2008), 181쪽). 작가 자신도 개인적으로 반미사상의 소유자였는지는 매우 의문스럽다.

11 당시 이항령 교수는 변호인으로서 〈분지〉가 '오히려 미국에 대한 격의 없는 신뢰감과 친근미를 표현한 것뿐이다.', '오히려 미국에 대한 감사의 염과 그 자유정신에 대한 선망의 염이 작품의 밑바닥에 깔려있는 것을 느낄 수 있다'고 변론했다고 한다. 이에 관해 김건우, "분지를 읽는 몇 가지 독법 – 남정현의 소설 세계", *작가연구* (제12호, 2001), 48쪽.

사치로 종사하며 "목석처럼 순종"(151)할 수 있었던 것이다.

5. 국가보안법의 적용여부

『분지』는 국가보안법의 전신인 반공법(1963) 제4조 제1항의 이적표현물죄로 처벌되었다. 이 조항은 현행 국가보안법 제7조 제5항으로 발전하였다. 양 조항을 비교하면 아래 표와 같다.

반공법 (1963. 10. 8. 시행)	현행 국가보안법
제4조 (찬양, 고무등) ① 반국가단체나 그 구성원 또는 국외의 공산계열의 활동을 찬양. 고무 또는 이에 동조하거나 기타의 방법으로 반국가단체(국외공산계열을 포함한다)를 이롭게 하는 행위를 한 자는 7년 이하의 징역에 처한다. 이러한 행위를 목적으로 하는 단체를 구성하거나 이에 가입한 자도 같다.	제7조(찬양·고무등) ① 국가의 존립·안전이나 자유민주적 기본질서를 위태롭게 한다는 정을 알면서 반국가단체나 그 구성원 또는 그 지령을 받은 자의 활동을 찬양·고무·선전 또는 이에 동조하거나 국가변란을 선전·선동한 자는 7년 이하의 징역에 처한다. ⑤ 제1항·제3항 또는 제4항의 행위를 할 목적으로 문서·도화 기타의 표현물을 제작·수입·복사·소지·운반·반포·판매 또는 취득한 자는 그 각항에 정한 형에 처한다.

(1) 이적표현물죄의 불법구조

여기서 이적표현물죄의 불법의 객관적 요건은 ① 국가의 존립·안전이나 자유민주적 기본질서를 위태화하고, ② 반국가단체나 그 구성원 등을 찬양·고무·선전·동조하는, ③ 표현물의 제작 등으로 구성되어 있다. 주관적 요건은 ①의 "정을 알면서", ② "~할 목적으로", 그리고 그 밖의 객관적 구성요건에 대한 인식과 의욕으로서 고의가 요구된다.

1) 주관적 요건의 해석

첫째, 여기서 "정을 알면서"가 지정고의(知情故意 Wissentlichkeit)를 가리킨다고 해석한다면,[12] 이적표현물죄는 국가의 존립·안전이나 자유민주적 기본질서를 위태롭게 한다는 점을 '확실하게 인식'한 가운데 표현물을 제작해야 성립한다. 둘째, 제5항의 "~할 목적으로"에서 목적은 형법이론적인 목적개념, 즉 고의를 넘어서는 주관적 요소인 '초과주관적 요소'가 아니다. 왜냐하면 원래 초과주관적 요소로서 목적이란 내란목적살인죄(제88조)에서 보듯 실행행위(예: 살인) '밖'의 '독자적인 목표'(예: "국토를 참절하거나 국헌을 문란할 목적")의 달성을 지향하는 의사이기 때문이다. 그러나 이적표현물의 제작목적은 이적행위의 실행이므로, 실행행위 밖의 목적을 좇는 수단이 되지 않는다. 따라서 제5항의 "목적"은 제1항의 이적행위를 하려는 뚜렷한 의지, 즉 고의의 가장 강한 형태인 의도(Absicht)를 말한다고 해석하는 것이 합리적이다.

2) 지정조항과 목적조항의 치환

여기서 현행법의 텍스트를 재구성해야 할 필요가 있다. 첫째, 소설이나 그림과 같은 표현물 하나에 의해 국가의 존립·안전이 실제로 위태화될 수는 없기 때문에, "위태화"한다는 것은 기껏해야 그런 소설들이 범람하면 그렇게 될 개연성이 있다고 예측되는 상태, 즉 위태롭게 만들 '적성'(Eignung)이 있음을 의미한다. 하지만 그런 적성의 판단마저도 매우 불확실하다. 자의적인 적용을 막을 길이 사실상 거의 없다. 그러므로 제7조 제1항의 '지정고의'는 오히려 '목적조항'으로 바꾸는 것이 합리적이다. 즉 "위태롭게 한다

---

12 이런 해석으로 김일수·서보학, *새로 쓴 형법총론* (박영사, 2006), 188쪽.

는 점을 알면서"를 "위태롭게 할 목적으로"로 바꿔야 한다. 또한 표현물의 제작이 그런 목적을 갖고 있다면, 사실상 위태화의 적성을 인정하기 쉬울 것이다. 둘째, 제5항의 "~할 목적으로"라는 목적조항은 "~할 의도로"라는 의도적 고의조항으로 바꾸는 것이 합리적이다. 하지만 이런 문언의 개정은 입법 없이 현행 텍스트의 해석으로도 이미 가능하다.

(2) 소설의 이적표현물죄

이렇게 현행법을 해석해보면, 작가는 ① 국가의 존립·안전이나 자유민주적 기본질서를 위태롭게 할 목적으로 ② 반국가단체나 그 구성원 등의 활동을 찬양·고무·선전·동조하려는 의

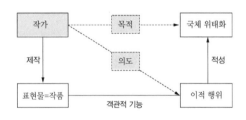

도를 갖고 소설을 썼어야 하며, 그리고 ③ 그 소설이 실제로 객관적으로 이적행위로서 기능했어야 한다.

1) 반공법과 국가보안법의 차이

하지만 『분지』가 발표된 당시 반공법은 위와 같은 '목적성'이나 '의도성'을 요건으로 하지 않았다. 다시 말해 당시 반공법에 의하면 소설가가 자신이 쓰는 소설이 반국가단체를 이롭게 할 수도 있다는 점을 알면서도 이를 용인하고 소설을 썼다면, 이적표현물죄가 적용될 수 있었다. 즉, '미필적 고의'에 의한 이적표현물죄가 성립할 수 있다.

2) 이적의사와 매카시즘적 인정

소설 『분지』는 북한의 기관지에 선전목적으로 사용됨으로써 객관적으로는 '이적의 결과'를 발생시켰다고 볼 수 있다. 그러나 『분지』를 분석적으로 비평해보면 작가에게 '이적의 의사'(미필적 고의)가 있었다고 보기는 어렵다. 반미가 아니라 향미의 의식이 상당한 정도로 엿보이기 때문이다. 즉 객관적 구성요건은 충족되었지만, 주관적 요건이 충족되기 어렵다. 그렇기 때문에 남정현 작가에게 이적의 '범의'(형법 제13조)를 인정하는 것은 매카시즘에 힘입지 않고는 불가능한 것이었다고 볼 수 있다. 물론 현행 국가보안법을 적용해본다면, 『분지』는 더욱 더 이적표현물죄에 해당할 수가 없다.

Ⅲ. 『분지』의 정신분석학적 비평

『분지』에 대한 이해를 이처럼 이데올로기적 차원에서만 바라보면 『분지』를 절반만 읽은 것이 된다. 왜냐하면 『분지』는 의외로 성기에 대한 묘사가 상당히 많고, 자세하며, 만수의 행동을 이끄는 추진력으로서 어머니로부터 입은 트라우마가 작동하고 있기 때문이다. 그러므로 이 소설은 정신분석학적 비평이 절대적으로 필요하다.13 정신분석학적 비평을 위해 제일 먼저 주목해야 할 점은 만수에게 미국(미군)은 해체되어야 할 존재가 아니라 선망하고, 닮고 싶은 존재라는 점이다. 그러나 만수가 지금 그렇지 않기 때문에 '질투'가 나고, 그래서 미국(미군)에 도전하는 행위를 하는 것이다.

---

13 이런 비평의 방향은 남정현이 "사회학적이거나 정치적인 측면에서 세계를 바라본 작가라기보다 재기발랄한 감각과 탁월한 문학적 재능이 윤리의식으로 조율된 작가"(임경순, "남정현 소설의 성―여성과 윤리, 그리고 반공주의", *상허학보* (제21집, 2007), 71~109쪽 참조.

1. 오이디푸스 콤플렉스와 만수 콤플렉스

만수의 강간행위가 갖는 질투적 성격은 『분지』에서 적나라하게 표현되고 있는데, 프로이트(Freud)가 말하는 오이디푸스 콤플렉스(Oedipus complex)의 형상을 띠고 있다.

(1) 오이디푸스 콤플렉스와 남근성의 기호학적 의미

프로이트(Freud)에 의하면 우리가 유년기 기억상실(Infantile amnesia)로 기억하지는 못하지만[14] 유년기 아이, 예컨대 3~5세의 남아는 엄마를 사랑의 대상으로 삼으며, 아빠를 질투하고 경쟁의 대상으로 삼고, 이른바 부친살해의 (현실적이 아닌 심리학적인 의미의[15]) 욕망을 갖게 된다. 하지만 그 남아는 아빠가 강력한 힘을 가지고 자신을 거세하거나 처벌할 것이라는 불안을 가지게 되고, 이 공포에 굴복하면서 아버지의 요구를 내면화하고 아버지와의 동일시를 추구함으로써 엄마에 대한 욕망을 포기한다. 이는 남아가 언젠가는 아버지의 '힘'을 자신도 소유하겠다는 욕망의 표현이다. 이를 기호학적으로 표현해보면, 아버지(父)는 남근성(Phallus)이라는 기표를 '소유하고 있는' 존재인데, 그 기의는 바로 아들이 미래에 갖고 싶은 아버지의 '힘'이다.[16] 이렇게 아들이 아버지에게 굴복하는 것은

---

14 실제로는 유년기의 기억은 '상실'된 것이 아니라 억압된 것이다. 유년기 기억상실을 문명의 발전과의 관계 속에서 심도 있게 고찰하는 글로는 Abraham Drassinower, *Freud's theory of Culture: Eros, Loss and Politics* (Rowman& Littlefield, 2003), 141~155쪽 참조.
15 Deborah W. Denno, "Criminal Law in a Post–Freudian World", *University of Illinois Law Review* (2005), 636쪽 참조.
16 마이클 칸 (안창일 옮김), *21세기에 다시 읽는 프로이트 심리학* (학지사, 2008), 93쪽 참조.

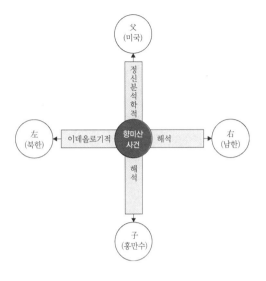

금지규범을 내면화 하여 도덕적, 사회적 존재로 성장하는 과정이기도 하다. 즉, 오이디푸스 콤플렉스는 부친살해를 하지 못하게 하는 금기를 내면화 하는 과정이다. 이 과정은 미래에 아버지와 같은 남근성, 즉 힘을 소유하려는 기대에 의해 추동된다. 하지만 이 내면화는 아버지에 대한 질투를 남겨 놓는다. 그래서 아들은 언제나 아버지에게 복종하면서 동시에 반항하는 질투를 계속하게 되는 것이다.

(2) 만수의 오이디푸스 콤플렉스와 부친살해적 충동

『분지』에서 홍만수가 밟아 간 행적은 이런 오이디푸스 콤플렉스의 이론을 정확하게 반영한다.

1) 만수의 트라우마

이 소설에서 미국 또는 그것의 대표자로서 미군 그리고 스피드 상사는 힘을 가진 아버지, 즉 남근성이라는 기표를 소유한 존재이다. 그런데 만수에게는 그런 아버지가 부재한다. 해방이 되었어도 아버지는 오지 않고, 만수의 어머니는 미군 환영대회에 갔다가 미군에게 겁탈을 당한다. 이것은 미국을 대표하는 미군이 만수가 아들로서 사랑하는 어머니의 성을 향유할 수 있는 힘의 소유자, 즉 아버지의 자리에 대신 들어선 것임을 상징한다. 즉, 미국과 미군 그리고 스피드 상사는 홍만수가 사랑하는 어머니를 소유할 수 있는 아버지의 남근성이라는 기표가 되고, 미국의 힘은 그 기의가 된다. 그렇기에 어머니가 겁탈을 당하고 집에 돌아와 만수에게 그녀의 음부를 보여주는 미친 행동을 할 때 만수는 어머니가 자신에게 "한 인간의 가슴 속에 깊은 상흔(傷痕)을 남기"(138)신 거라고 회고한다. 그 상흔은 트라우마(trauma)와 같다.17

2) 만수의 오이디푸스 콤플렉스

그에게 어머니의 음부는 "커다랗게 확대되어 가지고는" 그의 "시야를 온통 점령하"(138)였고, 만수가 이를 떨쳐버리려고 할수록 "어머니의 음부는 더욱 그 색채며 형태가 또렷하여지면서 발광하듯 움직"(138)였고, "때로는 황홀하기조차 한 빛깔이며 형태로써"(138) "민첩하게 신축하는 것이었"(138)다. 이 표현들은 이미 만수의 오이디푸스 콤플렉스를 암시한다. 만수는 겁탈당한 어머니의 음부를 보면서도 "그렇게 수습할 수 없는 경황 중에서도 당신의 가랑이 사이에 참으로 예기치 않았던 기이한 형태의 기관이 있었음을 발견하고 놀라움과 동시에 일종의 쾌감 비슷한 감정으로 하여 아랫도리가 다 자르르 흔들렸다면 그래도 당신은 저를 자식으로 생각하여 주시겠습니까"(144)라고 말한다.

3) 남근성(Phallus)의 힘

그런 어머니의 음부를 점령한 것은 미국과 미군이라는 아버지의 기표이다. 이 아버지의 힘은 홍만수 하나를 척결하기 위해 "대한

---

17 이와 비슷하게 홍만수의 비취 여사 강간을 어머니로부터 생성된 트라우마에서 자신을 구원하기 위한 비책이었던 것으로 바라보는 박영준, "슬픈 풍자와 가족 서사의 유형", *비평문학* (제38호, 2010), 212쪽.

민국의 일 년 예산에 해당하는 금액"(126)인 "물경 이삼억 불(佛)"(126)을 쓸 정도로 어마어마하게 큰 힘이다. 물론 미국이 아버지의 기표이고, 만수가 강간한 스피드 상사의 부인 비취 여사가 어머니의 기표로 이해된다면, 여기서 홍만수는 개인이 아니라 부친살해를 하는 아들의 기표로서 위치한다. 그렇기 때문에 미국은 대한민국의 일 년 예산에 해당하는 금액을 쓸 수 있는 것이다. 바로 여기서 해학적, 풍자적, 과장적 표현은 정신분석학적 해석으로 전환된다. 그러므로 만수가 보기에도 그렇게 "탐스러운 한 송이의 꽃"(153), "그 곱고 부드러운 피부며 아기자기한 둔부의 곡선이, 그리하여 보기만 해도 절로 황홀한 쾌감을 자아내는"(154) "그 아름다운 육체"(154)를 가진 만수의 동생 분이가 스피스 상사의 "첩 노릇"(149)을 하게 된 것도 알고 보면 그 아버지의 힘 때문이다.

4) 부친살해적 충동

이 아버지의 힘은 만수에게 미국과 미군을 선망하고, 모방하는 복종의 정신을 가져왔다. 하지만 만수의 오이디푸스 콤플렉스는 어머니의 음부가 겁탈당하고, 여동생의 음부가 미군 스피드 상사에 의해 "국부의 면적이 좁으니 넓으니 하며 가증스럽게도"(154) "마구 구타"(154)를 당하는 상황에 이르게 되자 부친살해적 충동으로 다시 발현하게 된다. 만수의 이 충동은 미군 스피드 상사의 부인 비취 여사에 대한 강간이라는 공격으로 발현된다. 만수는 아버지이자 남근성을 상징하는 미군의 여자인 비취 여사의 "육체는, 아니 밑구멍의 구조며 형태는 어떨까. 좁을까 넓을까. 그리고 그 빛깔이며 위치는, 좌우간 한번 속 시원하게 떠들어보고 의문을 풀어야만 미치지 않을 것 같은 심정"(154)이 된다. 그래서 만수는 그녀의 "쭉 뻗은 각선(脚線)은 실로 절경이"(155)라고 탄복하며 의문을 점점 키우다, 그만 "여사가 지닌 국부의 그 비밀스러운 구조를 확인함으로써 그 됨됨을 분이에게 알려주어, 분이가 자신의 육체적인 결함이 어디에 있는가를 자각케 하여 그 시정을 촉구하는 방향으로 나가"(156)게 하겠다고 말한 것이다. 그러나 비취는 만수의 뺨을 후려쳤고, 만수는 "여사의 목을 누르면서 성큼 배 위로 덮쳤"(156)다. 그리고 그는 "미끄러운, 그리고 너무나 흰 살결이여"(156)라고 하며 감격해 했고, 그녀를 강간한 뒤 "유방에 얼굴을 묻고 한참이나 의식이 흐려지도록 취해 있었"(157)다.

여기서 만수의 오이디푸스 콤플렉스의 발현이 부친살해적 행위로 이어지는 추동력으로 작용함을 알 수 있다. 만수는 〈어머니의 음부(에 대한 트라우마)→여동생의 음부(에 대한 문제의식)→미군부인의 음부(에 대한 관심)〉의 단계로 오이디푸스 콤플렉스가 부친살해적

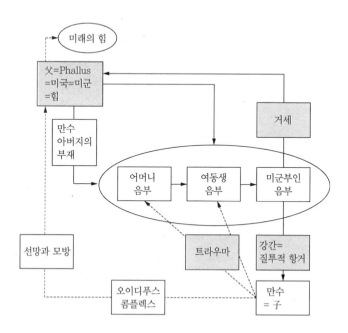

행위로 나가게 된다. 게다가 『분지』가 음부를 표현한 수준은 지금은 아니지만, 당시의 사회에서는 음란물로 통제받을 만할 정도로 상세하다. 이런 묘사는 만수의 행위를 미국에 대한 민족주의적 저항이라는 이념적 해석보다는 정신분석학적 해석에서 더 잘 이해할 수 있게 만든다.

2. 질투로서 만수의 행동

오이디푸스 콤플렉스에서 아들은 부친살해적 충동을 포기하고 아버지를 선망하고 아버지의 규범, 금기를 내면화하게 된다.

(1) 힘과 도덕 사이의 홍만수의 강간범행

홍만수의 질투적 항거가 힘을 모르는 도덕이 아닌 점은 "우리의 우방인 미국의 그 크나큰 힘"(130), "인간의 천국을 이룬 아메리칸의 그 초인적인 투지와 열의나 지모(智謀)", "인간의 천국이라는 미국"(157) 등의 표현에서 확인된다. 반면에 그 항거가 비록 미약한 힘일지라도 도덕을 모르는 힘도 아님은 "저는 지금 인간으로서의 자격을 인정받으며 떳떳하게 한번 살아보지 않고는 도저히 죽을 수가 없는 딱한 형편"(132)과 같은 표현에서 확인된다. 만일 도덕이 힘을 완전히 제압할 정도로 강해진다면, 질투를 통한 행복은 오히려 사라진다. '반항이 먼저이다'[18]라는 푸꼬(M. Foucault)의 사상, 또는 삶의 영역에서 정치적 권력의 피지배자인 개인들의 자유를 회복시키는 그의 계보학적 연구는 이성법의 힘을 전복시킬 정

---

18 푸꼬의 이 명제를 법에 적용한 연구로는 Ben Golder·Peter Fitzpatrick, *Foucault and law* (Routledge, 2009), 73~82쪽 참조.

도의 질투는 아니다. 만수의 질투적 항거는 물론 '성공한 부친살해'가 되지 못했다. 그의 공격은 아버지를 제거하지 못하고, 오히려 아버지에 의해 거세당할 위기에 스스로를 처하게 만든다. 만수가 향미산 속에서 미군의 폭격으로 절대절명의 위기에 빠진 상황은 거세위기의 상황을 보여준다.

(2) 미래의 힘에 대한 질투로서 만수

그러나 거세공포 속에서 만수는 자신을 거세시키려는 아버지, 미국이라는 기표가 가진 힘을 미래에 성취하고자 하는 꿈을 꾼다. 만수는 미군의 폭격이 단 10초 남은 상황에서 런닝샤쓰를 찢어 깃발을 만들고, 구름을 타고 바다를 건너 그가 "맛본 그 위대한 대륙에 누워 있는 우유빛 피부의 그 윤이 자르르 흐르는 여인들의 배꼽 위에"(160) 그 "황홀한 깃발을 성심껏 꽂아놓을 결심"(160)을 한다. 미래를 꿈꾸기에 소설은 만수의 죽음으로 끝나지 않고, "그렇게 용이하게 죽을 것 같습니까. 하.하.하"(160)하면서 끝을 맺는다. 이것은 만수가 미래에 언젠가는 자신이 세계 최대의 힘, 미국이라는 남근성(팰러스 Phallus)의 소유자가 될 것이라는 기대를 표현한 것이며, 바로 그 기대의 추동력으로 만수는 미군이 자기 엄마를 겁탈한 것처럼 미군을 모방하는 동일화의 길을 간 것이다. 만수가 스피드 상사가 빼내오는 "그 양키 물건 장사치에 종사해 온 것"(151)이나 그의 부인을 강간함으로써 "인간의 천국이라는 미국을 한 아름에 안아본 성싶은 그 벅찬 감동"(157)을 갖게 되었다는 점은 그런 동일화의 표현인 셈이다. 다시 말해 만수는 미국의 힘과 권위를 부정한 것이 아니라, 미국이라는 '아버지의 이름을 수용하는 것'[19]이 된다.

(3) 모더니티의 소설로서 『분지』

이로써 소설 『분지』는 모더니즘적 구조를 갖고 있음을 알 수 있다. 왜냐하면 오이디푸스 콤플렉스에서 비롯되는 질투는 근대 법의 신화적 구조를 형성하는 것이기 때문이다. 이 점을 간략히 살펴보자.

1) 질투로서 이성법

오이디푸스 콤플렉스에서 아들이 반항하면서도 동화되어가는 아버지의 규범, 부친살해 금지의 규범은 곧 법을 의미한다. "법이란 힘을 선망하면서 도덕을 생산해내는 질투와 같다. 이를 풀어서 설명해보면, 법은 힘을 가진 주체를 선망하고 그와 동일시하는 것임과 동시에, 도덕의 힘을 빌어서 힘을 가진 자에게 공격을 가하지만, 결코 도덕이 힘을 능가하지는 않는 것을 말한다."[20] 질투란 힘을 선망하면서 동시에 그것을 (전복시키지 못할 정도로) 공격하는 것이다. 법이 힘을 내용으로 담은 도덕이라고 한다면, 그 도덕이 적절한 위반과 전복적인 행위에 직면할 때, 도덕을 제도화한 법의 효력은 오히려 유지되고, 또한 '살아있는 법'이 된다. 역설적이게도 모두가 언제나 준수하는 법은 법이 아니라 단지 사실이 될 뿐이기 때문이다. 따라서 법은 '도덕을 모르는 힘'(예: 성공한 쿠데타 이론[21])도 아니고, '힘을 모르는 도덕'(예: 혼인빙자간음죄[22])도 아니다. 그래서 법은 미래에 지향된 힘에 대한 질투가 된다. 이로써 법은 언

---

19 김석, *에크리 읽기 – 라캉으로 이끄는 마법의 문자들* (살림, 2007), 136쪽 참조.
20 이상돈·민윤영, *법정신분석학입문* (법문사, 2010), 158쪽.
21 한인섭, "정치군부의 내란행위와 성공한 구테타론의 반법치성; 형사법적 검토를 중심으로", *5.18. 법적 책임과 역사적 책임* (이대출판부, 1995) 참조.
22 혼인빙자간음죄를 예로 든 점은 사랑에서 힘의 유동성은 바라보지 않고, 사랑을 잃어버린 여자의 입장을 도덕화하는 관점이 지배한 법이라는 점에서 그러하다.

제나 전미래 시제(futur antérieur),[23] 즉 현재의 법은 언제나 '미래의 어느 시점에 가서야 (그때의 법은) 올바른 법이었던 것이 될 것이다'라는 전미래 시제로서만 성립하게 된다.

  2) 질투의 구조 속에 있는 『분지』

  만수의 미국에 대한 항거는 미국을 전면적으로 부정하는 것이 아니라 역설적이게도 선망과 함께 이루어진다. 그리고 그 결과도 미국의 존재를 위협할 수 없는 매우 미미한 것이 될 뿐이며, 오히려 만수가 존재의 위기에 처하게 된다. 만일 이 소설에서 만수가 미국의 본토에서 테러를 한다거나 미국의 상징적 대리인인 미군 또는 적어도 스피드 상사를 살해하면서 미국과 미군 없는 세상을 꿈꾸는 것으로 엔딩 처리를 했다면, 이 소설은 포스트모던 소설의 성격을 띠게 될 것이다. 그러나 『분지』는 철저하게 미국이라는 힘에 대한 질투의 구조를 깨지 않고 있다. 다만 그 질투로서 생성시키는 도덕들의 기반을 『분지』는 당대의 지배적인 역사의식인 민족주의와 애국주의라는 이념에서 찾고 있다. 여기서 『분지』의 사상은 '반체제적인' 것이 아니라 오히려 '체제순종적인' 것이라 볼 수 있다.

Ⅳ. 양식적 특성의 기능

  소설 내용의 이적성을 이유로 국가보안법을 적용하는 경우에 회화와는 달리 그 소설의 양식적 예술성은 별로 검토하지 않는 경향

---

23 이상돈·이소영, 『법문학』(신영사, 2005), 167~168쪽; 쟈크 데리다 (진태원 옮김), 『마르크스의 유령들』(문학과 지성사, 2007), 392~395쪽 참조.

이 있다. 그러나 소설은 정치선전물처럼 노골적으로 이적사상을 표현할 리가 없고 대개 중의적인 표현을 사용하기 때문에 양식적 예술성은 작품의 이적성을 판단하는 데 함께 고려되어야 한다. 다음과 같은 통찰은 이를 잘 보여준다.

> "문학텍스트의 담론을 제대로 분석하려면 줄거리 요약에 담긴 이념 해석에만 머물면 곤란하다…(중략)… 문학 담론의 이념을 보다 정치하게 분석하려면 문체 등 서술전략의 특징과 효과를 규명해야 할 터이다. 이 작품의 문학적 성과는 '하면 된다'는 식의 군대식 근대화 프로젝트가 지배담론이던 60년대 중반 사회의 획일화된 담론과 단성적 문학에서 벗어나 다양한 형식 실험과 다성성의 목소리를 담은 흥미로운 문체를 선보인 데서 새롭게 찾을 수 있다. 주인공의 독백은 어머니에 대한 절규처럼 보이지만 동시에 권력언어를 야유·희롱하고 있다. 이를 통해 국가주의적 공동체의 언어를 거부함으로써 지배언어의 동질성을 균열시키는 데 성공한 셈이다."[24]

소설 『분지』에서 반정부적 표현의 단편성과 추상성, 반미와 향미의 엇갈린 해석가능성과 정신분석학적인 '질투적 구조'를 고려하면 『분지』 속에 편린처럼 박혀 있는 반체제적 표현들마저도 『분지』의 특유한 양식적 요소들에 의해 중화된다고 할 수 있다. 그런 양식적 요소로 우화적 묘사와 희화화 그리고 풍자[25]의 문제를 들 수 있다. 이를테면 "독 안에 든 쥐"(125) 또는 세계의 자유민에게 "오물"(128)과 같은 존재가 된 만수를 척결하기 위한 미군의 포격으로 인해 "불덩어리가 되어 꽃잎처럼 흩어질"(159) 상황에 놓인

---

24 김성수, "1960년대 문학에 나타난 문화정책의 지배이념과 저항이념의 헤게모니. 남정현 「분지」 필화사건을 중심으로", *민족문학사연구* (제34호, 2007), 110쪽.
25 이를 지적한 황도경, "역설의 미학. 풍자의 언어-분지론", *환각-황도경 평론집* (새움, 2004) 참조.

것은 바로 다름 아닌 미국을 선망하는 산, "향미산"(向美山)이다. 이런 우화(寓話)적 설정은 동시에 희화화하는 표현과 결합되기도 한다. 예컨대 향미산의 폭파는 미국지상주의가 지배하는 똥의 땅(糞池)에서 벌어지는 행태들, 그러니까 "옥이도 순이도 …이방인들의 호적(戶籍)에 파고들어 갈 기회를 찾"(151)아 안달이 난 반민족주의적 행태에 대해 거리두기를 하는 희화화라고 볼 수 있다. 게다가 향미산의 폭파는 반민족주의적 행태를 폭파하는 것이면서 그로 인해 "노아의 방주"(132)가 다시 있게 되고, 그 노아의 방주에 만수가 "제가 제일 먼저 타야할 사람이라고 자부"함으로써 강간범이자 "악의 씨"(147)가 선민이 되는 역설은 향미산이라는 언어의 이중성을 생성시킨다. 향미(向美)는 분명 "반공(反共)과 친미(親美)"(136)와 다르지만, 반미(反美)와도 다른 것이다. 그렇기 때문에 향미라는 언어의 조성은 단순한 '언어의 이중성'을 보여주는 것이 아니라, 앞에서 해명한 미국에 대한 질투의 정신분석학적 구조를 내재화하는 것이 된다. 바로 이와 같은 『분지』의 양식적 특성들이 독자들에게 웃음과 비애, 절망과 희망, 능청스러움과 끈적거림을 동시에 가져다주면서도 미국이 지배력을 갖고 있는 분지(糞池), 즉 똥 같은 땅의 현실에 대한 '성찰적' 비판의 공간을 마련해주고 있는 것이다. 그렇기 때문에 『분지』 속에 편린처럼 박혀 있는 반체제적 표현들은 작가가 갈고 닦은 소설언어의 수사학적 세계 속에서 그 독자적인 이념적 영향력을 잃어버린다고 말할 수 있다.

이렇게 볼 때 『분지』는 반미거나 반체제적인 이념물이 아니라 질투라는 인간존재의 보편적 정신세계를 역사적 현실을 빗대어 감각적인 언어로 명쾌하게 드러낸 예술성이 있는 작품이 된다.

제 4 부

예술의 모방성과
형법

[9]
응용미술작품의 복제와 형법

Ⅰ. 응용미술저작물의 복제

1. 히딩크 넥타이 사건의 경과

히딩크 넥타이　　모방 넥타이 [1]

2002년 월드컵 축구대표팀 감독인 히딩크 감독이 착용했다고 하여 히딩크 넥타이로 불리는 넥타이의 도안을 한 甲은 H 공사 과장 乙이 丙에게 그 히딩크 넥타이의 문양을 본 따서 넥타이 제작을 의뢰하여, 오른쪽의 것과 같은 넥타이(이하 모방넥타이) 530개를 납품받았다는 이유로 乙과 丙을 고소하였고, 乙과 丙은 저작복제권침해죄로 기소되었다.

1　사진은 네이버(http://search.naver.com) 이미지 검색에서 나온 사진을 퍼옴.

(1) 원심 판결

제1심과 항소심은 이 넥타이의 도안이 독창적인 응용미술작품임을 인정하였지만, 응용미술작품은 상업적인 대량생산에의 이용 또는 실용적인 기능을 주된 목적으로 하여 창작된 경우에 바로 저작권법상의 저작물로 보호될 수는 없고, 그 중에서도 그 자체가 "하나의 독립적인 예술적 특성이나 가치를 가지고 있어 예술의 범위에 속하는 창작물에 해당하는 것만이 저작물로서 보호된다"는 과거의 판례(대법원 94도3266 [2]; 2000도79)에 따라 무죄를 인정하였다.[3]

(2) 대법원 판결

그러나 대법원은 히딩크 넥타이의 도안은 물품에 동일한 형상으로 복제될 수 있는 응용미술작품으로서 그 이용된 물품인 넥타이와 구분되어 독자성을 인정할 수 있는 것이라면 응용미술저작물에 해당한다고 보아 파기환송하였다. 결국 乙과 丙은 저작복제권침해죄로 처벌되었다.[4]

---

2 대법원 1996. 2. 23. 선고, 94도3266 판결: "저작권법에 의하여 보호되는 저작물이기 위하여는 어디까지나 문학, 학술 또는 예술의 범위에 속하는 창작물이어야 하고, 본래 산업상의 대량생산에의 이용을 목적으로 하여 창작되는 응용미술품 등에 대하여 의장법 외에 저작권법에 의한 중첩적 보호가 일반적으로 인정되게 되면 신규성 요건이나 등록 요건, 단기의 존속기간 등 의장법의 여러 가지 제한 규정의 취지가 몰각되고 기본적으로 의장법에 의한 보호에 익숙한 산업계에 많은 혼란이 우려되는 점 등을 고려하면, 이러한 응용미술작품에 대하여는 원칙적으로 의장법에 의한 보호로써 충분하고 예외적으로 저작권법에 의한 보호가 중첩적으로 주어진다고 보는 것이 의장법 및 저작권법의 입법취지라 할 것이므로 산업상의 대량생산에의 이용을 목적으로 하여 창작되는 모든 응용미술작품이 곧바로 저작권법상의 저작물로 보호된다고 할 수는 없고, 그 중에서도 그 자체가 하나의 독립적인 예술적 특성이나 가치를 가지고 있어 위에서 말하는 예술의 범위에 속하는 창작물에 해당하여야만 저작물로서 보호된다."
3 서울지방법원 2003. 8. 14. 선고, 2003고단3524 판결.
4 파기환송받은 원심법원의 유죄판결은 서울중앙지방법원 2005. 2. 4. 선고, 2004

"구 저작권법(2000. 1. 12. 법률 제6134호로 개정되기 전의 것, 이하 같다)
은 제4조 제1항 제4호에서 '회화·서예·도안·조각·공예·응용미술작품 그
밖의 미술저작물' 등을 저작물로 예시하고 있었으나, 저작권법(2000. 7. 1.
부터 시행되었다)은 제2조 제11의2호에서 '응용미술저작물'을 '물품에 동일
한 형상으로 복제될 수 있는 미술저작물로서 그 이용된 물품과 구분되어 독
자성을 인정할 수 있는 것을 말하며, 디자인 등을 포함한다'고 규정하고, 제
4조 제1항 제4호에서 응용미술저작물 등을 저작물로 예시함으로써 응용미
술저작물의 정의를 규정하고 응용미술저작물이 저작권의 보호대상임을 명
백히 하고 있다. 기록에 의하면 판시 '히딩크 넥타이' 도안은 고소인이 저작
권법이 시행된 2000. 7. 1. 이후에 2002 월드컵 축구대회의 승리를 기원하
는 의미에서 창작한 것인 사실, 고소인은 위 도안을 직물에다가 선염 또는
나염의 방법으로 복제한 넥타이를 제작하여 판매하였고, 피고인 1 역시 같
은 방법으로 복제한 넥타이를 제작하여 판매한 사실을 각 인정할 수 있고,
원심의 인정과 같이 위 도안이 우리 민족 전래의 태극문양 및 팔괘문양을
상하 좌우 연속 반복한 넥타이 도안으로서 응용미술작품의 일종이라면 위
도안은 '물품에 동일한 형상으로 복제될 수 있는 미술저작물'에 해당한다고
할 것이며, 또한 그 이용된 물품(이 사건의 경우에는 넥타이)과 구분되어
독자성을 인정할 수 있는 것이라면 저작권법 제2조 제11의2호에서 정하는
응용미술저작물에 해당한다고 할 것이다. 그렇다면 판시 '히딩크 넥타이' 도
안이 그 이용된 물품과 구분되어 독자성을 인정할 수 있는 것이라면 저작권
법의 보호대상인 저작물에 해당하고, 그렇지 아니하다면 저작물에 해당하지
아니한다고 할 것인데, 원심은 위 도안이 그 이용된 물품과 구분되어 독
자성을 인정할 수 있는 것인지에 관하여 심리를 하여 보지 아니한 채 위에
서 본 이유만으로 위 도안이 저작권법의 보호대상인 저작물에 해당하지 아
니한다고 판단하고 말았으니, 원심판결에는 응용미술저작물에 관한 법리를
오해하였거나 필요한 심리를 다하지 아니하여 판결에 영향을 미친 위법이
있다고 할 것이다."

노2851 판결을, 이에 대한 상고기각판결은 대법원 2005도1450 판결을 참조.

2. 판결의 분석

무죄를 인정한 하급심의 판결은 응용미술작품의 저작물 인정요건인 ① 고유성, ② 예술성, ③ 독자성 가운데 주로 ② 예술성을 부정하는 논증을 보인 것인 반면, 대법원은 예술성 검토는 거의 하지 않고, ③ 도안이 넥타이라는 물품에 대해 독자성이 있다는 점만을 중시하여 판단을 한 것이다. 그러나 응용미술작품은 그것이 동일한 형상으로 복제된 물품과 관념적으로 분리가능하다는 독자성만으로 응용미술저작물이 되는 것이 아니라 미술저작물의 일반적 요건인 고유성과 예술성도 더불어 갖추어야만 한다. 물론 하급심이나 대법원은 모두 이 도안이 우리 민족 전래의 태극문양 및 팔괘문양을 이용했지만, 甲의 도안은 그런 문양을 이용한 기존의 도안과는 다른 고유성을 갖고 있다고 본 듯하다. 창작성의 의미로서 고유성 인정을 바탕으로 하급심은 예술성의 부족을 중시한 것(②요건의 불충족)이고, 대법원은 독자성을 중시한 것(③요건의 충족)이다. 그러나 응용미술저작물이 되기 위해서는 ③ 독자성 요건뿐만 아니라 동시에 ② 예술성 요건도 충족하여야 한다.

Ⅱ. 응용미술작품의 저작권 인정요건

하급심과 대법원의 판결이 엇갈렸던 이유는 응용미술작품의 저작권 요건에 대해 오해가 있었기 때문이다. 그러나 응용미술작품이 저작권의 보호를 받으려면 ① 고유성, ② 예술성, ③ 독자성의 요건을 갖추어야 한다. 왜 그런 것인지를 살펴보기로 한다.

1. 저작물의 개념 변화와 응용미술작품

이를 위해 먼저 저작권의 개념에 대한 저작권법의 다음과 같은 변경사를 주목할 필요가 있다. 저작권법의 제정과 개정의 역사 중에서 응용미술작품의 저작권을 논의하는데 중요한 연혁은 다음의 표로 요약·정리할 수 있다.

1957. 1. 28. 제정 저작권법	1987. 7. 1. 시행 저작권법	2003. 7. 1. 시행 저작권법	2007. 6. 29. 시행 저작권법
제2조(저작물) 본법에서 저작물이라 함은 **표현의 방법 또는 형식의 여하를 막론하고** 문서, 연술, 회화, 조각, 공예, 건축, 지도, 도형, 모형, 사진, 악곡, 악보, 연주, 가창, 무보, 각본, 연출, 음반, 녹음필림, 영화와 기타 **학문 또는 예술의 범위에 속하는 일체의 물건을** 말한다.	제2조(정의) 이 법에서 사용하는 용어의 정의는 다음과 같다. 1. 저작물: **문학·학술 또는 예술의 범위에 속하는 창작물**을 말한다.	제2조(정의) 이 법에서 사용하는 용어의 정의는 다음과 같다. 1. 저작물: 문학·학술 또는 예술의 범위에 속하는 창작물을 말한다.	제2조(정의) 이 법에서 사용하는 용어의 뜻은 다음과 같다. 1. "저작물"은 **인간의 사상 또는 감정을 표현한 창작물**을 말한다.
	제4조(저작물의 예시등) ① 이 법에서 말하는 저작물을 예시하면 다음과 같다. 4. 회화·서예·도안·조각·공예·**응용미술작품** 그 밖의 미술저작물	제2조 11의2. **응용미술저작물: 물품에 동일한 형상으로 복제될 수 있는 미술저작물로서 그 이용된 물품과 구분되어 독자성을 인정할 수 있는 것을 말하며, 디자인 등을 포함한다.**	제2조 15. "응용미술저작물"은 물품에 동일한 형상으로 복제될 수 있는 미술저작물로서 그 이용된 물품과 구분되어 독자성을 인정할 수 있는 것을 말하며, 디자인 등을 포함한다.

2. 예술성의 요청

이 개정 역사를 보면 저작물은 저작권법 제정 당시 '학문 또는 예술의 범위에 속하는 물건'에서 1987년에 '문학·학술 또는 예술의 범위에 속하는 창작물'로 확장되었고, 2007년에 "인간의 사상 또는 감정을 표현한 창작물"로 더욱 확장되었다. 이 확장으로 저작물은 학문이나 예술에 속하는 작품이 아닌 경우에도 가능하게 되었다. 하지만 이는 저작물이 학문이나 예술의 장르에 속하는 것이라면 1957년 제정 당시의 표현처럼 그 작품이 "학문 또는 예술의 범위에 속하는", 즉 학문성 또는 예술성을 갖고 있어야 한다는 해석을 배제할 수는 없다.

또한 학문이나 예술의 작품이 아닐지라도 학문성과 예술성에 버금가는 문화적 가치(value)를 갖고 있어야 한다. 그렇지 않다면 저작권은 과도하게 확장되어 다른 사람의 저작물 이용의 자유가 과도하게 제한될 것이기 때문이다. 그러나 어떤 정도의 문화적 가치를 가져야 하는지는 법경제학적인 분석에 의해 근거지어야 할 문제이다.

그러나 여기서 예술 개념의 변화와 확장을 고려해야만 한다. 개념예술(conceptual art)에서 보듯 예술작품의 예술성은 양식적 특성의 차원이 아니라 사상적 차원에서도 인정될 수 있다. 포스트모던 아트에서 예술과 비예술의 경계가 해체되는 것도 같은 현상이다. 그러나 예술과 비예술의 경계 해체는 양식적 장르적 정형성이 해체되는 것을 뜻하지, 예술작품이 되기 위해서 예술성이 필요 없게 되었음을 뜻하지는 않는다. 이는 기존의 법이 해체될 수는 있지만,

그런 해체가 정의를 새롭게 생성시키기 위한 것이지, 정의 자체가 해체되는 것이 아니라는 점에 견줄 수 있다. 그러므로 현행 저작권법이 저작물을 "인간의 사상 또는 감정을 표현한 창작물"이라고 정의할지라도 이때 창작물은 다른 인간의 사상과 감정을 표현한 것과 구별되는 고유성(originality) 이외에 예술성이 있어야 하는 것이다.

3. 응용미술작품

응용미술작품도 마찬가지이다. 응용미술작품은 1957년 제정 저작권법에는 저작물에 포함되지 않았다. 공예는 포함되어 있었지만, 응용미술작품은 1987년 개정에 의해 저작물의 하나가 되었다. 응용미술작품이란 실용적 목적에 적용된 미술작품을 말한다.[5] 이는 현대사회에서 미술 개념이 회화와 조각 이외에 디자인에까지 확장된 결과이다.

❖ 공예와 응용미술작품의 구별 ❖

공예와 응용미술작품을 구별하기는 매우 어렵다. 응용미술작품을 공예품을 포함하는 개념으로 보기도 하지만, 양자는 같으면서 다른 면들을 갖고 있다.[6] 여기서는 자세한 논의를 생략하기로 하고, 결론만 언급하기로 한다. 전형적인 예술품과 전형적인 상품 사이에 다양한 혼합유형이 존재할 수 있는데, 만일 이를 〈ⓐ 예술품 → ⓑ 상품적 예술품 → ⓒ 예술적 상품 → ⓓ 상품〉과 같은 네 가지 유형으로 단계화 한다면, 응용미술저작물이 ⓑ 상품

---

5 세계지적재산권기구(World Intellectual Property Organisation, WIPO)의 용어사전인 *Glossary of terms of the Law of Copyright and Neihboring Rights* (WIPO, 1980), 9쪽 참조.
6 이 점에 대해 자세히는 이상돈, *미술비평과 법* (법문사, 2013) 참조.

적 '예술품'에, 그리고 공예품은 ⓒ 예술적 '상품'에 좀 더 가깝다고 볼 수 있다.[7]

(1) 미감과 미학적 쾌락

응용미술작품이 넓은 의미의 미술저작물에 속하는 한, 응용미술 작품도 저작권이 인정되기 위해서는 예술성을 갖추어야 함은 물론 이다. 이 점에 의해서 비로소 저작권법은 디자인보호법과 구별된 다. 디자인은 "물품의 형상·모양·색채 또는 이들을 결합한 것으로서 시각을 통하여 미감을 일으키게 하는 것"(디자인보호법 제2조 제1호)을 말한다. 미감(美感)이란 아름답다고 느끼는 감각(sense)의 작용을 말하고, 예술은 미감을 넘어서 미학적 '쾌락'(aesthetic pleasure)을 갖게 하는 것이어야 한다. 미학적 쾌락은 어떤 대상의 아름다움이든 추함이든 그것을 감상할 때 기쁘고 즐겁게 느끼는 것을 말한다. 칸트(Kant)에 의하면 이 쾌락은 느낌 그 자체가 아니라 그런 느낌이 미래에도 계속되기를 원하는 상태(의향성 intentionality)에 자신이 빠져 있다는 점에 대한 주체의 의식을 말한다.[8] 그러므로 이런 미학적 쾌락은 ① 단순한 감각(sense)과 구분되는 형식, 즉 아름다운 대상의 형식(form)이 된다.[9] 또한 ② 미학적 쾌락은 디자인처럼 어떤 목적을 위한 것이거나 목적에 의해 결정되는 것이 아니다. 이 미학적 쾌락은 작품이 생성된 문화적 맥락과 자기반성적

---

7 이에 대한 자세한 설명은 이상돈, *미술비평과 법* (법문사, 2013) 참조.
8 이 삽입글은 주로 칸트의 미학적 쾌락을 감각이 아니라 형식적이며 지향적인 관점으로 해석한 Rachel Zuckert, "A New Look at Kant's Theory of Pleasure", *The Journal of Aesthetics and Art Criticism* (Vol. 60, No. 3, 2002), 239~252쪽의 내용을 정리한 것임.
9 Rachel Zuckert, 앞의 논문, 242쪽 아래 참조.

과정 속에서 주체가 해방감을 체험하는 방식으로 달성된다. 그렇기에 미학적 쾌락은 "목적 없는 합목적성"(Purposiveness without a purpose)[10]을 갖는다고 할 수 있다. 이에 비해 디자인은 물품의 판매증대라는 목적을 좇는 미감의 생성체일 뿐이다.

(2) 독자성과 분리가능성

그러므로 디자인이 응용미술작품이 되기 위해서는 그 작품이 물품 속에 이용되어 대량 생산된다는 점을 빼고는 다른 미술품과 같은 수준의 예술성, 즉 미학적 쾌락을 불러올 수 있는 것이어야 한다. 여기서 디자인의 미술작품성이 인정되려면 그것이 "이용된 물품과 구분되어 독자성을 인정할 수 있는 것"(저작권법 제2조 제15호)이어야 한다. 그러므로 디자인이 디자인법의 보호 이외에 저작권법의 보호를 받으려면 창작성, 즉 ① 고유성과 ② 예술성 이외에 ③ 물품과의 구분되는 독자성을 가져야 한다. 여기서 물품에 이용된다고 할 때 '이용'의 의미는 융합이 아닌 결합이며, '독자성'의 의미는 분리가능성을 가리킨다.

1) 융합이 아닌 결합

저작권법은 이 특성을 '물품에 동일한 형상으로 복제될 수 있는 미술저작물로서 그 이용된 물품과 구분되는 독자성'(저작권법 제2조 제15호)이라고 정의한다. 물품과 구분되는 독자성이란 물품 자체의 실용적 기능성(intrinsic utilitarian function)[11]과 미학적 양식성이 융합된 것이 아니라 단지 '결합된' 것이어서 서로 떼어낼 수 있는 속성을 가리킨다. 미학적 양식성이 제품의 실용적 기능성과 떼어낼 수

---

10 Rachel Zuckert, 앞의 논문, 특히 245쪽.
11 이 개념을 사용하는 미국의 17 U.S.C. §101 참조.

없다면, 대량 생산되는 제품의 속성상 예술품은 일상의 생산과 소비영역에서 홍수를 이루게 된다. 이 홍수 현상은 어떤 물품에 대한 저작권보호를 과잉의 상태로 만들고, 동시에 예술의 일상화로 인해 예술의 비예술화를 가져올 수 있다.

2) 분리가능성

결국 응용미술저작물에서 독자성 개념은 실용적 기능성과 미학적 양식성의 분리가능성을 가리킨다.

⑺ **물리적 분리가능성**   이 분리가능성은 첫째, 실용적 기능성을 수행하는 부분과 미학적 양식으로 표현된 부분이 물리적으로 분리가능한 것(physical separability)을 가리킨다. 미국 연방법원은 〈발리섬의 춤추는 사람〉이라는 조각을 스탠드의 몸통으로 제작 판매한 행위는 그 조각을 한 작가의 저작권을 침해한다고 보았다.[12] 그 몸통부분은 스탠드의 실용적 기능성으로부터 분리될 수 있기 때문이다. 이런 기준에 의한다면 예컨대 보온밥통의 꽃무늬 문양(대판 99노4546), 생활한복(대판 2000도79)의 디자인 등은 저작권이 인정되기 어렵다.

⑷ **관념적 분리가능성**   하지만 이러한 물리적 분리가능성 없이, 관념적 분리가능성(conceptual separability)만으로도 그 물품으로부터 독립한 미술저작품이 인정될 수 있다. 관념적 분리가능성은 물품의 미학적 양식성이 생성시키는 예술성이 실용적 기능성을 압도하거나, 그로 인해 매우 탁월하게 높은 시장경쟁력을 갖는 경우 등을 가리킨다. 따라서 히딩크 넥타이 사건(대판 2005도1450)에서 그 넥타이의 도안은 ―응용미술저작물의 또 다른 요건인 예술성과

---

12   Mazer v. Stein, 347 U.S. 201 (1954) 참조.

고유성이 인정될 수 있음을 전제로 본다면— 저작권보호의 대상이 된다. 이때 그 도안은 비록 넥타이로부터 물리적으로 분리가능한 것은 아니지만, 바로 그 도안으로 인해 그 넥타이가 시장에서 잘 팔리는 힘을 발휘할 수 있었다는 점에서 그 도안은 넥타이로부터 관념적으로 분리가능하다고 볼 수 있다. 즉 히딩크 넥타이의 문양이 넥타이와 구분되는 속성은 그런 문양이 손수건이나 스카프 등에도 복제될 수 있고,[13] 그럴 경우에 손수건이나 스카프의 판매도 증가할 수 있다는 점에서 인정될 수 있다.

Ⅲ. 히딩크 넥타이 도안의 예술성 비평

그러므로 히딩크 넥타이 사건에서 피고인들의 유·무죄는 그 도안의 예술성에 달려있게 된다. 즉 디자인보호법의 보호 이외에 저작권법에 의한 보호가 중첩적으로 인정되려면 디자인은 디자인보호법상의 보호요건을 충족하는 수준을 넘어서는 예술성이 인정되어야 한다. 여기서 저작권형법은 응용미술작품에 대한 예술성 판단, 즉 그 작품에 대한 예술비평에 의해 형성되는 것임을 알 수 있다.[14]

---

13 이 점에 대한 상세한 논의는 이재경, "응용미술품의 저작권적인 보호", *비교사법* (제15권 제4호, 2008), 690~692쪽.

14 이하의 예술성 비평은 이상돈, *미술비평과 법* (법문사, 2013), 17~18쪽과 거의 같은 내용임.

1. 사상적 예술성

미술작품의 예술성은 그 작품의 양식이 생성시키는 예술성과 사상이 생성시키는 예술성으로 나누어 판단해볼 수 있다. 히딩크 넥타이의 예술성을 이루는 사상이라고 한다면 2002년 당시 월드컵 결승전 진출을 원했던 모든 국민의 염원이었다고 할 수 있다. 그러나 이런 사상은 히딩크 넥타이 도안자의 고유한 것도 아니며, 동시에 그 사상이 -가령 죽음을 무릅쓰는 바와 같은- 작가 자신의 실천적 행동을 통해 숭고성을 생성시키게 한 것도 아니었다. 그런 점에서 넥타이 도안은 사상적 예술성을 인정하기 어렵다.

2. 양식적 예술성

미술작품의 예술성을 생성시키는 전통적인 요소는 그 양식(style)이다.

(1) 문양의 비고유성

히딩크 넥타이에 사용된 팔괘나 태극문양 또는 사각형이나 다이아몬드형의 점들은 작가에게 고유한 것이 아니다. 8강, 4강, 2강 등을 나타낸 태극문양, 팔괘문양 및 4각형의 점들은 우리나라 전래의 문양일 뿐이다. 예컨대 히딩크 넥타이의 디자인을 구성하는 요소로서 8강을 뜻하는 팔괘와 동심원으로 둘러싸여 있는 주된 문양인 삼태극팔괘문양, 그리고 2강을 뜻하는 선형 태극으로 이루어진 이태극문양 등은 우리나라 전래의 태극문양일 뿐이다. 그러므로 이 문양을 넥타이에 사용한 것은 단지 아이디어일 뿐 '표현'적

인 창작이 아니다.[15]

(2) 배열의 고유성

판례는 문양 자체는 고유한 것이 아닐지라도 그 배열의 고유성을 인정하고 있다. 하지만 이 넥타이에서 문양의 독특한 배치가 저작권으로 보호될만한 창작적 표현, 즉 예술성을 갖는다고 보기는 어렵다. 디자인에 종사하는 평균적인 디자이너라면 누구나 할 수 있는 배열이고, 그 배치의 형식은 넥타이 디자인에서 이미 많이 활용되고 있는 것이기 때문이다. 가상의 마름모꼴과 사각형의 꼭짓점도 삼태극팔괘문양과 이태극문양의 스트라이프 방식의 순차적 배치 이후에 생기는 공간을 메우는 부차적 요소로 기능하고 있는 점도 그러하다.

그러므로 이런 문양의 배열이 디자인보호법의 보호수준을 넘어서 저작권법의 보호가 요청되는 정도의 예술성을 갖고 있지 않다고 판단된다.

(3) 모방넥타이의 배열상의 고유성

게다가 히딩크 넥타이의 배열상의 고유성과는 별개로 모방넥타이의 도안이 이 고유한 양식성을 그대로 재현한 것인지도 의문이다. 모방넥타이가 히딩크 넥타이처럼 태극문양, 팔괘문양 등을 사용한 점은 맞지만, 자세히 보면, 히딩크 넥타이와는 달리 팔괘를 안에 갖고 있는 원형 주변에 흰색 점선들이 단지 4각형 구조를 이루지 않고, 환형(環形)구조를 이루고 있음을 볼 수 있다. 이 점에서

---

15 비슷하게 비판적인 관점으로 차상육, "응용미술의 저작물성 판단기준", *창작과 비평* (제45호, 2006), 111쪽.

모방넥타이가 기존의 태극과 팔괘문양을 이용한 도안을 사용한 히딩크 넥타이가 갖는 고유성보다 결코 적은 고유성만을 갖는다고 단정하기는 쉽지 않다. 그렇다면 모방넥타이는 응용미술저작물의 세 가지 요건 중 ① 고유성의 요건을 새롭게 충족한다는 점에서 히딩크 넥타이의 저작복제권을 침해한다고 볼 수 없다. 따라서 모방넥타이의 제작은 저작복제권침해죄를 구성하지 않는다고 보아야 한다.

[10]
모델드라마와 형법

I. TV 모델드라마의 특성과 명예훼손의 위험

모델드라마란 특정한 실존인물이나 실제사건을 모델로 삼은 드라마를 말한다. 예를 들어 모델드라마의 한 종류인 역사드라마는 역사 속에 실존했던 인물이나 역사적 사건을 모델로 삼고, 정치드라마는 실존하는 정치인이나 정치적 사건을 모델로 삼는다.[1] 이처럼 모델드라마는 실제인물이나 실제사건을 모델링(modelling)한 드라마이다.

---

1 가령 영화 「그때 그 사람들」이나 「효자동 이발사」는 박정희 전 대통령을, 드라마 「야인시대」는 최무룡과 임화수를 모델링한 바 있다.

1. 허구적 묘사의 양면성과 형법의 사이성

모델링이란 실제 있는 그대로를 서술하는 것이 아니다. 그렇게 한다면 모델드라마는 예술이 아니라 다큐멘터리가 되기 때문이다. 그러므로 모델링이란 실제인물과 실제사건에 허구적 묘사를 더하는 것을 필수적으로 포함한다. 그것을 통해 작품의 미학적 쾌락 (aesthetic pleasure)을 증대시킬 수 있기 때문이다. 여기서 허구적 묘사에 의한 미학적 쾌락의 증대란 실제인물에 대한 직접적인 (호·불호의) 감정적 반응을 통해 카타르시스를 생성시키거나, 실제사건을 이제까지와는 '다르게 해석'함으로써 역사적 사건을 낯설게 하고, 그렇게 함으로써 역사적 사건 이해의 동일성강제로부터 해방되는 것을 말한다. 그러므로 허구적 묘사는 모델드라마의 예술성을 생성시키는 요소가 된다.

그러나 다른 한편 이 허구적 묘사로 인해 실존인물의 명예를 훼손할 위험이 발생하고, 역사적 사건의 진실을 왜곡하고 호도할 위험이 발생한다.[2] 이 위험이 현실화되면, 모델드라마는 드라마가 아니라 역사왜곡 교과서나 정치적 선전영상물이 될 수 있다. 그렇기에 형법은 예술성을 생성시키는 드라마의 허구적 요소를 억압해서도 안 되지만, 역사왜곡과 같은 역기능이나 명예훼손의 위험을 방치해서도 안 된다. 이에 따라 형법은 모델드라마에서 예술성과 명예훼손의 위험성 사이에 존재한다. 그런 형법은 어떤 모습이며, 어떤 원리로 작동해야 하는지를 「서울 1945」의 이승만 전 대통령 사자명예훼손 사건을 예로 살펴본다. 형법은 드라마의 실존인물이

---

2 양동복, "역사 드라마의 실존 정치인에 대한 허구적 묘사와 명예훼손 판례상의 법리", *미디어 경제와 문화* (여름호, 2009), 36쪽.

나 실제사건의 모방이 법적으로 허용될 수 있기 위한 테두리조건을 설정해준다.

2. 역사드라마 「서울 1945」의 사자명예훼손 사건

KBS 주말 대하드라마 「서울 1945」는 2006. 1. 7.경부터 2006. 9. 10.경까지 주말드라마로 방영되었다. 그러나 이승만 전 대통령의 유족이 작가와 PD를 사자명예훼손죄(형법 제308조)로 고소하였고, 검찰도 이들을 사자명예훼손죄로 기소하였다. 그러나 사건은 법원에서 무죄판결로 종결되었다. 하지만 이 사건은 앞으로도 TV 드라마의 예술적 표현의 자유가 어디까지인지가 논란이 될 수 있음을 보여주고 있다.

(1) 사자명예훼손 혐의 부분

친일파 묘사 등도 문제되었지만, 여기서는 그 중 가장 중요한 명예훼손부분인 이승만, 장택상, 박창주가 여운형 테러사건과 관련있다는 점을 암시하는 부분만을 다루기로 한다. 이 테러사건과 관련된 문제장면의 대사는 아래와 같다.3

> **# 장소: 돈암장, 우남 이승만의 개인 사저 (식사중인 장면)**
> (00:44:33/00:51:33)
> 이승만: 음…. (식사를 하다가 말고 수저를 내려놓는다)

---

3 이 재구성은 「서울 1945」의 다시보기 동영상을 직접 시청하면서 장면 별(괄호 안 시간은 동영상 실행시간을 가리킴)로 재구성한 것이다. 따라서 원 대본과 다소 다를 수 있으나, 대사를 중심으로 보면 이 사건과 판결을 논의하는 데 큰 무리가 없을 것이다.

(이승만이 수저를 내려놓자 식사를 하던 다른 사람들도 눈치를 보며 모두 수저를 내려놓는다)

문석경: (걱정스러운 표정으로) 조금만 더 드세요. 요즘 통 식사를 못하셨잖아요.

이승만: (시선을 아래로 향하면서) 입맛이 없구나.

문석경: (장택상을 쳐다보면서) 아버님께서 걱정이 많으십니다.

장택상: (자세를 고쳐 앉으며) *박사님의 걱정을 덜어드리는 것이 저희들이 할 일 아니겠습니까.* 말씀하십시오. 걱정이 무엇입니까.

이승만: (대답하지 않고 계속 아래만을 쳐다본다.)

문석경: (장택상을 쳐다보면서, 책망하는 것 같은 목소리로) 여쭤보지 않으면 모르시겠어요? 좌우합작 때문이죠. 정판사 사건까지 일으켰다면 조선공산당은 뿌리를 뽑아야 하는 거 아닌가요? 아직도 사람들을 선동하고, 폭력시위를 벌이고, 경찰은 뭘 하는 건가요.

장택상: 아, 그건 우리 청년단과 형평성 문제가 좀 있습니다.

이승만: (정색하며, 화난 목소리로) 그게 무슨 말인가? 형평성이라니. 좌익 폭력세력을 애국청년들과 어찌 같이 볼 수 있단 말인가.

(장택상, 시선을 아래로 내린다)

(박창주, 이승만을 쳐다본다)

이승만: (계속 화난 목소리로) 좌익세력이 원하는 게 뭔지 아는가? 이 나라를 공산당에 넘겨주자는거야! 공산당이 집권을 하면 우리 조선은 모두 소련으로 넘어간다는걸 알아야 해!

문석경: (이승만 쪽으로 몸을 기울이며 차분하게) 아버님, 진정하세요. (이승만의 손목을 잡으며) 몸에 안 좋으세요.

이승만: (긴 한숨을 쉬며, 체념하는 듯이) 오냐. 날 걱정해주는 사람은 석경이 밖에 없구나. (이승만, 고개를 숙인다)

박창주: 외람되오나 한 말씀 올리겠습니다.

이승만: (박창주를 쳐다보며) 말해보게.

박창주: 공산당은 캐도 캐도 안 캐지는 쑥뿌리 같은 것들입니다. 그들을 캐

내려면은 수단과 방법을 가려서는 안 됩니다. *법을 따지고, 절차를 따지고, 합법적으로 할 일이 안 됩니다.*

이승만: (고개를 얕게 끄덕이고, 얕은 한숨을 쉬며) 내가 이 나이에 무슨 사심이 있겠나. 내가 단독정부 수립을 주장하는 것은 이 남조선이나마 공산화가 되는 것을 막아야 하기 때문이야.

장택상: (고개를 숙이며) 지당하신 말씀이십니다.

이승만: (격정적으로) 좌우합작이니 통일정부니 이런거 주장하는 사람들 속은 뻔해! 그 여운형인가, 그 사람도 그렇지 않나. 자기 딸들을 북조선으로 보냈다면서?

동석인물4: 네, 박사님. 여운형이 그야말로 자기 색을 만천하에 드러낸 것 아니겠습니까. 좌우합작의 수장이라는 자가, 큰일입니다. 박사님.

이승만: (인상을 찌푸리며 한탄조로) 그러니…. 내 어찌 편히 잠을 이룰 수가 있겠나. (주위를 쳐다보며) 응? (짧은 침묵 후 단호하게) *여운형이, 안 되겠어.* (좀 더 단호하게) *여운형, 그 사람, 안 되겠어.*

(이승만의 대사가 끝나자마자 무거운 배경음악이 흘러나온다) (장택상이 굳은 얼굴로 고개를 얕게 끄덕이고, 박창주도 굳은 표정으로 앉아있다)

이인평이 돈암장에 방문하여 석경과 동우의 혼사문제 논의하는 장면 생략 (00:47:30/00:51:33)

수도청 (00:49:31/00:51:33)

(장택상과 박창주가 돈암장에서 돌아왔다)

장택상: (자리에 앉으며) *박사님께서도 말씀을 꺼내신 이상 우리도 다른 모습을 좀 보여줘야 하지 않겠나.*

박창주: 예, 그래야죠.

장택상: 일단 좌익 청년들의 행동을 면밀히 살펴보게. 조금이라도 빌미가 잡히면, 다 잡아들여.

---

4   보좌관으로 추정되지만 해당 장면이나 39회의 출연 장면에서도 인물 소개 자막이 나오지 않음.

박창주: 박사님께서도 가장 우려하시는 건 여운형 아닙니까. (장택상을 쳐다보며) 그런 조무래기들로야….

장택상: 그건, 뭐 경찰로서 어쩔 수 없는 사안 아닌가.

박창주: (시선을 아래로 향하며 다짐하는 말투로) 박사님을 위해서도, 한민당이나 우리 경찰조직을 위해서도, 여운형이는 죽어 주어야 합니다.

(장택상, 다소 놀란 표정으로 박창주를 바라본다. 다시 무거운 배경음악이 깔린다)

장택상: 이보게, (주위를 두리번거리며 놀란 목소리로) 아니, 그게 무슨 소리야!

박창주: (여전히 진지한 목소리로) 송진우 선생님도 그리 돌아가시지 않으셨습니까.

장택상: (더듬거리며) 아. 고하께서 비명횡사한 거하고 무, 무슨 상관이 있냐고!

박창주: 송진우 선생도 그리 가셨는데 여운형이라고 그런 일이 일어나지 말라는 법은 없지 않습니까.

장택상: (흠칫 놀라며) *뭐라? 이사람 이거 큰일 날 소리를 하는구만! 일 치를 사람 아닌가 이거!*

(박창주, 대답하지 않고 혼자 생각에 잠긴 표정이다)

(무거운 배경음악은 다음 장면까지도 계속 이어진다)

여운형이 납치당하는 장면. 어두운 도로.

자막: 1946년 7월 17일

(운전자, 여운형, 최운혁을 태운 차 한 대가 도로를 달리고 있다)

(차를 막아서는 청년들 한 무리 때문에 차가 급정거한다)

(파란 옷을 입은 청년1이 눈짓을 보내자 나머지가 일제히 차를 향해 달려든다)

(청년들이 운전자와 동승자(최운혁, 주인공인 가상의 젊은이들 중 한명)을 밖으로 끌어낸다)

최운혁: (청년들을 뿌리치면서) 놔, 놔라!

(여운형이 차 밖으로 나온 후, 청년들을 조용히 쳐다본다)

(청년1이 여운형을 향해 권총을 겨눈다)

(운전자와 수행인이 권총을 보고 놀란다)

여운형: (평정을 유지한 채) 웬 놈들이냐.

최운혁: (청년들을 뿌리치려고 버둥거리면서 소리지른다) 선생님!

-39회 시작-

#. 38화 마지막과 같은 장면 (00:00:36/00:51:06)

청년1: (여운형에게 총을 겨눈 채) 운형 선생. 우리하고 *같이 가주셔야겠소.*

여운형: (동요 없이) 못 갈 건 없다마는, 날 이런 식으로 데려갈 수는 없다.
　　　네 놈들이 누군지부터 밝혀라.

(청년1이 다른 청년에게 눈짓을 한다)

(최운혁이 청년들을 뿌리치고 청년1에게 달려들어 총을 든 팔을 잡는다. 그 과정에서 총이 하늘을 향해 두 발 발사된다)

최운혁: (여운형을 쳐다보면서) 선생님! 피하십시오! 어서요!

(최운혁이 청년들에게 맞서 싸우지만 제압당하여 청년들에게 둘러싸여서 맞는다. 여운형은 그 광경을 놀란 표정으로 지켜보고 있다)

여운형: 이놈들! 그만두지 못할까! (최운혁에게 달려간다) 운혁군! 최운혁!

청년1: 여운형을 데리고 가!

(청년들이 여운형을 끌고 간다)

최운혁: 선생님, 선생님. (비틀거리며 일어난다)

(슬프고 무거운 배경음악이 흐른다)

최운혁: 선생님!

(최운혁이 필사적으로 차에 타서 어딘가로 운전한다)

호텔 (00:02:442/00:51:06) 장면 생략 (피투성이가 된 최운혁과 김혜경, 종업원 등의 대화)

청년들이 여운형을 납치하여 숲에서 끌고가는 장면 (00:03:14/00:51:06)

(청년들이 여운형을 숲의 절벽으로 끌고간다)

청년1: 선생. (주머니에서 서류를 꺼낸다) 서명하시오. (여운형에게 서류를 건넨다)

여운형: (서류를 받아들며) 뭔가.

청년1: 당신은 그동안 좌우합작이니 뭐니 시국을 혼란시켰소. 국가와 민족 앞에 지은 죄를 인정하고 앞으로 다시는 정계에 나오지 않겠다는 성명서요. (주머니에서 펜을 꺼내서 여운형에게 내민다)

여운형: (서류를 접어버리며) 너희들이 날 여기까지 끌고 온 것은 기필코 이 여운형이의 목숨을 뺏겠다는 것 아니냐. (서류를 도로 청년1에게 내밀며) 죽이려면 깨끗이 죽여라. 이런걸로 날 욕보이지 말란 말이다.

 # 호텔방 (00:04:03/00:51:06) **장면 생략** (김혜경이 최운혁의 상처를 치료하고, 이동우가 와서 대화하는 장면)

 # 수도청 (00:05:35/00:51:06)

(장택상, 창가에서 고민에 가득 찬 표정으로 회상에 잠겨있다)

(회상 장면)

박창주: *(시선을 아래로 향하며 다짐하는 말투로) 박사님을 위해서도, 한민당이나 우리 경찰조직을 위해서도, 여운형이는 죽어 주어야 합니다.*

(문을 노크하는 소리와 함께 장택상의 회상이 끝난다)

(박창주가 문을 열고 들어온다)

박창주: (장택상에게 거수경례하며) 부르셨습니까.

장택상: 다 출동시켰나?

박창주: 예. 다른 지시가 없으시면 저도 현장에 나가보도록 하겠습니다.

장택상: (박창주를 돌아보며) 자넨가?

박창주: 네? 무슨⋯말씀이십니까.

장택상: *운형 선생 납치. 자네도 관여 됐나 묻는 것일세.*

박창주: 인민당 당수가 죽길 바라는 사람이 어디 한둘이겠습니까. 저도 역시 같은 마음입니다만, (장택상을 쳐다보며) 전 아닙니다.

장택상: 그래? 잘됐군. 어서 가서 운형 선생을 찾게. 잘못하면 우리 경찰에 대한 비난도 비난이겠지만, 군정청에서 문책이 떨어질걸세.

박창주: 예, 알겠습니다. (거수경례 후 방을 나간다)

(장택상, 혼자 눈을 깜빡이며 박창주가 나간 문쪽을 쳐다본다)

여운형이 납치된 숲 (00:06:46/00:51:06)

(여운형, 청년1이 준 서류를 찢어서 절벽에 던진다)

청년1: 운형 선생!

여운형: 난, 단 한 번도 국가와 민족 앞에 죄 지은 일이 없네.

청년1: (낮은 목소리로) 소란은 피하고 싶었는데, (작게 웃는다) 안 되겠군.
　　　(총을 꺼내서 여운형에게 겨눈다)

여운형: 그동안 숱한 테러를 당했네만, 오늘이 이 여운형이 마지막인가 보이.

청년1: 안녕히 가십시오. (권총을 장전한다)

(무거운 배경음악이 깔린다)

(청년1이 여운형을 향해 다가가자, 여운형이 뒤로 물러선다)

(절벽에서 발이 미끄러져서 여운형이 절벽으로 굴러떨어진다)

여운형: 아아아악!

(청년들이 절벽 아래를 쳐다본다)

(수색대가 여운형을 찾고, 청년들은 수색대를 피해 도망간다)

(박창주와 다른 경찰 한명이 여운형을 발견하자, 다른 경찰이 여운형이 살아있는지 확인한다)

경찰1: (박창주를 놀란 표정으로 돌아보며) 어떡하지? 살아있어.

박창주: 어떤 놈들인지 서투르기 짝이 없군.

(박창주와 경찰1이 주변을 둘러본다)

(박창주가 권총을 꺼내 여운형을 겨누지만, 방아쇠를 당기지 않은 채 갈등하는 표정이다)

(누군가) 박창주! 거기서 뭐하나!

(최운혁과 이동우가 박창주와 다른 경찰을 발견하고 달려간다)

박창주: (하늘을 향해 총을 발사하며) 인민당 당수를 찾았다!

최운혁: (여운형에게 달려가며) 선생님! (고개를 돌려 잠시 박창주를 노려본다)

(이동우, 박창주를 노려본다)

박창주: (하늘을 향해 총을 더 발사하며) 여기다! 여기라니까!

(수색대들이 주변으로 몰려온다)

최운혁: 정신 차리십시오, 선생님. 선생님!

#병원 (00:10:28/00:51:06)

(여운형, 머리에 붕대를 감은 채 침상에 누워 있다. 주변에 사람들이 걱정스러운 표정으로 서있다)

(장택상이 박창주를 쳐다보고 뒤이어 최운혁도 박창주를 노려본다. 박창주는 시선을 피한다)

 # 다른 병실 (00:10:43/00:51:06)

최운혁: (창밖을 쳐다보며 박창주가 여운형을 향해 총구를 겨누고 있던 장면을 회상한다)

(병실에 장택상과 박창주가 들어온다)

장택상: 나를 보자고 했소?

최운혁: 그렇소. 어제 운형 선생 댁에 놈들이 던지고 간 협박장이… (협박장을 장택상에게 건네준다)

장택상: (협박장을 읽은 후 최운혁을 쳐다보며 협박장을 박창주에게 건네준다)

박창주: (협박장을 읽는다) '만약 또다시 좌우합작 회담에 출두하고, 정치에 나서면 용서치 않겠다. 가족까지도 해치겠다.'

최운혁: 평생 조국과 민족을 위해 헌신하신 선생님을 테러하고 그것도 모자라 선생님의 가족까지 해치겠다는 협박장을 보냈소. 정당 대표의 목숨을 노리는 자들이 거리를 활보하는 이 나라! 문명국가라고 할 수 있겠습니까.

장택상: 음, 전 경찰을 동원해서 납치범을 찾고 있소이다.

박창주: 가족이 그리 걱정되면 여기 남은 큰딸과 부인을 월경 시켜 김일성한테 보내면 되겠구만.

최운혁: (격노하여) 박창주! 어디서 그따위 망발을 입에 담느냐. 네 놈이 운형 선생께서 북조선에 두 따님을 보낸 그 마음을 감히 짐작이나 할 수 있겠나.

박창주: (협박장을 흔들며) 내가 뭐 틀린 소리를 했나?! 당수님의 두 딸을
　　　북조선에 보낸 일에 불만을 품은 자들의 짓인 것 같단 말이야!

최운혁: *박창주! 금오산 계곡에서 정신을 잃고 쓰러진 선생님께 무슨 짓을*
　　　하려던 거지. 공포탄을 쏘려던 게 아니라 선생님을 해치려고 했던
　　　거 아닌가?

(무거운 배경음악이 깔린다)

(장택상, 박창주를 곁눈질로 쳐다본다)

박창주: 무슨 소리야. 몽둥이로 머리까지 얻어맞았나. 너야말로 정신이 나간
　　　모양이구만!

장택상: 그만들 하시게!

최운혁: 두 번 다시, 이런 일이 일어나서는 안 됩니다. 우리 조선 인민당에서
　　　운형 선생님과 선생님 가족에 대한 신변 보호를 정식으로 요청합니다.

장택상: 이를 말이오. 납치범과 협박범들을 잡기 전까지 24시간 경호를 해
　　　드리겠소.

최운혁: 저 박창주와 같은 경찰 경력자는 경호요원에서 배제해 주십시오.

(박창주와 최운혁이 서로를 노려본다)

병원 밖 (00:12:59/00:51:06)

(장택상과 박창주가 병원 밖으로 나온다)

장택상: (박창주에게) 최운혁이가 무슨 소리를 하는 건가. 산에서 무슨 일이
　　　있었나.

박창주: 별 거 아닙니다.

장택상: 경거망동 하지 말게. 어쨌든 운형 선생이 죽었다 살았으니 예전 같
　　　진 않겠지.

박창주: 협박장대로 낙향해준다면, 이 박사님에게도 좋을텐데 말입니다.

장택상: (고개를 끄덕인다)

(기자들이 몰려온다)

기자1: 사건에 대해 한말씀 해주시죠!

장택상: (기자들을 향하여) 여운형 씨가 당한 불의의 봉변 사건에 대해 통

탄을 금할 길이 없습니다. 에, 우리 경찰에선 전력을 다해 무뢰한들을 빠짐없이 잡아서 테러범들을 일소하겠습니다.

기자2: 운형 선생님이 정계 은퇴를 한다는 게 사실입니까?

장택상: 아, 그건, 여운형 씨가 일어나봐야 알 일 아니오.

(경찰들이 기자들을 밀어낸다)

 # 집무실로 추정되는 장소 (00:14:08/00:51:06)

이승만: 누구의 소행인지 윤곽이 잡히겠는가? (장택상을 쳐다본다)

장택상: 밝혀내야죠. 아무리 놈들의 수법이 교묘하다 해도 우리 경찰의 수사망을 피할 순 없을 겁니다.

이승만: 음… (고개를 끄덕이며) 공산당에 염증을 느끼는 혈기왕성한 젊은 이들의 불만이 터져나온게로구만.

(장택상, 고개를 끄덕인다)

이승만: 이… 테러를 잘했다고 할 수는 없지만, 딸 자식까지 북으로 도망을 시키니 그 누가 여운형을 믿겠는가? (고개를 끄덕인다)

동석인물: 박사님께서 문병을 가시는건 과하지만 위로 전문을 보내시는게 좋을 것 같습니다.

이승만: (노려보며) 그렇게까지?! 흠.

동석인물: 여론이 들끓을 겁니다. 테러 배후를 두고 박사님을 협잡하는 이들도 있을테고, 그런 소리들을 잠재우셔야죠. 박사님 이름으로 쾌유를 비는 전문을 보내겠습니다.

(이승만, 침묵한다)

(2) 무죄판결

이 사건에서 1심[5]과 항소심[6] 그리고 상고심은 모두 무죄를 선고했다. 대법원은 "역사드라마가 그 소재가 된 역사적 인물의 명예

---

5 서울중앙지법 2007. 6. 27. 선고, 2006고단5931 판결.
6 서울중앙지법 2007. 9. 19. 선고, 2007노1981 판결.

를 훼손할 수 있는 허위사실을 적시하였는지 여부를 판단함에 있어서는 적시된 사실의 내용, 진실이라고 믿게 된 근거나 자료의 신빙성, 예술적 표현의 자유로 얻어지는 가치와 인격권의 보호에 의해 달성되는 가치의 이익형량은 물론 위에서 본 역사드라마의 특성에 따르는 여러 사정과 드라마의 주된 제작목적, 드라마에 등장하는 역사적 인물과 사건이 이야기의 중심인지 배경인지 여부, 실존인물에 의한 역사적 사실과 가상인물에 의한 허구적 이야기가 드라마 내에서 차지하는 비중, 드라마상에서 실존인물과 가상인물이 결합된 구조와 방식, 묘사된 사실이 이야기 전개상 상당한 정도 허구로 승화되어 시청자의 입장에서 그것이 실제로 일어난 역사적 사실로 오해되지 않을 정도에 이른 것으로 볼 수 있는지 여부 등이 종합적으로 고려되어야만 할 것이다"는 입장에서 "이 사건 드라마는 일제시대 및 해방전후기를 시대적 배경으로 하여 허구의 가상인물들을 중심인물로 설정하여 그들 간의 사랑과 우정, 이념적 대립과 가족애 등을 그린 드라마이고, 이 사건 드라마에 등장하는 실존인물로는 이승만, 장택상, 여운형, 김구, 김일성, 박헌영 등이 있는데, 총 71회분(1회당 50분)에 이르는 드라마의 전체 방영분 중 이승만, 장택상은 제29회분에 이르러서야 처음 등장하고, 실존인물들이 등장하는 장면의 횟수도 중심인물들에 비하여 현저히 적다고 할 수 있으며, 이들은 중심인물들 간의 이야기를 연결하는 배경인물로 등장하는 것으로 보일 뿐이라는" 점을 고려하여, "위 장면만으로는 이승만과 장택상이 여운형 암살의 배후자이고, 정판사 사건도 이승만과 장택상이 친일파로서 자신들이 데리고 있는 친일경찰 박○○을 시켜 해결한 것처럼 묘사하는 등 어떤 구체적인 허위사실의 적시가 있었다고 보기 어렵다"고 판시했다.

3. TV 드라마의 양식적 특성

먼저 TV 드라마의 양식적 특성을 이해하는 것은 TV 드라마가 누리는 예술적 표현의 자유가 어디까지이며, 명예훼손죄는 언제부터 성립하는가를 논의하기 위해 반드시 필요하다.

(1) 무형의 양식적 특성

TV 드라마는 TV와 영상물이라는 매체의 특성상 영화나 연극에 비해 기능적으로 고유한 특성을 갖는다.

1) 일상적 현실의 이미지 창출

대학로 소극장 같은 곳에서 하는 연극의 경우 TV 드라마에 비해 접근성이 적고 매일 찾게 되지는 않으며, 배우의 예술적 혼이 매우 증강된 형태로 공연이 이루어지고, 관객도 그 연기가 표현하고자 하는 철학적 의미에 대해서도 적지 않은 관심을 갖고, 때로는 마니아적 관심과 감상의지를 갖고 관람하기도 한다. 이에 비해 TV 드라마는 TV 스위치만 켜면 매일 접할 수 있으며(일상성), 픽션인데도 시청자 입장에서는 마치 논픽션인 것 같은 착각을 하기 쉽다(현실성). 이는 부분적으로는 역사드라마가 뉴스와 같은 사실보도 프로그램이나 연구와 심층취재를 통해 만드는 다큐멘터리의 영상과 함께 TV 상자라는 같은 곳에서 매일 시청자들에게 전달되기 때문이다. 이런 특성은 드라마의 실제기능이지만, 이 기능은 대본의 창작이나, 제작과정에서 의식될 수 있고, 또한 그런 기능적 효과를 고려하여 창작과 제작을 할 수도 있다. 예컨대 시청률을 의식함으로써 허구적 표현이 더 강화될 유혹이 언제나 존재한다.[7]

---

7 양동복, 앞의 논문, 41~42쪽.

그런 점에서 일상적 현실의 이미지 창출은 TV 드라마의 무형의 양식적 특성이라고 부를 수 있다.

2) 일상 속의 하이퍼리얼 생산

그런데 모델드라마가 역사를 해석적으로 구성하는 장면들은 진실로 밝혀진 바가 없다는 점에서 보드리야르(J. Baudrillard)가 말하는 '원본이 없는 이미지', 즉 시뮬라크르(simulacre 흉내)에 가깝다. 이 시뮬라크르는 TV 드라마의 일상성을 바탕으로, 그 해석적 구성물의 원본이 역사 속에 존재했던 것 같은 하이퍼리얼(hyper-real)을 만들어낼 수 있다. 그러므로 대법원이 말하는 "합리적 시청자"란 이런 하이퍼리얼과 역사적 실재를 구분하면서 드라마가 그리는 역사를 분별있게 이해할 수 있는 인간일 것이다.

"합리적인 시청자라면 역사적 사실의 서술을 주로 하는 기록물이 아닌 허구적 성격의 역사드라마의 경우 이를 당연한 전제로 시청할 것으로 예상되는 이상…"[8]

그러나 시뮬라시옹(simulation)[9] 즉, 현실처럼 여겨지는 가상의 현상에 빨려 들어가지 않는 시청자란 현실에서는 거의 존재하지 않는다. 이 점은 시청자들이 TV 드라마와 상호작용적 관여를 한다[10]고 해서 달라지는 것은 아니다. TV 드라마에 대한 시청자들의 상호작용적 관여란 실제로는 제작진이 고려해야만 하는 시청률의 변

---

8 대법원 2010. 4. 29. 선고, 2007도8411 판결.
9 J. Baudrillard (하태환 역), *시뮬라시옹: 포스트모던 사회문화론(Simulacre et simulation)* (민음사, 1992), 12~13쪽 참조.
10 이런 관점으로 윤석진, "디지털시대, TV드라마 연구방법 시론", *한국극예술연구* (제37집, 2012), 216~218쪽.

화주체로서 소비자의 역할 정도에 그쳐버리기 때문이다. 그런 역할을 넘어서 드라마가 생산하는 하이퍼리얼과 밝혀지지 않은 역사적 사실을 구별하고, 이에 비판적으로 관여하는 것은 보통의 시청자들에겐 거의 불가능하다. 물론 시청자들은 단편적인 의문을 갖는 등의 제한된 성찰을 할 수는 있을 것이다.

3) 역사드라마의 교육기능

시뮬라시옹 효과를 다른 측면에서 바라보면, 역사드라마는 시청자들에 대해 교육적 기능을 수행한다고 말할 수 있다. 오늘날 교육은 텍스트 중심에서 벗어나 멀티미디어를 활용한 시청각 교육으로 발전했다. 가령 영화「화려한 휴가」는 남녀노소를 불문하고 많은 수의 관객을 불러 들였는데, 특히 5. 18. 쿠데타 사태를 체험하지 못한 세대에게는 그 어떤 역사교과서보다 더 유용한 교육매체로 기능했다고 볼 수 있다.[11]

(2) 영상미의 과장성

TV 화면은 보통 32인치에서 55인치로서 영화관의 대형 스크린보다 훨씬 작고, 소극장 무대에서 관객의 눈에 들어오는 장면보다도 많이 작다. 그렇기 때문에 TV의 영상은 시청자들에게 그 이미지의 침투가 영화에 버금가게 이루어지도록 얼굴을 크게 잡는다든지, 청각적 효과음을 강화한다든지, 자극적 표현을 감행하는 등의 양식적 특성을 좇는 경향이 있다. 그렇기 때문에 유난히 얼굴이 작은 탤런트들이 선호되기도 한다.

---

11 그러나 이 영화가 역사를 어떻게 주관적으로 해석하는지에 관해서는 이상돈·민윤영, *법정신분석학입문* (법문사, 2010), 293쪽 아래 참조.

Ⅱ. 드라마의 허구성과 사실적시의 허위성

1. 법익의 충돌

TV 드라마는 스토리(story)의 구성과 대본에 있는 대사를 통해서 구체적 사실을 말하기 때문에 "공연히 사실의 적시"를 하게 된다.

(1) 허구적 묘사의 불가피성

그런데 이 사실의 적시에는 재판에 의해서 또는 학술적 논의를 통해 역사교과서에 실릴 수 있을 정도로 그 진실과 허위가 판명되지 않은 사실들이 포함되곤 한다. 그 경우에 대본과 제작과정을 통해 '구성된' 역사적 사실의 적시는 역사를 해석하는 것이면서 구성하는 성격을 띤다. 그러나 이 '해석적 구성'은 시나리오 작가와 PD가 주관적으로 하는 해석이다. 대법원도 거의 같은 취지의 인식을 갖고 있다.

> "역사적 사실은 당대에 있어서도 그 객관적 평가가 쉽지 아니한데다가 시간의 경과에 따라 그 실체적 진실의 확인이 더욱 어려워지는 관계로 이를 소재로 드라마를 창작, 연출함에 있어서는 명백하여 다툼이 없거나 객관적 자료로 뒷받침되는 단편적 사실만을 묶어 현실감 있는 이야기를 전개해 가기에는 근본적 한계가 있다 할 것이어서, 그 필연적 현상으로 연출자 등이 역사적 사실에 대한 작가적 해석 및 평가와 예술적 창의력을 발휘하여 허구적 묘사를 통해서 객관적 사실들 사이의 간극을 메우기 마련이라 할 것이고…"12

---

12 대법원 2010. 4. 29. 선고, 2007도8411 판결.

(2) 예술적 표현

그러니까 작가와 PD에 의한 주관적인 역사의 해석적 구성은 역사드라마에서는 불가피한 것이다. 하지만 이 불가피성은 역사드라마의 결핍을 말하는 것이 아니다. 역사적 사실의 명백성이나 객관성이 없다는 사정은 오히려 역사드라마에서 예술적 창작의 공간이 되는 것이다.

(3) 허위사실의 적시와 예술적 창작성 사이의 법

여기서 TV 드라마에서 이루어지는 실존인물의 행적에 대한 (역사적 사실의) 묘사를 예술적 표현으로서 보호하는 것과 그 묘사에 바탕이 된 역사의 해석적 구성의 주관성으로 인해 침해될 수 있는 실존하거나 실존했던 등장인물의 명예를 보호하는 것은 서로 충돌하게 된다. 이 충돌을 조정하는 것이 바로 법의 임무이다. 바꿔 말하면 법은 TV 역사드라마를 규제할 때, 언제나 예술적 창작성과 허위사실의 적시 그 둘 사이에 위치하게 된다. 이 사이성(inbetweenness)을 해결하는 법원의 방식은 이익형량적 사고(Interessenabwägung)이다.

2. 이익형량적 사고와 실제적 조화의 원칙

「서울 1945」 사건에 대한 법원의 판례도 예술적 표현의 자유와 인격권 사이의 법익충돌을 이익형량의 사고에 의해 해결하고 있다.

(1) 법원의 이익형량적 사고

특히 1심 법원의 경우에는 명시적으로 다음과 같이 예술적 표현의 자유가 인격권보다 더 우위에 놓인다는 입장을 보인다.

> "적시된 사실이 역사적 사실인 경우 시간이 경과함에 따라 망인이나 그 유족의 명예보다는 역사적 사실에 대한 탐구 또는 표현의 자유가 보호되어야…(중략)…위와 같은 예술활동의 자유는 역사적 인물인 망인의 인격권의 보호보다 우선하여 보호될 필요가 있다." "'예술의 자유'와 '개인의 인격권'이라는 두 법익을 비교, 형량함에 있어 예술활동의 자유는 역사적 인물인 망인의 인격권의 보호보다 우선하여 보호될 필요가 있다."13

이에 비해 항소심은 "표현의 자유로 얻어지는 가치와 인격권의 보호에 의하여 달성되는 가치의 이익형량…(중략)…등을 아울러 참작하여 사소한 부분이 아닌 드라마 전체를 기준으로 결정되어야 할 것이고"14라고 하고, 대법원도 "예술적 표현의 자유로 얻어지는 가치와 인격권의 보호에 의해 달성되는 가치의 이익형량은 물론…(중략)…등이 종합적으로 고려되어야만 할 것이다"15라고 하여 두 법익 사이의 충돌을 조정하는 법의 임무를 이익형량에 의하여 해결하려고 한다.

> 다만 항소심과 대법원은 판결이유에서 1심 법원처럼 예술활동의 자유가 인격권의 보호보다 우선한다는 결론을 명시적으로 밝히고 있지는 않다. 그러

---

13 서울중앙지법 2007. 6. 27. 선고, 2006고단5931 판결.
14 서울중앙지법 2007. 9. 19. 선고, 2007노1981 판결.
15 대법원 2010. 4. 29. 선고, 2007도8411 판결.

나 판결의 결론에서는 1심과 차이가 없다는 점에서 실질적으로는 1심 법원과 같은 이익형량적 판단을 한 것으로 추측된다.

(2) 실제적 조화의 원칙

그러나 이익형량은 충돌하는 두 이익 중 그 중요성을 저울질 하여 더 중요한 이익을 보호하고, 덜 중요한 이익은 보호에서 배제해버리는 방식으로 작동한다. 그러나 예술적 표현의 자유가 인격권보다 일반적으로 우위에 있으며, 그럼으로써 망자의 명예가 얼마간 훼손되더라도 드라마의 허구적 묘사는 허용되어야 한다는 결론은 매우 근시안적이다. 인격권은 예술적 표현의 주체가 예술적 표현을 자유롭게 할 수 있기 위해 전제되어야 하는 기본권이고, 그런 기본권의 적정한 보호 없이는 예술의 자유도 적정하게 보호될 수 없기 때문이다. 그러므로 법은 TV 드라마, 특히 역사드라마의 양식적 특성을 고려하면서 예술의 자유와 인격권 보호 사이의 실제적 조화(praktische Konkordanz)를 도모하여야 한다. 그러므로 법은 1심 법원의 판결처럼 (예술적) 표현의 자유를 처분불가능한 자연법적 권리로 절대화해서도 안 되고, 반면에 명예의 보호를 예술적 표현의 자유보다 일방적으로 우위에 놓아서도 안 된다. 이러한 의미에서도 법은 역사드라마를 규제할 때 예술적 표현의 자유와 명예의 보호, 그 둘 사이에(inbetween) 위치한다고 말할 수 있다.

3. 예술적 표현의 자유의 전제조건으로서 다른 해석 가능성

먼저 인격권의 보호를 위해, 진실여부가 아직 검증되지 않은 역사적 사실을 드라마에서 영상화하는 것, 즉 드라마의 허구적 묘사가 실존했거나 실존하는 인물의 명예를 침해하는 "허위의 사실을 적시"(형법 제308조)하는 것에 해당할 수 있음을 인정해야 한다. 이런 가능성의 인정은 이미 헌법 제21조 제4항이 "언론·출판은 타인의 명예나 권리 또는 공중도덕이나 사회윤리를 침해하여서는 아니된다"는 규정 속에 제도화되어 있다.

(1) 상징적 스토리텔링

이러한 헌법적 요청은 허구적 (역사)묘사를 통한 드라마의 예술적 표현은 그 표현되는 내용이 '현실'이 아니고 '상징'이라는 성격을 유지해야 한다는 요청으로 이어진다. 즉 드라마의 예술적 표현의 내용이 예술적 감동을 주기 위한 '실재적 사실주장'이 아니라 '상징적 스토리텔링'으로 남아 있어야 한다는 것이다. 이것은 드라마에서 묘사하는 장면들이 어떤 역사적 사실을 뜻한다고 할 때 그 장면은 '동시에' '다른 역사적 사실을 뜻할 가능성'을 '함께' 담고 있어야 한다. 그 드라마의 역사해석과 '다른 역사해석의 가능성'이 바로 그 드라마의 영상적 사건전개 속에 들어 있어야 하는 것이다. 이는 드라마의 허구적인 역사해석이 그 자체로서 다의적인 모습으로 이루어져야 함을 뜻한다. 즉, 드라마의 어떤 장면을 보고, 시청자에 따라 이런 역사적 사실로 전달되기도 하고, 저런 역사적 사실로 전달되기도 해야 하는 것이다. 그렇지 않다면 드라마의 픽선적 성격은 사라지고 만다. 그럴 경우 드라마의 허구적 묘사는 "허위의 사실을 적시"하는 것에 해당한다. 그러므로 허구적 묘사의 다의성, 즉 다양한 의미로 해석될 가능성이 없다면 아무리 TV 드라마라 할지라도 명예훼손죄(형법 제307조 제2항)에 해당할 수 있다.

(2) 다의성을 만드는 드라마의 장치들

그러면 다의성을 만드는 드라마의 장치들을 살펴보자.

1) 대사의 중의성

첫째, 대사의 내용으로 다의성이 실현될 수 있다. 「서울 1945」에서 이승만 대통령은 여운형 살해사건 직전의 회의 끝부분에서 장택상, 박창주 등이 참석한 만찬 중에 "입맛이 없다", "여운형 안 되겠어, 여운형 안 되겠어"라는 대사를 한다. 입맛이 없는 원인이 여운형이라는 암시는 있지만, 그것이 여운형에 대한 어떤 조치로 이어질 것이라는 추론은 필연적이지 않다. 그런 점에서 그 말은 정말 밥맛이 없거나 그냥 정세에 대한 일반적 불만을 표출한 것으로 해석할 수 있다.

이와는 반대로 장택상이 "이보게⋯자네, 그게, 그게 무슨 소리야! 이 사람 큰일 날 소리를 하는구만! 일 치를 사람이 아닌가" 하는 대사는 여운형의 테러에 절대 반대했다는 암시일 수는 있지만, 오히려 내심 박창주가 테러를 감행하길 원하면서도 장택상 자신은 책임질 상황에서 빠져나가려는 언어적 제스처로 이해할 수도 있다.

2) 실존인물 속의 가상인물 설정

둘째, 다의성은 캐릭터의 설정을 통해서도 생성된다. 가령 여운형 살해사건의 직접 지시자라는 이미지가 부착된 박창주가 실존인물이 아니라 가공인물이라는 설정도 이승만 대통령과 장택상의 관련성이나 배후성을 부정하는 해석을 가능하게 한다.

3) 역사적 사건의 변형

셋째, 다의성은 역사적으로 실제 있었던 사건을 어느 부분에서만 모방하되, 다른 부분을 실제 사건과 조금 다르게 변형함으로써 생성될 수 있다. 가령 여운형은 1947. 7. 19. 자신이 당수로 있던 근로인민당의 당사로 가던 중 혜화동(惠化洞) 로타리 우체국 앞 커브에서 한지근이 쏜 3발의 권총 탄환을 맞고 절명하였다. 그러나 「서울 1945」에서는 괴청년들에게 숲에서 납치되었다가 계곡 아래로 굴러떨어져 중상을 입고 병원으로 응급후송되는 사건을 거친 후 허구인물인 박창주가 사주한 청년에 의해 총격을 받고 죽는 것으로 그려진다.

(3) 허구적 묘사의 제한 필요성

허구적 묘사는 역사드라마가 픽션이 되기 위해 불가결한 요소이지만, 그 자체로서 아무런 제약없이 법적으로 허용되는 것은 아니다. 허구적 묘사가 역사적 사실로부터 지나치게 멀어지거나, 없었던 사실을 있었던 것으로 만든다면 드라마적 묘사의 허구성은 형법상 "허위"에 해당하는 성격을 갖게 되기 때문이다. 여기서 허구적 묘사가 어느 정도로 역사드라마에서 허용되는 것인지에 관한 법이론이 필요하게 된다.

4. 허구적 묘사의 객관적 근거와 주관적 역사해석

가령 「서울 1945」가 이승만 전 대통령과 장택상이 여운형 살해의 배후라는 이미지를 생성했다고 전제하자. 물론 이 점에 대한 실제적 판단은 뒤에서 다시 하기로 한다. 이런 전제 아래서 그와 같은 해석적 구성을 예술의 자유라는 이름으로 언제나 법적으로 허용한다면, 그것은 표현의 자유를 '처분불가능한'(unverfügbar) 절대적 권리로 보는 셈이다. 반면에 그런 허구적 창작을 무조건 사자명예훼손죄의 "허위의 사실을 적시"한 것으로만 바라본다면, 이는 인격권을 예술의 자유보다 절대적 우위에 놓는 셈이 된다. 이처럼 상반된 두 가지 결론은 모두 편향적인 이익형량적 사고의 결과이다. 또한 이런 사고는 표현의 자유나 인격권을 마치 시대착오적인 자연법적 권리처럼 상정하는 것이기도 하다.

(1) 허위 개념과의 연결을 위한 허구성의 유형화

이 둘을 실제적으로 조화롭게 보호하기 위해서는 창작의 허구성, 즉 픽션(fiction)적 성격이 법적 의미에서 "허위"의 개념에 해당하지 않을 가능성을 여러 단계로 유형화할 필요가 있다. 드라마가 이미지로 표현하는 역사적 사실이 미래에 언젠가는 진실로 판명될 확률을 단계화해 본다면, 단순 가능성(예: 10% 이상)→개연성(예: 50% 이상)→고도개연성(예: 75% 이상)→확실성(예: 90% 이상)으로 나눠볼 수 있다. 그러나 미래에 밝혀질 진실이 무엇일지 모르기 때문에 드라마를 제작하는 시점에서 진실이 될 확률을 판단하는 것은 매우 불확실한 예측일 뿐이다. 그러므로 미래에 진실이 될 수 있다는 예측이 작가와 PD에게 없다면 그들은 사자명예훼손죄의 고의,

적어도 미필적 고의를 갖고 있는 것이 된다. 여기서 예측의 신뢰성은 부득이 그것이 근거하고 있는 자료의 객관성 수준에 의존할 수밖에 없다.

(2) 역사해석의 진실가능성과 학술적 근거

여기서 법학에서 익숙한 소수설, 다수설, 지배설, 통설의 개념적 장치를 활용해보자. ① 역사드라마의 허구적 창작은 완전한 소설이 아니다. 객관적 근거를 갖고 있어야 하는데, 그 허구적 창작이 묘사하는 역사적 사실에 대한 해석이 그에 관련한 역사학계의 소수설로 이미 존재한다면, 그 허구적 창작은 미래에 진실이 될 '가능성'은 인정받을 수 있다. 이런 식으로 계속 배열해보자. 그러면 ② 학계의 다수설인 역사해석에 근거하면 역사드라마의 허구적 창작은 진실로 판명될 '개연성'('역사적 개연성')이 있는 것이며, ③ 지배설에 근거하면, '고도개연성'이 있는 것이고, ④ 널리 통용되는 학설, 즉 통설에 근거한다면, '확실성'이 있다고 말할 수 있을 것이다. 물론 ⑤ 그 역사해석에 대하여 학계에서 이견이 없다면 그 해석적 사실은 이미 진실이 되며, 그것이 진실이 아님에 대하여 학계에서 이견이 없다면, 그 해석적 사실은 이미 비진실이 된다.

(3) 예술적 표현의 자유의 유형적 차등

예술적 표현의 장르가 갖는 양식적 특성은 그 창작적인 역사해석이 실존인물의 명예를 침해할 수 있음에도 법적으로 허용될 수 있는 범위를 정함에 고려될 수 있다.

1) 연극과 역사적 가능성

첫째, 소극장의 연극물들이 갖는 무대의 철학적 실험적 성격과 관객의 마니아적 성찰적 태도 그리고 상대적으로 매우 제한적인 사회교육적 효과 등을 고려할 때, 예술적 표현의 자유를 최대한 보호할 필요가 있다. 따라서 연극의 역사해석이 미래에 진실로 판명될 단순한 가능성만 있어도, 그러니까 학계에서 그렇게 해석하는 소수견해가 있기만 하다면, 그로 인해 사자의 명예가 손상된다 할지라도 연극예술의 자유를 우선할 필요가 있다.

2) 역사드라마와 역사적 개연성

TV 역사드라마에서 실존했던 인물들의 행적에 대한 창작적 허구적 묘사는 연극물보다는 다소 제한을 받아야 한다. 드라마의 일상성과 현실성, 시뮬라시옹 효과와 광범위한 사회교육적 효과를 고려할 때 그러하다. 이 제한은 예컨대 연극물에 요구되는 역사적 '가능성'보다 한 단계 더 높은 역사적 '개연성'의 수준이 되어야 한다고 본다. 이 역사적 개연성이 인정되려면 드라마의 역사해석이 학계의 다수설 지위를 갖는 견해에 근거한 것이어야만 한다.

그러나 대법원이 「서울 1945」에서 말한 '역사적 개연성'은 논증언어로는 역사적 개연성이지만, 그 판단의 실질을 보면 역사적 개연성이 사실상 '역사적 가능성'으로 다루어졌다고 평가할 수 있다. 왜냐하면 이 드라마가 보여준 암시적 역사해석, 즉 이승만 전 대통령이 여운형 살해사건의 큰 배후이고, 장택상이 작은 배후라는 역사해석은 우리나라 역사학계에서 아직은 극단의 소수견해로만 존재하기 때문이다. 다시 말해 대법원의 판단은 논증적으로는 맞지만, 결과적으로는 맞지 않은 것이다.

3) 현실정치 관련 있는 역사드라마와 고도개연성

다음으로 TV 역사드라마가 행하는 역사해석이 현실정치에 직·간접적으로 일정한 영향을 주는 요소로서 기능한다면, 그 드라마는 넓은 의미에서 '정치드라마'의 성격을 띠기도 한다. 「서울 1945」의 홈페이지는 드라마의 기획의도로서 이데올로기의 문제에 대한 중립성을 다음과 같이 공식적으로 천명한 바 있다.

"좌·우에 대한 선입관 없이 작은 영웅들의 숭고한 이상을 있는 그대로 그려 낸다." "사회민주주의든 자유민주주의든 이데올로기와 상관없이…(중략)…어느 쪽이든 자유와 평등을 위해 헌신한 그들의 삶은 다 같이 숭고했던 것은 아닌가"라고 게시하고 있다.16

이것은 바로 이 드라마가 현재의 정치 상황에서 이데올로기적 편들기로 비춰질 것을 우려했기 때문일 것이다. 「서울 1945」가 이데올로기적 중립성을 지킨 것인지는 일단 제쳐놓고, 여기서 이미 알 수 있는 것은 이 드라마가 예컨대 「왕건」이나 「주몽」과 같은 역사드라마와 달리 정치드라마의 성격을 완전히 벗을 수 없다는 점이다. 실제로 이 드라마가 방영되던 기간 중 특히 5. 20.~6. 28.의 5주간, 즉 해방 후 독립 인사들이 속속 귀국하여 치열한 정쟁을 벌이던 시점부터 한국전쟁 발발에 이르기까지를 조명한 5주간, 이 드라마의 홈페이지 시청자 게시판에는 역사적 해석을 두고 매우 뜨거운 이념논쟁이 벌어졌다고 한다.17 바로 그렇기 때문에 실존했던 인물에 대한 평가와 해석은 현재의 정치영역에서 이데올로기적 편들기의 위험성이 있다.18 따라서 이런 허구적 창작은 보통

---

16 http://www.kbs.co.kr/drama/seoul1945/about/plan/index.html 참조.

17 윤선희, "해방전후사, 포스트식민주의의 시각에서 본 기억: 드라마 〈서울 1945〉를 중심으로", *한국언론학보* (제50권 제6호, 2006), 144쪽.

18 윤선희, 앞의 논문, 167쪽도 비슷하게 "과거는 망각되어 현재의 편이성으로 파편적으로 기억되고 짜 맞추어, 식민지를 경멸하면서 또 권력을 동경하는 양가성을 보이는 것이다"라고 지적한다. 아울러 윤선희는 〈서울 1945〉가 헐리웃 식의 영웅주의 서사의 방식을 따름으로써 민초들의 두터운 삶의 층위가 감추어져

의 역사드라마보다 그 근거가 되는 자료가 더 객관성을 띠고 있어야 한다. 다시 말해 현재의 현실정치에 일정한 영향요소로 작용할 수 있는 정치적 차원이 있는 역사드라마가 실존인물에 대한 역사적 사실의 허구적 묘사를 할 경우, 그 묘사가 미래에 진실로 판명될 확률이 '고도로 개연적일 때'에만 사자명예훼손죄의 "허위의 사실을 적시"한 것에 해당하지 않는다고 볼 수 있다. 이 고도개연성은 대체로 그런 역사해석이 적어도 학계의 다수설을 넘어 지배적인 견해에 근거하는 것일 때 비로소 인정된다. 여기서 지배설이란 다수설의 상태를 넘어서 널리 타당성이 인정되는 학설인 통설로 성장해가는 도중에 있는 견해이다.

4) 확실한 역사해석의 허용

역사드라마의 허구적 창작이 아직 진실로 판명되지는 않았지만, 학계의 통설적 지위를 갖는 역사해석에 근거한 것이라면 그 드라마의 실존인물 묘사는 명예훼손적일지라도 예술의 자유로서 전면적으로 허용된다.

| 학계상황 ↕ | 진실여부 ↕ | TV 드라마 | | 무대 연극 | 명예 훼손적 표현의 자유 |
| | | 현실정치 관련성 | | | |
		있음	없음		
이견없음 →	진실(해석없음)	○	○	○	
통설 →	확실성	○	○	○	
지배설 →	고도개연성	○	○	○	범위 안 : ○ 범위 밖 : ×
다수설 →	역사적 개연성	×	○	○	
소수설 →	역사적 가능성	×	×	○	
이견없음 →	비진실(해석없음)	×	×	×	

있다고 비판하기도 한다.

(4) 사안판단

「서울 1945」에서 이승만 전 대통령 및 장택상 국무총리가 여운형 테러사건의 배후인 것처럼 그려졌다고 할 때, 그런 역사해석은, 근현대사를 다루는 TV 역사드라마의 정치드라마적 성격 때문에 요구되는 객관성의 수준인 역사학계의 통설에 기초하고 있어야 한다. 그런 점에서 「서울 1945」는 법적인 예술적 표현의 한계를 넘어섰다고 볼 수 있다. 왜냐하면 좌우합작을 시도한 여운형이 이승만과 한민당뿐만 아니라 박헌영과 공산당과도 이념적 정치적 갈등을 갖고 있었기 때문에 여운형의 제거를 사주하거나 배후가 된 정치세력에 대한 추정은 아직 상당히 엇갈리고 있기 때문이다. 그렇다면, 이제 「서울 1945」의 사자명예훼손여부의 쟁점은 과연 이 드라마가 그와 같은 역사해석을 한 것으로 볼 수 있는가 하는 문제로 넘어가게 된다.

Ⅲ. 드라마의 역사묘사와 사실의 적시성

1. 허구적 묘사를 허위의 사실 적시의 흠결로 간주하는 판례

여기서 먼저 「서울 1945」의 허구적 묘사가 다의성을 생성하는 드라마적 장치를 사용하고 있다고 해서, 시청자들이 그 드라마의 묘사내용을 역사적 사실이 아니라 소설과 같은 내용으로만 받아들이게 된다고 보아서는 안 된다.

(1) 1심 판결의 오류

이 사건의 1심 판결은 바로 이런 오류를 범하고 있다. 가령 1심 판결의 이유를 선별해본다.

"박창주가 친일경찰로 설정된 허구의 인물이라는 점을 감안하면, 장택상이 박창주에게 정판사 사건을 해결하라고 하는 것이나 이승만에게 박창주를 소개한 사실이 허구임은 드라마의 성격상 당연히 전제되는 것이고…(중략)… 위와 같은 장면을 두고 어떠한 구체적인 허위 사실의 적시가 있었다고 보기 어렵고, 이로 인하여 장택상, 이승만이 친일파로 묘사되었다고 보기도 어렵다" "예술활동의 자유는 역사적 인물인 망인의 인격권의 보호보다 우선하여 보호될 필요가 있다는 점…(중략)…연이어 장택상이 '이보게…자네, 그게 그게 무슨 소리야! 이사람 큰일 날 소리를 하는구만! 일 치를 사람 아닌가!' 하고 말한 장면이 방영된 사실…(중략)…에 비추어 보면위 공소사실과 같은 장면만으로는 이승만, 장택상이 여운형 암살의 배후자라고 적시되었다고 보기 어렵다."[19]

판결이유는 드라마에 허구적 묘사 부분이 있기 때문에 이 드라마는 픽션이며, 픽션으로 사자명예훼손은 일어나지 않는다는 것이다. 그러나 허구적 묘사는 허위의 사실 적시가 되지 않기 위한 필요조건이면서, 드라마의 예술적 표현성을 구성하는 요소일 뿐이지, 허위의 사실 적시가 되지 않게 하는 충분조건은 아니다.

(2) 항소심 판결의 오류

사자명예훼손여부를 판단하는 관건은 그런 허구적 묘사가 시청

---

19 서울중앙지법 2007. 6. 27. 선고, 2006고단5931 판결.

자들에게 어떤 역사인식을 실제로 가져다주느냐에 있다. 항소심은
이 점을 정확히 인식하고 있다.

> "드라마에서 실존인물과 가상인물이 결합되어 이야기가 전개됨에 있어서 그
> 들을 통해 묘사된 사실이 상당한 정도 허구로 승화되어 일반시청자들의 입
> 장에서 그것이 실제로 일어난 역사적 사실로 오해되지 않을 정도에 이른다
> 면, 비록 그들 사이의 이야기가 실제사실과 일치하지 않더라도 이를 허위사
> 실의 적시라고 볼 수 없다고 할 것이다."[20]

다시 말해 다의성을 생성시키는 드라마적 장치에도 불구하고 시
청자들이 드라마의 허구적 묘사를 비교적 일의적인 역사해석으로

테러 관련성을 암시하는 대사들	테러 관련성을 부정하는 대사들
〈 대사 〉 ⑨ 장택상: 이 박사님께서도 말씀을 꺼내신 이상 우리도 다른 모습을 좀 보여줘야 하지 않겠나. ⑩ 박창주: "여운형이는 죽어 주어야 합니다." ⑪ 수색경찰이 여운형을 발견하고 하는 말 "(박창주를 놀란 표정으로 돌아보며) 어떡하지? 살아있어." ⑫ 박창주: "어떤 놈들인지 서툴기 짝이 없군"하면서 주변을 둘러보고 박창주가 권총을 꺼내 여운형을 겨누면서, 방아쇠를 당기지 않은	〈 설정과 장면 〉 ① 박창주가 허구의 인물인 점 ② 이승만이 친일파에 대한 부정적 평가를 밝히는 장면 ③ 이승만이나 장택상이 직접 여운형 암살을 지시하는 장면이 없다는 점 〈 대사 〉 ④ 장택상: (흠칫 놀라며) 뭐라? 이사람 이거 큰일 날 소리를 하는구만! 일 치를 사람 아닌가 이거! ⑤ 장택상: 운형 선생 납치. 자네도 관여 됐나 묻는 것일세. ⑥ 박창주: 인민당 당수가 죽길 바라는 사람이 어디 한둘이겠습니까. 저도 역시 같은 마음입니다만, (장택상을 쳐다보며) 전 아닙니다.

---

20 서울중앙지법 2007. 9. 19. 선고, 2007노1981 판결.

채 갈등하는 표정을 보인 점 ⑬ 박창주: "자네가 지난해 여운형 납치를 주도했다던데, 이번엔 그런 실수를 해선 안되네.", "이번에는 기필코 여운형을 제거해야 하네."	⑦ 이승만: 음…(고개를 끄덕이며) 공산당에 염증을 느끼는 혈기왕성한 젊은이들의 불만이 터져나온게로구만. (장택상, 고개를 끄덕인다) ⑧ 이승만: 이…테러를 잘했다고 할 수는 없지만, 딸 자식까지 북으로 도망을 시키니 그 누가 여운형을 믿겠는가?

받아들이고, 이로써 드라마를 시청하는 것이 그 드라마가 해석하고 묘사한 역사를 그대로 배우는 것이 되어버리는 지를 검토해야한다. 그러나 항소심은 이 판단에서 실패하고 있다. 이 드라마에는 이승만, 장택상의 여운형 테러에 대한 관련성(배후성)을 근거 짓는 요소와 배제시키는 요소가 다음과 같이 대립하고 있다. 법원은 이 가운데 배제시키는 요소(아래 표의 ①②③)만을 중시하고, 그 요소들 때문에 시청자들이 "쉽사리 역사적 사실로 받아들이지는 않을 것으로" 보인다는 판단을 한 것이다.

항소심은 이 두 대립적인 요소들을 어떻게 형량하고 판단하여 시청자들이 쉽사리 역사적 사실로 받아들이지 않을 것이라고 판단한 것인지를 밝히지 않는다.

(3) 대법원의 합리적 시청자 개념

그래서 대법원이 이 사건의 판결에서 다음과 같이 합리적 시청자 개념을 사용한 것은 불가피해 보인다.

"역사적 사실은 당대에 있어서도 그 객관적 평가가 쉽지 아니한데다가 시간의 경과에 따라 그 실체적 진실의 확인이 더욱 어려워지는 관계로 이를 소재로 드라마를 창작, 연출함에 있어서는 명백하여 다툼이 없거나 객관적 자료로 뒷받침되는 단편적 사실만을 묶어 현실감 있는 이야기를 전개해 가기에는 근본적 한계가 있다 할 것이어서, 그 필연적 현상으로 연출자 등이 역사적 사실에 대한 작가적 해석 및 평가와 예술적 창의력을 발휘하여 허구적 묘사를 통해서 객관적 사실들 사이의 간극을 메우기 마련이라 할 것이고, 합리적인 시청자라면 역사적 사실의 서술을 주로 하는 기록물이 아닌 허구적 성격의 역사드라마의 경우 이를 당연한 전제로 시청할 것으로 예상되는 이상, 위 허구적 묘사가 역사적 개연성을 잃지 않고 있는 한 그 부분만 따로 떼어 역사적 진실성에 대한 증명이 없다는 이유로 허위라거나 연출자에게 그 허위의 점에 대한 인식이 있었다고 단정하여서는 아니될 것이다."[21]

허구적 묘사가 역사적 개연성을 갖고 있는 한, 합리적 시청자는 허구적 묘사를 역사적 사실로 받아들이지 않을 것이라는 논지이다.[22] 여기서 역사적 개연성을 요구한 것은 앞에서 분석한 바와 같이 정치드라마적 성격을 띠는 역사드라마에서는 그 개연성이 매우 부족하다. 정치적 역사드라마에서 허구적 묘사는 역사적 고도개연성을 갖고 있어야 한다. 하지만 여기서는 「서울 1945」가 그런 조건을 충족했다고 가정하고 논의하자. 그러면 합리적 시청자의 의미만이 문제로 남게 된다.

1) 역사적 지식이 있는 전문가 시청자

첫째, 합리적 시청자의 의미가 무엇인지를 대법원은 밝히지 않았다. 역사적 지식이 없는 사람 또는 역사공부를 한 지 오래되어

---

21 대법원 2010. 4. 29. 선고, 2007도8411 판결.
22 따라서 명예훼손이 성립하려면 합리적 시청자라고 하더라도 창작된 허구를 실제로 있었던 사건이나 인물로 오인할 수 있는 가능성을 주어야 한다고 본다. 이런 입장으로 임덕기, "실존인물을 모델로 한 영화나 드라마의 명예훼손의 판단", *서강법학* (제9권, 2007), 225쪽.

제4부 _ 예술의 모방성과 형법   303

역사적 지식이 기억에서 사라진 보통의 시청자들은 허구적 묘사를 실제의 역사적 사실로 착각하기 쉽다. 그렇다면 합리적 시청자란 「서울 1945」에서는 현대사의 지식이 많은 역사학자나 정치학자 또는 그에 버금가는 지식을 가진 사람을 가리키게 될 것이다. 이런 시청자상은 TV 드라마의 시청자로서는 비합리적인 이상에 불과하다.

2) 착각유발요소와 착각억제요소를 비교형량하여 판단하는 시청자

둘째, 대법원이 의도한 것은 아니지만, '합리적 시청자'의 개념은 어떤 허구적 묘사를 실제 역사적 사실로 착각하는 데 기여하는 대사나 장면(위의 표에서 ⑨~⑬: 착각유발요소)과 그런 착각을 방지하는 대사나 장면들(위의 표에서 ①~⑧: 착각억제요소)을 잘 비교형량하여 허구와 역사적 사실을 분별하는 사람을 가리킬 수 있다.

3) 합리적 시청자와 비합리적 시청자의 구별과 차별

셋째, 대법원의 논지에 따르면 역사드라마에 불가피한 허구적 묘사라도 비합리적 시청자에게는 그것이 여전히 역사적 사실로 받아들일 가능성이 존재한다.

⑺ **시청자상에서 엘리트주의와 차별**　　그런데도 합리적 시청자에게 그럴 가능성이 없다고 하여 사자명예훼손죄를 적용하지 않는다면, 대법원은 합리적 시청자와 비합리적 시청자를 차별하는 셈이 된다. 시청자상에서 일종의 엘리트주의를 추구하는 셈이다. 대법원의 이런 논증은 마치 급진적 여성주의에서 성희롱과 성놀이의 모호한 경계에도 불구하고 그 경계를 엄정하게 구획 짓고, 성희롱을 강력하게 제재하기 위해 '합리적 여성'의 개념을 만들어낸 것에 견줄만하다.

⑷ **비합리적 시청자를 위한 배려**　　만일 대법원처럼 합리적 시청자

와 비합리적 시청자를 구분하면서도 차별하지는 않으려면, 적어도 비합리적 시청자를 위한 배려를 했어야 한다. 예컨대 '이 드라마는 여운형 암살사건에 대한 허구적 묘사입니다'라는 취지의 내레이션이나 자막처리를 했어야 한다.

2. 시네마토그래피에 의한 분석과 보통의 시청자

그러나 현실의 보통 시청자들은 역사적 지식이 없고, 분별적 판단이 익숙지 않은 비합리적 시청자들이다. 그러므로 역사드라마의 허구적 묘사가 "허위의 사실을 적시"하는 행위에 해당하는지를 판단하기 위해서는 이런 보통의 시청자를 기준으로 삼아야 한다. 시네마토그래피(cinematography)[23]의 분석에 의해 허구적 묘사가 역사적 사실로 인식될 수 있다면, 그런 허구적 묘사는 보통의 시청자들에게 "허위의 사실을 적시"한 것에 해당한다.

(1) 시네마토그래피

시네마토그래피는 정신분석학자들이 환자를 분석할 때 그의 표정과 몸짓을 깊이 이해하기 위해 사진을 찍는 것에서 비롯된 비평방법이다. 정신분석학자들은 환자의 모습을 세세한 부분까지 (카메라에 의해) 순간의 시간에 담아, 그 이미지를 해석하고, 그때그때의 정신특성을 분석하고, 그 해석되고 분석된 내용들을 순서를 바꾸는 편집을 통해 대화로 파악되지 않는 환자의 정신세계를 분석한다. 그러므로 이 비평방법은 ① 이미지 창출(해석), ② 정신특성의

---

23 프로이트의 비평을 시네마토그래픽하다고 본 Peter Fuller, *Art and Psycho-analysis* (Lodon, 1980), 40~57쪽 참조.

분석, ③ (카메라기술적) 편집(창작성)의 요소를 갖는다. 역사드라마에 대해 시네마토그래피의 분석방법을 적용해보면, 이를테면 다음과 같은 분석을 하는 것이라고 할 수 있다.

- ① 등장인물의 언행을 통해 그가 시청자들에게 어떤 이미지로 그려질 것인지를 해석한다.
- ② (①의 해석을 통해 파악된) 그런 이미지의 등장인물이라면 가졌을 것이라고 시청자들이 바라보는 정신특성을 분석한다.
- ③ (①과 ②의 작업을 통해 밝혀진) 이미지와 정신특성을 가진 등장인물들이 나오는 장면과 기타 장면들 사이의 선후 배열이나 연속 또는 불연속 배열이 어떤 역사적 사실을 시청자들에게 전달해주는지를 분석해낸다.

(2) 여운형 살해사건에 대한 「서울 1945」의 역사해석 분석

이러한 시네마토그래피의 분석방법을 적용해서 「서울 1945」가 여운형 살해 사건에 대해 어떤 역사해석을 시청자들에게 제공하는지를 분석보기로 한다. 위에서 이승만 전 대통령이나 장택상의 대사에 나타나는 다의성은 드라마에서 이승만 전 대통령과 장택상의 언행을 통해 어떤 이미지로 그려졌는지에 따라 단일한 의미로 전환될 수도 있다.

1) 이미지와 정신특성의 분석

첫째, 가령 두 사람에게 친일세력과 친미·극우의 이미지가 생성되고 부착되었다면, "여운형 안 되겠어"와 같은 대사와 여운형 살해사건 사이에는 비록 법적 의미의 귀속연관성(인과관계)이 생성되지는 않지만, 모종의 사회적·심리적 연관성이 생성된다. 이로부터 그런 대사의 다의성은 이승만 전 대통령이 의향적으로든 아니면 비의향적으로든 '여운형에게 해악이 발생'하는 결과(목표)에 지향되어 있다는 정신특성의 분석 속에서 점차 해체되기 시작한다.

둘째, 드라마의 전체적인 전개과정에서 장택상이 이승만 전 대통령의 충복이라는 이미지가 이미 형성되어 있었다면, 장택상에게 '여운형에 대한 해악 발생에의 지향성'이라는 정신특성이 역시 인정될 수 있다. 그러므로 여운형은 죽어야 한다는 의지표명을 한 박창주를 자제시키는 장택상의 대사(위 도표의 ④번 대사)는 문자 그대로 그가 여운형 살해에 반대했음을 말해주는 것이 아니다. 그것은 유사시 책임을 지지 않고 빠져나가기 위한 연막 피우기라고 해석할 수 있게 한다.

셋째, 박창주는 비록 가공인물로 설정되어 있지만, 드라마 속에서 장택상과 함께 이미 〈정판사 사건〉을 해결한 전공(戰功)을 보여줌으로써 이승만 대통령과 장택상의 정신특성을 현실화하는 집행자로 자리잡고 있다. 그의 암살교사는 두 사람의 지시에 따른 것은 아닐지라도 그 두 사람의 정신특성을 실천한 것으로 자리 매겨질 수 있다. 그러면서도 박창주는 출세를 위해 물불을 안 가리고 전공을 더 세우려는 정신특성을 가진 사람으로 이미지가 그려져 있다.

2) 장면의 연속적 배열과 의미의 단일화

판례가 말하는 "합리적 시청자"가 아닌 (비합리적) 시청자들의 기억 속에는 허구와 역사적 사실이 구분되지 않은 채 인상적인 장면들만 남아있을 수 있다.

(가) 기억되는 인상적 장면의 편집배열   그런 장면들만을 ㅡ앞에서 행한 암시적인 대사들이 나오는 장면의 이미지 분석과 장택상과

박창주의 정신특성에 대한 분석을 토대로 – '편집'해보면 다음과 같은 대본이 구성될 수 있다.

■ 제38회 방영분

 # 장소: 돈암장, 우남 이승만의 개인 사저에서 식사중인 장면

이승만: (시선을 아래로 향하면서) 입맛이 없구나.

장택상: (자세를 고쳐 앉으며) *박사님의 걱정을 덜어드리는 것이 저희들이 할 일 아니겠습니까. 말씀하십시오. 걱정이 무엇입니까.*

박창주: 공산당은 캐도 캐도 안 캐지는 쑥뿌리 같은 것들입니다. 그들을 캐내려면은 수단과 방법을 가려서는 안 됩니다. *법을 따지고, 절차를 따지고, 합법적으로 할 일이 안 됩니다.*

이승만: (인상을 찌푸리며 한탄조로) 그러니…. 내 어찌 편히 잠을 이룰 수가 있겠나. (주위를 쳐다보며) 응? (짧은 침묵 후 단호하게) *여운형이, 안 되겠어. (좀 더 단호하게) 여운형, 그 사람, 안 되겠어.*

 # 수도청 장면

(장택상과 박창주가 돈암장에서 돌아왔다)

장택상: (자리에 앉으며) *박사님께서도 말씀을 꺼내신 이상 우리도 다른 모습을 좀 보여줘야 하지 않겠나.*

박창주: 예, 그래야죠.

박창주: (시선을 아래로 향하며 다짐하는 말투로) *박사님을 위해서도, 한민당이나 우리 경찰조직을 위해서도, 여운형이는 죽어 주어야 합니다.*

■ 제39회 방영분

 # 여운형이 납치당하는 시각, 장택상의 회상 장면

박창주: (시선을 아래로 향하며 다짐하는 말투로) *박사님을 위해서도, 한민당이나 우리 경찰조직을 위해서도, 여운형이는 죽어 주어야 합니다.*

 # 여운형이 숲에서 납치되고 절벽 아래로 굴러떨어진 후, 경찰이 수색하는 장면

(박창주와 다른 경찰 한명이 여운형을 발견하자, 다른 경찰이 여운형이 살아있는지 확인한다)

경찰1: *(박창주를 놀란 표정으로 돌아보며)* 어떡하지? 살아있어.

(박창주와 경찰1이 주변을 둘러본다)

(박창주가 권총을 꺼내 여운형을 겨누지만, 방아쇠를 당기지 않은 채 갈등하는 표정이다)

여운형이 응급후송된 병원에서 침상에 누워 있는 장면의 대화

(장택상이 박창주를 쳐다보고 뒤이어 최운혁도 박창주를 노려본다. 박창주는 시선을 피한다)

다른 병실에서의 대화장면

최운혁: 박창주! 금오산 계곡에서 정신을 잃고 쓰러진 선생님께 무슨 짓을 하려던 거지. 공포탄을 쏘려던 게 아니라 선생님을 해치려고 했던 거 아닌가?

집무실로 추정되는 장소

이승만: 음… *(고개를 끄덕이며)* 공산당에 염증을 느끼는 혈기왕성한 젊은 이들의 불만이 터져나온게로구만.

■ 제40회 방영분

돈암장에서 이승만, 장택상, 박창주 등이 동석한 식사장면

(이승만이 여운형이 자주 만나고 다녔다는 이용중에 대해 말하는 대사)

이승만: "이용중이. 그 자가 문제야. 좌우합작에 실패하고, 정계 은퇴까지 했으면 그만이지. 왜 그 근민당(근로인민당, 안내자막의 내용: 1947년 5월, 좌우합작을 정치노선으로 하여 여운형을 중심으로 결성된 정당. 공산주의자가 아닌 좌익계 지식인들이 주축이었다)이니 뭐니를 만들어가지고 들쑤시고 다니느냔 말이야. 북조선에 올라가서 김일성까지 만나고 오질 않았나. 하, 하, 이거, 이거, 미국은 우리 남조선까지 공산당에게 넘어가야 정신을 차릴 모양인가, 이거. 음?!"

돈암정을 나오면서 다른 사람들이 이용중이라는 인물에 대해서 대화를 나누는 장면

(지난해 미군정이 여운형의 편을 들게 된 이유도 이용중이라는 이야기가 나오면서 하는 대사)

이인평: *"박사님 심기가 불편한 이유가 있구먼."*

(박창주는 이 대화를 들으며 골똘히 생각하는듯한 표정을 짓는다)

어두운 저녁 박창주가 어떤 인물(청년)과 만나 거사자금이라면서 봉투를 건네주는 장면

박창주: *"자네가 지난 해 여운형 납치를 주도했다던데, 이번엔 그런 실수를 해선 안 되네." "이번에는 기필코 여운형을 제거해야 하네."*

■ 제41회 방영분

장택상이 여운형의 문상을 갔다가 여운형의 큰 딸과 만나는 장면

여운형의 큰딸: *"내 아버지를 죽인 자가 뭐 하러 여기에 왔냐"*

(내) 여운형 암살의 배후로서 이승만 박사의 이미지 생성   돈암동 식사 장면(제38회 분 약 44분경)부터 박창주가 청년에게 여운형을 제거하기 위한 자금을 주는 장면(제40회 분 약 10분경)까지 약 70분 이내의 영상에서 발췌 편집된 이 장면과 대사들은 이승만 박사의 발언들에서 시작해서, 장택상과 박창주를 거쳐 괴한 청년의 여운형 암살행위에 이르는 과정이 어떤 조직의 기획에 의해 실현된 것 같은 이미지를 생성시킨다. 특히 박창주의 암살기획은 이승만 박사의 돈암장에서 거듭된 식사 회동에서 발단을 갖는다. 이 식사회동 장면은 이승만 박사에게 장택상을 실무책임자, 박창주를 말단의 실행자로 두고 있는 어떤 (비공식적인 정치적) 조직의 보스와 같은 이미지를 생성시킨다. 따라서 그 조직의 말단에 있는 실무자 박창주가 아무리 허구인물로 설정된 것일지라도, 그의 행위는 그가 속한 그

조직에 법적 책임, 또는 적어도 정치적 사회적 책임을 귀속시킬 수 있게 한다. 그러므로 (제40회 분에서 분명하게 묘사된) 박창주가 청년을 교사하여 여운형을 암살시킨 결과는 곧 이승만 박사와 장택상에게 정치적으로 귀속시킬 수 있게 된다. 그렇기 때문에 암살이 반대하는 듯한 장택상의 대사들에도 불구하고, 장례식 후, 여운형의 큰딸이 장택상에게 "내 아버지를 죽인 자가 뭐 하러 여기에 왔냐"고 말할 수 있게 되는 것이다. 이런 책임의 귀속을 방해하는 장면적 전개가 별로 없다. 즉 박창주의 암살 암시 대사들과 교사 장면들로부터 여운형 살해의 장면이 멀리 떨어진 채로 편집되어 있지도 않다. 또한 그 장면들 사이에 여운형을 암살했을 가능성이 있는 또 다른 세력을 묘사하는 장면들이 배열되어 있지도 않다. 그러므로 〈이승만→장택상→박창주→괴청년들→여운형 살해〉로 이어지는 단일한 사회적 인과관계의 이미지가 생성된다.

3) 형법적 책임의 분석

이런 단일한 사회적 인과관계는 형법적 책임의 귀속형상으로 재현될 수 있다.

(가) 박창주의 살인죄와 장택상의 방조죄　　우선 박창주의 정신특성과 대사들과 괴청년들의 여운형 살해 장면의 연속적 배열은 박창주가 여운형 살해의 (암살 현장에서 지시를 했다는 점에서) 공동정범이라는 이미지를 생성시킨다. 박창주의 상관인 장택상은 말로는 박창주의 여운형에 대한 살해의지를 억제했기 때문에 법적으로는 교사범의 책임을 지우기가 어렵다. 그럼에도 불구하고 장택상이 박창주의 살해가능성을 알고도 방치하였다는 점을 근거로 그에게 부작위에 의한 살인방조죄의 책임을 물을 수 있다.

(나) 이승만 박사의 과실교사　　그리고 비공식적인 정치적 조직의 이

미지를 생성시키는 돈암장에서의 거듭된 식사회동에서 이승만 대통령이 "여운형 안 되겠어" 등의 대사를 통해 박창주의 암살기획에 동기를 제공하고, 자신의 말들이 장택상과 박창주에게 여운형 제거의 필요성과 암묵적 지시로 읽힐 수 있다는 점을 살피지 못한 점은 문제이다. 이 잘못을 이유로 이승만 박사에게 (극중에서 총 70여 분 뒤에 일어나도록 편집되어 있는 장면인) 여운형의 살인사건에 대한 고의 교사범의 책임을 지울 수는 없다. 그러나 과실에 의한 교사범을 인정할 여지는 있다. 형법학계의 통설과 판례는 과실교사범을 인정하지는 않는다. 그러나 형법이론적으로 과실교사범은 가능하다.[24] 여기서 통설과 판례에 따라 과실에 의한 암살교사의 책임으로서 이승만 박사를 법적으로 비난할 수는 없다 할지라도, 정치적으로 비난할 수 있게 된다. 이 정치적 비난가능성의 이미지 생성은 바로 망(亡) 이승만 박사의 명예를 훼손한 것일 수 있다.

Ⅳ. 종합적인 결론

이상에서 설명한 바와 같이 시네마토그래피 분석에 의해 밝혀지는 각 등장인물들의 행동이 갖는 의미를 형사책임 귀속론에 의해 이를 분석해보면, 「서울 1945」의 문제된 장면과 대사들은 이승만 박사가 여운형 암살사건에 대해 적어도 '정치적 책임이 있다'는 역사해석을 시청자들에게 전파하고 있다고 볼 수 있다. 이 역사해석을 (합리적 시청자가 아닌) 보통의 시청자들로서는 ─특히 그 장면들이 역사적 사실이 아니라 허구라는 내레이션이나 자막처리에 의한

---

24 이런 해석이론으로 이상돈, *형법강의* (법문사, 2010), 591~592쪽.

안내 없이는- 소설과 같은 허구로 분별하여 받아들이기 어렵다. 또한 이 드라마는 정치드라마의 성격을 띠는 '역사드라마'라는 점에서 그 허구적 구성은 학계의 -통설은 아닐지라도, 소수설이나 다수설보다 좀 더 승인을 많이 받는- 지배(설)의 지위에 버금가는 역사해석에 바탕을 두고 있어야만 이승만 박사의 명예를 훼손함에도 불구하고 예술의 자유로서 보호될 수 있다. 그러나 그런 역사해석이 학계의 지배적인 역사해석은 아직 아니며, 따라서 이 드라마의 허구적 역사묘사는 형법상 "허위의 사실을 적시"함에 해당할 여지가 있다.

다만 개인적으로 양형요소를 분석한다면, 이 드라마가 한 예술적 표현에는 중의적 요소들이 적지 않았으며, 대법원이 말하는 진정하게 합리적인 시청자라면 허구와 허위를 분별하였을 수도 있다는 점에서 자유형의 제재는 과잉이라고 본다. 하지만 드라마의 허구적 역사묘사가 갖는 명예훼손의 위험과 왜곡된 정치적 영향가능성(이데올로기적 기능)을 경계하고, 예술적 표현의 자유가 권리침해나 정치적 의견표현으로 암암리에 변질되지 않도록 하는 법의 임무를 수행하기 위해 벌금형의 유죄판결은 필요했었다고 본다.

[11]
모델소설과 형법

　소설도 역사적으로 실존했던 인물을 주인공으로 등장시키기도 한다. 실존인물에 대한 궁금증과 그가 가진 대중적 영향력을 지렛대로 삼을 때, 소설은 대중적으로 크게 성공을 할 수 있다. 그러나 모델소설은 언제나 실존인물에 대한 명예훼손의 위험을 수반한다. 그렇기 때문에 모델소설이 묘사하는 허구적 내용은 형법적으로 그 한계가 그어져야만 한다. 아래서는 수백만 부의 판매고를 올린 베스트셀러, 김진명 작가의 장편소설 『무궁화 꽃이 피었습니다』(해냄, 1993)를 예로 모델소설의 형법적 한계를 살펴보기로 한다.

Ⅰ. 『무궁화 꽃이 피었습니다』의 재판

1. 사건의 경과

『무궁화 꽃이 피었습니다』는 핵물리학자 이휘소 박사를 모델로 삼아 창작한 작품이다. 그런데 소설 속에서 이휘소는 이용후로 등장하지만, 서문(작가의 말)에서 김진명 작가는 이휘소의 이름을 거론하며 "개인의 최고 명예랄 수 있는 노벨상마저 포기하고 조국의 핵개발을 위해 죽음을 각오한 채 귀국했던 천재 물리학자", "그들과는 딴판으로 이미 죽음을 예견한 채 모든 영화를 버리고 조국으로 달려와 핵개발을 완료하려 했던 이휘소"라는 표현을 썼다. 또한 작가의 말에서 김진명은 일본 등 외세에 대항하기 위하여 우리나라가 핵무기를 보유할 필요성이 있다는 생각으로 이 소설을 썼다고 밝혔으며, 이휘소를 모델로 한 '이용후'라는 인물을 만들어낸 것은 이휘소에 대한 경외심에서 비롯되었음을 언급하였다. 그러나 실제인물 이휘소는 우리나라에서 핵개발에 관여한 사실이 전혀 없었다. 소설의 줄거리는 대강 다음과 같다.

반도일보 권순범 기자는 최영수 부장 검사에게서 부탁을 받아 취재를 하다가 노벨상을 받을 가능성도 높은 세계적인 핵물리학자 이용후 박사가 북악 스카이웨이에서 교통사고를 가장한 죽음을 당했다는 의혹을 갖는다. 이 박사를 죽인 폭력두목 박성길의 고백으로 사건의 베일이 벗겨지기 시작하고, 이 박사를 국내에 데려온 사람이 박정희 대통령이라는 사실을 알게 된다. 당시 박 대통령은 미군의 철수 등 한반도 상황을 고려하여 핵개발을 하기 위해 이 박사를 데려온 것이었다. 이 박사는 미국에 노모와 어린 딸을 남겨 둔 채 한국에 들어와 핵개발을 추진한다. 이에 미국은 한반도에 핵이 개발 되지 않도록 하기 위해 이를 온갖 수단으로 훼방한다. 그러나 성공을 눈앞 에 앞둔 순간 이 박사는 의문의 죽음을 당하고, 박 대통령마저 수하인 정보 부장 손에 죽음을 당하게 된다. 생명을 건 인도와 파리 조사, 이 박사를 모 셨던 신윤미와의 관계에 대한 조사 등 권 기자의 집요한 취재는 계속 이어 진다. 그러나 박성길이 죽게 되고, 권 기자와 함께 조사를 벌인 개코 형사도 죽음을 당한다. 하지만 마침내 권 기자는 70년대 인도에서 플루토늄 80kg 이 한국에 반입되었고, 청와대 정원에 있는 인도산 코끼리 조각상 안에 숨 겨져 있음을 알아낸다. 이 사실을 권 기자는 대통령에게 털어 놓고, 대통령 은 북한에 한반도 공동핵개발을 제의한다. 이후 일본은 소련의 개발권 선점 에서 일본기업들이 한국기업에 무참히 참패 당하자 독도문제를 빌미로 독도 를 침범하고, 포항제철과 울산공단을 초토화 시킨다. 한국의 대통령은 미국 의 협력으로 외교적으로 해결해보려 하지만, 실패한다. 남북한 정상들은 각 자 핵폭탄을 작동하는 키를 조합하여 일본에 핵폭탄을 투하한다. 일본은 전 자장비와 요격시스템으로 그 투하를 저지할 수 있다고 믿었지만, 실패한다. 핵폭탄은 동경 부근의 무인도를 폭격한다.

이휘소의 딸 아이린 앤 리는 『무궁화 꽃이 피었습니다』가 이휘 소의 삶과 죽음 그리고 그 딸 아이린 앤 리 등에 관하여 허위로 날조, 왜곡함으로써 이휘소와 유족들의 명예를 훼손하고, 이휘소 에 대한 유족들의 경건한 감정과 추모의 정을 침해하였다는 등의 이유로 출판 등 금지 가처분을 신청하였다.

특히 이휘소의 삶과 죽음에 관해 다른 점으로 판례에 나타난 사실로는 ① 이휘소를 모델로 한 '이용후'가 박정희 대통령의 간곡한 요청으로 우리나라 에 귀국하여 미군 철수에 대비하여 핵무기 개발을 주도한 세계적인 핵물리학자로 묘사된 점, ② 미국에서 핵개발에 관한 비밀정보를 국내에 반입하기 위하여 뼈 수술을 받아 다리뼈 속에 핵개발 메모를 넣어 두고 박정희 대통령에게 이를 전달하였고, ③ 부인과 사별하였는데 삼원각 마담 신윤미와 성관계를 맺었으며, ④ 인도로부터 플루토늄을 3천 5백만 불에 구입하였고, ⑤ 한국의 핵무기 보유를 반대하는 미국 CIA 등의 사주에 의하여 북악스카이웨이에서 폭력집단 두목 박성길에게 잔인한 방법으로 살해되었다는 점, ⑥ 이용후의 딸인 이미현이 이휘소의 딸인 아이린 앤 리와 완전히 다르게 묘사된 점 등이 있다.

그러나 서울지방법원은 『무궁화 꽃이 피었습니다』에 대해 제기한 출판 등 금지 가처분을 기각하였다. 이 가처분 신청에서는 명예훼손이외에도 초상권과 성명권 그리고 퍼블리시티권에 대한 침해도 주장되었는데, 모두 받아들여지지 않았다.

2. 판결이유

여기서는 형사재판에서도 문제가 될 수 있는 명예훼손 부분에 대한 판결이유만을 요약한다. 판례는 서문(작가의 말)과 소설 부분을 나누어, ① 서문에서는 실제와 달리 표현하는 것이 허용되지 않고, 소설에서는 허용된다는 다음과 같은 입장을 보였다.

"이 부분은 다음에서 보는 소설 부분과는 달리 위 이휘소의 삶을 실제와 현저하게 달리 묘사함으로써 위 이휘소에 대한 명예훼손 또는 인격권 침해가 된다고 할 것이고(소설의 서문에서 소설의 모델이 된 인물을 밝히는 것은 허용되지만, 그 부분까지 소설의 구성부분이 된다고 볼 수는 없고, 최소한 서문에서는 소설의 모델이 된 인물에 관하여 기술하면서 실제와 달리 표현하여서는 안 될 것이다), 위 이휘소가 사망하였다고 하더라도 유족인 신청인들이 위 이휘소의 명예훼손 및 신청인들의 경건감정의 침해를 이유로 위 부분의 삭제를 청구할 수 있다고 할 것이므로, 피신청인 김진명, 송영석은 신청인들에게 위 표현을 삭제하지 아니하고는 "무궁화 꽃이 피었습니다"의 발행, 출판, 인쇄, 복제, 판매, 배포, 광고를 하여서는 아니할 의무가 있다."[1]

이에 비해 소설의 내용에 대해서는 다음과 같이 명예훼손을 인정하지 않고 있다.

""무궁화 꽃이 피었습니다"는 위 이휘소를 모델로 한 소설이므로…(중략)…헌법상 예술의 자유와 출판의 자유가 보장되어 있는 점에 비추어 위 소설로 인하여 위 이휘소의 명예가 중대하게 훼손되었다고 볼 수 있는 경우에 한하여 위 소설의 출판 등을 금지시켜야 할 것인바, "무궁화 꽃이 피었습니다"에서도 위 이휘소를 모델로 한 '이용후'에 관하여는…(중략)…서울대학교 화공과 재학시절 성적이 매우 뛰어나 미국으로 유학을 갔으며, 미국에서도 탁월한 업적을 남겨 노벨상을 받을 날이 머지않았음에도 이를 포기하고 국내에 들어와 일본을 포함한 외세에 대항하기 위하여 핵무기 개발을 주도하다가 의문의 죽음을 당하는 세계적인 물리학자로, 위 소설에서 전반적으로 매우 긍정적으로 묘사되어 있고, 위 소설을 읽는 우리나라 독자들로 하여금 위 이휘소에 대하여 존경과 흠모의 정을 불러일으킨다고 할 것이어서, 우리 사회에서 위 이휘소의 명예가 더욱 높아졌다고도 볼 수 있으므로, 위 소설에서 위 이휘소를 모델로 한 '이용후'의 모습이 위 이휘소의 실제 생활과 달리 묘사되어 신청인들의 주관적인 감정에는 부분적으로 위 이휘소의 명예가 훼손되었다고 여겨질지라도 위 소설의 전체 내용에 비추어 사회통념상 위 이휘소의 명예가 훼손되었다고 볼 수도 없으며,…(중략)…또한 위 소설에서 이용후의 딸인 이미현은 위 이휘소의 딸인 신청인 아이린 앤 리와는 일치하

---

1 서울지방법원 1995. 6. 23. 선고, 94카합9230 판결.

는 부분이 거의 없어 신청인 아이린 앤 리가 위 소설속의 이미현의 모델이
라고 보기 힘들기 때문에 소설 속의 이미현에 관한 부분은 작가가 창작해
낸 허구라고 할 것이어서, 신청인 아이린 앤 리가 위 이휘소의 딸이라는 이
유만으로 명예훼손을 이유로 위 소설의 출판금지를 구할 수는 없다고 할 것
이다."[2]

Ⅱ. 『무궁화 꽃이 피었습니다』의 예술성

이 『무궁화 꽃이 피었습니다』에 대해서는 문학비평가들도 매우
혹독한 비평을 쏟아 놓기도 하였다. 그 요점만 정리해본다면, 다음
과 같다.

1. 사상적 예술성

첫째, 이 소설의 사상에 대해서, ① 국가를 신성한 존재로 간
주하고, 국가에 대한 무조건적인 충성을 강조하는 이데올로기는
1930~40년대 일본 파시스트의 논리와 일치한다거나,[3] 진저리나
는 군사독재정권의 극우화 논리를 교묘하게 위장하고 독자를 기
만한다[4]는 비판이나 ② 민족주의를 소설에 용해시켜 진정한 민족
의 개념을 왜곡하고, 민중을 신화로서의 민족의 이름 아래 복종시
킨다는 비판,[5] ③ "만병통치약으로 표현되어 있는 민족주의는 모

---

2 서울지방법원 1995. 6. 23. 선고, 94카합9230 판결.
3 이동한, "〈무궁화 꽃〉의 허구", *한국논단* (제67권, 1995), 13쪽.
4 문흥술, "민족주의 이름 아래 왜곡된 역사와 전망 ─ 김진명의 민족주의 소설에
    대한 비평", *작가세계* (통권 제42호, 1999), 120쪽.
5 김태만, "한반도에 무궁화 꽃이 피었습니다 ─ 민족을 파는 또 하나의 방식", *문*

든 것을 먹어치우는 거대한 공룡이다…(중략)…작가는 일본과의 전쟁을 통해 민족주의의 힘을 과시하고 즐기기에 여념이 없다"[6]는 비판, 그리고 ④ "민족적 보복심리, 군사적 패권주의, 심지어는 반북 이데올로기 등의 시대적 폐기물들을 교묘히 묶어 어느 하나 포기하지 않아도 좋을 만큼만 적절히 조화시켜주는 '배설패키지'가 민족적 콤플렉스라는 불후의 소비욕을 만나 징그럽도록 활개치고 있는 현재의 문화풍토는 가히 '집단 히스테리' 정도로나 표현할 수 있을 것이다"[7]라는 비판까지 가해진다. 그렇기에 이 소설은 "1980년대 말에서 1990년대 초의 냉전 종식의 흐름 속에 새로이 떠오른 신국가주의, 신민족주의, 신보수주의의 이데올로기를 대중적 감성과 언어로 잘 표현해주고 있다…(중략)…그 대중적 감성이라 했던 것(또는 대중적 감성으로 포장하고 있는 것)이 사실은 서민성을 가장한 영웅주의요 사이비 신학적 교리문답이다"[8]라고 비판되기도 한다.

2. 양식적 예술성

이 소설의 양식성에 대해서는 첫째, 그 서사구조에서 볼 때 마치 영화 「007」과 유사하다고 본다.[9] 최 부장한테 과제를 받은 권순범 기자가 민족주의자로 변모해가면서 동시에 추리를 풀 듯 문

예비평 (통권 제34호, 1999), 293쪽.

6 조명기, "90년대 대중(위에 군림하는) 소설 - 「아버지」, 「천년의 사랑」, 「무궁화꽃이 피었습니다」, 「영원한 제국」을 중심으로", *문예비평* (통권 제24호, 1997), 140~141쪽.

7 한정수, "바야흐로 민족을 노래하는 광대들", *수원대문화* (제11호, 1995), 67쪽.

8 김상준, "한반도 핵위기와 핵국가주의 - 「무궁화꽃이 피었습니다」에 나타난 대중심리 분석", *문학과 사회* (제16권 제2호, 2003), 807쪽.

9 조명기, 앞의 논문, 138쪽.

제를 해결해간다는 것이다. 둘째, 이 소설은 '무협지적 특성'을 갖고 있다는 비판[10]이 가해진다. 누구도 풀지 못한 문제를 비전문가인 권 기자가 완벽하게 해결해가는 과정은 무협지와 매우 흡사하며, 무협지처럼 민족마저도 쉽게 상품으로 전도시킴으로써 민중의 바람을 권위주의 정권에 대한 지지로 전환시킨다는 것이다.

Ⅲ. 모델소설의 형법적 한계

그러나 이 소설에 대한 판결의 쟁점은 예술성의 문제가 아니라 모델소설로서 명예훼손을 하는 것인지의 문제이다. 특히 서문(작가의 말)과 소설 부분을 구분하여 서문에서 사실과 다른 점을 묘사하면 명예훼손이 되고, 소설 부분에서는 소설이 원래 허구이기 때문에 사실과 다른 점을 묘사해도 된다는 논리는 다중적으로 오류를 범하고 있다.

1. 서문과 소설 부분의 분리

서문에서 이휘소를 실명으로 언급함으로써 소설의 내용에서 이용후의 모델이 이휘소임을 분명히 알 수 있고, 이를 통해 소설에서 묘사되는 이용후의 삶과 죽음이 이휘소의 그것이라고 인식할 수 있게 된다. 그러므로 서문과 소설을 따로 떼어서 명예훼손을 판단하는 것은 서문만 삭제하거나 변경한다면, 소설의 내용이 명예훼손임에도 불구하고 계속 출판할 수 있게 만든다. 그것을 통해

---

10 김태만, 앞의 논문, 199~301쪽.

이 소설의 대중적 인기나 애국주의와 민족주의의 고취 기능을 지속시킬 수 있게 된다.

(1) 에르곤과 파레르곤의 구분

그러나 작가는 작품의 내용을 통해서 뿐만 아니라 서문, 후기 또는 해제 등의 형태로 작품의 본론과 구별되지만 관련지어지는 글을 통해 그 작품을 확장적으로 구성할 수 있다. 즉, 작품에 대한 '작가의 말'은 작품 밖에 있는 것이 아니라 작품 속에 들어가 있는 것이다. 여기서 데리다가 말하는[11] 에르곤(ergon)과 파레르곤(parergon)의 이론을 되새길 필요가 있다. 데리다에게 에르곤은 정상적이며 합법적인 것 또는 중심적인 부분을 가리키고, 파레르곤은 비정상적이고 불법적인 것 또는 부수적인 장식과 같은 것을 가리킨다. 데리다에 의하면 현재의 에르곤은 파레르곤이 없다면 죽은 정의, 곧 괴물(monster)이 되고, 미래에는 현재의 파레르곤이 오히려 중심적인 것, 정의로운 것이 될 수 있다.

(2) 파레르곤으로서 소설의 서문

서문 등에 쓰인 작가의 말은 파레르곤이고, 작품 자체는 에르곤으로 대입될 수 있다. 작가의 말이 작품에 비해 부수적인 것처럼

---

11 데리다는 Cranach's Lucretia를 예로 들어 설명한다. 이 그림에서 그녀의 몸을 향해 피부에 대고 있는 단검(dagger)이나 그녀의 목걸이는 겉보기엔 '고유한 영역(예: 몸이나 목 그 자체)의 밖에서 딤으로 오는 어떤 것'(부수적인 것)이지만 실은 그 영역 안의 결핍이 메워주고, 그 영역의 고유하고 중심적인 것들(즉 ergon)을 압박하고, 그것들과 마찰하며 또한 그것과 이웃하여 놀이를 하는 것(즉 parergon)이다. 파레르곤은 에르곤의 결핍을 메우는 보충물이 아니라 에르곤을 '구성'하는 것이다. 이상의 설명은 Jacques Derrida, "Parergon", *The Truth in Painting* (trans. Geoff Bennington and Ian Meleod, (The University of Chicago Press, 1987), 57~59쪽(그림은 58쪽에 수록됨) 참조.

보이지만, 사실 그것이 없다면 작품은 죽고 말 수도 있다.『무궁화꽃이 피었습니다』속의 이용후는 작가의 말을 통해 이휘소라는 세계적인 한국 물리학자와 겹쳐진다. 이것을 통해 그 소설의 허구성은 영원히 허구로 남지 않고, 마치 미래 언젠가 현실로 실현될 수도 있을 것 같은 환상이 된다. 소설의 허구적 내용이 절대불변의 허구로 남을 것이 확실하다는 믿음이 독자들에게 있다면, 그 소설은 힘을 잃어버리기 쉽다. 소설의 허구성은 언젠가 현실이 될 수도 있다는 가능성을 파레르곤(parergon)에 의해 확보할 때, 독자들에게 광범위하게 감동을 주는 예술성을 생성시킬 수가 있는 것이다.

2. 허구와 현실의 분별가능성

소설의 내용에서 사실과 다르게 묘사된 점을 두고 "작가가 창작해 낸 허구"라는 점 때문에 명예훼손이 되지 않는다는 논리는 논증의 중단일 뿐이다.

(1) 허구의 한계

먼저 '소설은 허구(fiction)다'라는 이해 자체도 오늘날 흔들린다. 가령 포스트모던 소설에서는 가상이 현실이 되고, 현실이 가상이 된다.[12] 포스트모던 소설이 아니더라도 소설의 허구적 내용은 실제의 이미지를 생성시키기 쉽다. 그렇기 때문에 독자들에게는 허구적 내용이 사실처럼 받아들여질 수 있다.

그러므로 '소설은 허구이다'라는 공리를 유지한다고 해도, 모델이 된 실존인물의 실제 삶과 다른 묘사가 제한 없이 허용될 수 있

---

12 이 점은 장정일 작가의 *내게 거짓말을 해봐* (앞의 [6]단락) Ⅱ.2.(4) 참조.

는 것은 아니다. 헌법 제21조 제4항의 "언론·출판은 타인의 명예나 권리 또는 공중도덕이나 사회윤리를 침해하여서는 아니된다"는 문언은 바로 이 점을 말해준다. 여기서 헌법 제21조 제4항을 모델소설에 적용해보면, 모델소설에서 허구적 표현의 자유는 바로 그 실존인물의 '명예'를 침해하기 시작하는 곳에서 끝난다'라고 말할 수 있다.

(2) 허구적 묘사의 허용

다른 한편 실존인물의 실제 삶과 다른 묘사는 언제나 제한되는 것도 아니다.

1) 독자의 분별가능성

실존인물의 명예를 침해하지 않을 가능성은 바로 그 실존인물을 모델링한 소설 속의 인물에 대한 묘사가 실존인물의 삶과 다른 것임을 독자가 인식할 수 있다면, 허구적인 묘사도 법적으로 허용될 수 있다. 문제는 그 소설을 읽는 독자가 허구와 실제를 분별하면서 그 소설을 읽을 수 있는가이다. 김진명 작가의 『무궁화 꽃이 피었습니다』를 읽는 보통의 독자는 물리학자 이휘소에 관한 정보를 별로 갖고 있지 않기 때문에 소설 속의 이용후의 삶과 이휘소의 삶을 분별할 가능성은 거의 없다. 여기서 대법원이 제시한 '합리적 시청자'와 유사하게 '합리적 독자' 개념을 만들 수는 있다. 그러니까 합리적인 독자라면 『무궁화 꽃이 피었습니다』를 읽으면서 이용후의 삶과 이휘소의 삶을 분별할 수 있다는 것이다. 그러나 그런 합리적 독자는 사실상 이용후 평전을 쓸 정도로 이용후를 연구한 전문가가 될 것이다. 또한 상당히 많은 합리적 독자가 있다고 가정하더라도 더 근본적인 문제는 왜 합리적 독자와 비합리적 독자를 구분하고 차별해야 하는지를 설명할 수 없다는 점이다. 비합리적 독자를 위한 배려로서 소설의 서문이든 본문이든, 또는 광고문안이든 그 어디에서도 이용후의 모델이 이휘소라는 점을 언급하지 않았어야 한다.

2) 역사적 진실의 가능성

물론 비합리적 독자가 분별할 수 없는 이휘소에 대한 허구적 묘사라도 그것이 아직 밝혀지지는 않았지만, 역사적 진실일 가능성이 존재한다면, 그런 허구적 묘사는 소설적 표현의 자유로서 허용될 수 있다. 그런 가능성은 바로 —비록 학계의 소수설에 불과할지라도— 학술적인 역사해석에 의해 뒷받침 될 수 있을 때 비로소 인정될 수 있다.[13] 그런 뒷받침이 없는데도 실존인물의 삶을 허구적인 내용으로 묘사하는 것은 독자들이 그 허구성과 실제성을 분별할 수 없는 한, 표현의 자유의 한계를 넘어선 것이 된다. 물리학자 이휘소가 아무리 세계적인 학자였다고 할지라도 이휘소의 삶에 대한 연구가 빈약했던 1993년 당시의 상황에서 『무궁화 꽃이 피었습니다』는 진실일 가능성이 학술적으로 뒷받침된 역사해석의 자격을 갖추고 있었다고 보기는 매우 힘들다.

2010년 KBS 스페셜 다큐멘터리 「이휘소의 진실」은 이휘소의 삶을 허구적으로 묘사한 몇 권의 작품들이 생산한 허구를 제거하기 위해 제작·방영되었다. 이 다큐는 제1부에서 "무궁화 꽃은 피지 못했다"(2010. 4. 30. 방영)를, 제2부에서 "벤자민 리의 유산"(2010. 5. 1. 방영)을 다루었다. 이 다큐에 의하면 이휘소, 벤자민 리는 핵무기와 관련 없는 소립자 물리학 분야 전문가에 불과했고 박정희 대통령과 접촉한 적도 없었다. 이 프로의 "2010년 4월, 사후 33년간 소설 속에 갇혀있던 이휘소 박사, 그가 다시 부활한다"라는 광고문구는 소설적 표현의 자유가 어디까지인지를 다시 생각하게 한다.

---

13 이와 같은 논의구조를 이론적으로 구성한 나의 생각은 앞의 [10]단락 Ⅱ.4. 참조.

3) 명예훼손의 가능성

위 판결은 이용후의 삶에 대한 묘사가 이휘소의 삶과 다른 허구적 묘사라 할지라도 이휘소의 명예를 침해하지 않고 오히려 우리나라 독자들로 하여금 "이휘소에 대하여 존경과 흠모의 정을 불러일으"키고, 이휘소의 명예를 더 높여 놓았다고 보아, 명예훼손을 인정하지 않았다.

⑺ **명예훼손의 위험범** 위 판결을 민사판결이지만 형사판결이었다고 가정하면 이 판결은 "공연히 허위의 사실을 적시하여 사자의 명예를 훼손한"(형법 제308조) 사자명예훼손죄를 침해범으로 해석한 셈이 된다. 하지만 형법학계의 다수설은 명예훼손죄를 추상적 위험범으로 본다. 따라서 실제로 이휘소의 삶과 다른 허구적 내용을 적시하였다면 명예훼손의 추상적 위험성은 인정될 수 있고, 명예훼손죄가 성립하게 된다. 물론 구체적 위험범으로 보고,[14] 피해자의 명예를 훼손할 구체적 위험이 발생되었을 것을 요구한다면, 『무궁화 꽃이 피었습니다』가 이휘소의 명예에 미쳤다고 보는 영향에 대한 판례의 실질적 판단의 타당성을 검토해 보아야 한다.

⑻ **애국주의와 민족주의의 선입견** 위 판결이 김진명 작가의 소설로 인하여 이휘소의 명예가 오히려 더 높아졌다고 판단한 것은 애국주의(patriotism)와 민족주의(nationalism)의 관점에서 나온 것이다. 그러나 민족주의의 이데올로기가 각국에서 강화되면, 전쟁이 일어나기 쉽게 되고, 애국주의가 강화되면 미국의 '애국법'(Patriot Act)

---

14 물론 명예훼손행위에 의해 실제로 명예가 훼손되는지는 확정할 수가 없다. 심지어 명예훼손행위로 인해 오히려 피해자의 명예가 더 높아지는 경우도 있을 수 있다. 그런 점에서 보면 명예훼손죄는 환경범 등에서 흔히 보듯이 법익침해의 위험을 발생시키는 데 적합한 속성만을 띠는 적성범과 유사하다고 볼 수 있다. 바꿔 말해 구체적-추상적 위험범인 셈이다.

에서 보듯 인권침해적인 정책이 만연해지기 쉽다.

　그렇기 때문에 애국주의와 민족주의는 국가간의 상호적 승인과 국제협력을 통해 세계시민사회로 나아가기 위해 일시적으로만 타당하고 불가피한 방편으로 이해되어야 한다. 『무궁화 꽃이 피었습니다』는 물리학자 이휘소를 그런 이데올로기의 광풍 속에 몰아넣은 것일 수도 있다. 그게 아니더라도 물리학자가 그의 지식을 핵무기의 개발에 사용한다는 것은 물리학자의 학문적 정체성과 가치관의 핵심문제를 건드린다. 가령 세계의 물리학자인 아인슈타인도 핵무기개발 반대운동을 펼쳤다. 그러므로 이휘소가 생전에 핵무기개발에 반대하는 물리학자였다면, 『무궁화 꽃이 피었습니다』는 그의 명예를 중대하고 심각하게 훼손한 것이 된다.

[12]
춤과 영화의 모방성과 형법

Ⅰ. 「행복은 성적순이 아니잖아요」의 재판

1. 사건의 경과

안무가인 G 교수(원고)는 1987년 무용극 「행복은 성적순이 아니잖아요」를 창작하여 전국 20여개 도시에서 80여회의 순회공연을 가졌다.

(1) 무용극 「행복은 성적순이 아니잖아요」의 개요

판결이유에 의하면 이 무용극은 "제1장에서는 공부하다 벌 서고 시험치기를 되풀이 하는 학생들의 일상생활을, 제2장에서는 서로 앞장 서려고 치열히 싸우는 경쟁사회 속에서 시험공부에 시달려 온 한 여학생이 "난 1등 같은 거 싫은데. … 난 남을 사랑하며 친구와 살고 싶은데… 행복은 성적순이 아니잖아!"라는 독백끝에 쓰러지는 모습을, 제3장에서는 브레이크댄스에 열중하다 기진맥진해서 쓰러졌던 청소년들이 "고향의 봄"을 부르며 소생하듯 일어나 예전의 한국 어린이들이 즐기던 놀이를 벌이는 모습 등이 비록 전통적인 무용과는 달리 연극성이 강하고 서술적 전개에 치중"[1]하였다고 한다. 무용극을 글로 재구성할 수 없지만, 당시 일간지의 보도에 의하면 제1장에서는 장난스런 풍물 장단에 맞춰 '지겨워'를 외치며 시험 치기를 되풀이하는 학생들의 모습이 그려지고, 제3장에서는 고향의 봄 노래를 부르며 일어나 하는 놀이로 땅따먹기, 제기차기, 팥주머니놀이, 기차놀이, 말타기 등이 등장한다[2]고 한다.

(2) 동일 제목의 영화

이 작품은 1986년 S대 사대부중 3학년 여학생 Y양의 자살사건이 계기가 되어 만들어졌다. 당시 Y양의 유서에는 입시를 위해 꿈을 외면하고 친구와 경쟁하여 이기는 공부에만 몰두해야 하는 중고생의 현실과 그것을 강요하는 엄마에 대한 사랑과 원망이 담겨져 있었다. 이 자살사건은 1989년 전교조 결성의 배경인 참교육 운동에도 영향을 미쳤으며, 1989년 정영상 시인은 『행복은 성적순이 아니다』(실천문학사)를 펴냈다. 이후에도 이 제목은 우리사회에서 교육담론의 빼놓을 수 없는 부분이 되고 있다. 그런데 1989년 주식회사 H 사단(피고)은 이 무용극과 같은 제목의 영화 「행복은 성적순이 아니잖아요」를 제작하여 1989. 7. 29. 개봉하여 155,321

---

1 서울민사지방법원 1990. 9. 20. 선고, 89가합62247 판결.
2 중앙일보 1988. 2. 9.자 〈행복은 성적순이 아니잖아요, 입시지옥 풍자 춤판〉 참조.

명3의 관객을 모았다. 이 영화의 시나리오 원본은 2005년 김성홍 저, 『행복은 성적순이 아니잖아요』(커뮤니케이션북스, 2005)로 출간되어 있다. 이 영화의 줄거리를 요약하면 다음과 같다.

영화는 푸른 빛의 영상 속에서 봉구(김보성 분)가 농구대에 목매달아 자살을 시도하는 꿈을 꾸다 바닥에 떨어져서 깨어나고, 어머니한테 공부도 못하는 놈이라며 야단을 맞는 장면으로 시작한다. 봉구는 모범생 은주(이미연 분)에게 관심을 갖는다. 봉구의 친구 천재는 담배를 피우다 체육선생님 길호(이덕화 분)한테 걸린다. 천재와 길호는 새로운 양호선생님(최수지 분)에 넋이 나간다. 길호는 학생들을 운동장 바닥에 누워있게 하고 소리지르게 하여 스트레스를 풀어주려 한다. 은주는 전교 6등 성적표를 받고도 표정이 어둡다. 은주 엄마는 은주를 야단치며, 은주가 가야할 대학과 학과는 하나밖에 없다고 야단친다. 은주의 사촌오빠는 어머니가 최연소 고시 패스한 최연소 부장판사인 은주 아빠에 대한 열등의식에 은주를 괴롭힌다며 위로한다. 고급차를 타고 하교하는 문도는 어머니와 리어카를 밀며 쓰레기를 치워야할 만큼 가난한 창수(김민종 분)에게 비웃음을 짓는다. 문도는 화장실에서 친구에게 창수의 몸에서 쓰레기냄새가 난다고 험담하다 창수에게 멱살을 잡힌다. 천재는 양호실에서 양호선생님께 원피스의 지퍼를 올려달라는 부탁을 받는 등을 상상하는 꿈을 꾼다. 천재는 손으로 여학생의 생리대 모양을 만들다 선생님한테 혼쭐이 난다. 학부형들은 회의를 소집해 우열반을 만들어 달라고 항의한다. 천재와 봉구는 극장에 갔다가 선생님한테 걸려 다음날 운동장에서 오리걸음을 한다. 봉구는 은주와 은주 어머니가 미사를 드리는 성당에 가 은주 옆자리에 앉고, 깜짝 놀란 은주에게 쪽지를 주고 나간다. 봉구가 찾아간 천재의 집에서 천재는 양호선생님을 찍은 '나의 연인'이라는 영화를 보여준다. 길호는 체육관으로 창수를 불러 창수의 집사정이 어렵다는 얘기를 듣고 마음아파 한다. 문도의 계획으로 교실에서 돈이 없어지자 창수가

3   영화관입장권통합전산망 http://www.kobis.or.kr/ 참조.

범인으로 몰린다. 문도의 계획을 안 창수는 문도를 흠씬 패주고, 그로 인해 창수의 퇴학을 논의하는 회의가 열린다. 문도는 창수의 판잣집에 찾아가 사과한다. 창수는 체육관에서 길호에게 용서를 빈다. 학기말 고사가 시작되자 다들 온갖 커닝 방법을 동원해 시험을 본다. 은주는 화장실에서 코피를 흘리고, 시험이 끝나자 봉구와 야외로 데이트를 나간다. 빨간 장미꽃 한 송이를 들고 양호선생님 집을 찾아간 천재는 꽃다발을 든 길호와 마주치고, 그둘의 데이트를 뒤쫓아 가 술자리를 훼방 놓는다. 은주는 학기말 성적이 많이 떨어진 사실을 알고, 아파트 옥상에서 투신자살을 한다. 화면은 푸른 빛으로 가득 찬다. 은주의 텅 빈 자리에 꽃 한 송이가 놓이고, 운동장에 은주의 영구차가 들어오자 봉구는 차 앞을 막고 은주 부모님께 데이트 때 은주가 관심 있어 했던 미니 카세트를 선물로 내밀며 은주와 함께 묻어달라고 한다.

2. 재 판

(1) 소송의 경과

원고는 피고의 영화가 무용극의 원작 사용을 대가로 영화관람료 수입의 2.5%를 지급하는 구두계약을 했지만, 이를 피고가 어기고 첫째, 영화에 원작자인 원고의 성명도 표시하지 않았고(성명표시권의 침해), 둘째, 그로 인해 원고의 무용극이 피고의 영화를 본따거나 도용한 것으로 오인하게 함으로써 원고의 명예를 훼손하였다는 등의 이유로 저작권침해 소송을 제기하였다. 그러나 서울민사지방법원(1990. 9. 20. 선고, 89가합62247 판결)은 ① 피고는 Y양의 자살을 계기로 입시교육의 문제점을 다루는 영화를 제작하면서 제목을 「행복은 성적순이 아니잖아요」로 결정하기로 하였으나 이미 절찬리에 공연중이던 원고의 무용극의 제명과 동일하여 나중에 발생할 분쟁을 미연에 방지하기 위해 소외인으로 하여금 원고로부터 제명을 사용하는 허락을 받게 하고 그 사용대가로 원고에게 금 1백만 원을 지급한 사실만 인정하였다. 그리고 ② 무용극과 영화 사이에 실질적 유사성(substantial similarity)이 없다고 보아 영화가 무용극의 2차적 저작물이 아니며, 따라서 피고는 원고의 저작권(성명표시권이나 동일성유지권)을 침해하지 않는다고 판단하였다. ③ 또한 제목의 사용에서 원고의 성명을 표시하지 않은 점은, 제명만으로 사상이나 감정의 표현이라고 볼 수 없다는 점에서 저작권침해가 인정되지 않는다고 보았다.

(2) 판결이유

이 판결의 주된 이유를 요약하면 다음과 같다.

"이건 영화 및 소설이 원고의 이건 무용극을 원작으로 한 소위 2차적 저작물에 해당한다는 점을 전제로 한다 할 것이고(피고의 이건 영화 및 소설이 원고의 이건 무용극과 다른 독창적 내용이라면 피고는 이건 영화 및 소설에 원고의 성명을 표시하거나 이건 소설의 집필에 원고의 동의를 받을 필요가 없다 할 것이다. 또한 사상이나 감정의 표현이라고 볼 수 없어서 저작권의 보호대상이 될 수 없는 이건 무용극의 "행복은 성적순이 아니잖아요"라는 제명이 이건 영화 및 소설의 제명과 동일하다 해서 막바로 저작권침해가 될 수는 없다) 어떤 저작물이 원작에 대한 2차적 저작물이 되기 위해서는 단순히 사상(idea), 주제(theme)나 소재가 같거나 비슷한 것만으로는 부족하고 두 저작물간에 실질적 유사성(substantial similarity) 즉 사건의 구성(plot) 및 전개과정과 등장인물의 교차 등에 공통점이 있어야 한다 할 것인데…(중략)…원고의 이건 무용극과 피고의 이건 영화가 우리나라 청소년교육의 문제점과 경쟁위주의 사회현실을 고발하고 그 해결책을 모색한다는 내용의 주제에 있어 공통점이 있고 소재에 있어서도 수업시간, 가정생활, 친구관계 등 유사한 점이 있으나…(중략)…역시 무용과 배경의 음악, 효과 등을 통해 상징적으로 표현하고 있는 반면 피고의 이건 영화는 특정된 고교 2년생들의 삶이 갖가지 구체적인 스토리로 개별로 전개되어 나가면서 그들의 욕구, 갈등, 희열, 좌절 ○○학교성적과 맞물리며 투영되는 등 그 등장인물이라든지 사건전개 등 실질적 구성면에 있어서는 현저한 차이가 있어 원고가 주장하는 바 무용극과 영화 사이에 내재하는 예술의 존재양식 및 표현기법의 차이를 감안하더라도 양자 사이에 원작과 2차적 저작물의 관계를 인정할 만한 실질적 유사성이 있다고 볼 수 없고…(중략)…저작권법상 동일성 유지권이란 저작물의 내용, 형식 및 제호의 동일성을 유지할 권리 즉 무단히 이들의 변경, 절제 기타 개변을 당하지 아니할 저작자의 권리로서 이는 원저작물 자체에 어떤 변경을 가하는 것을 금지하는 내용의 권리라 할 것인데, 앞서 판시한 바와 같이 피고의 이건 영화와 소설은 원고의 이건 무용극과는 다른 독창적 내용의 저작물이라 할 것이므로 원고의 이건 무용극에 어떤 변경을 가하였던 것이 아닌 만큼 이를 전제로 한 원고의 위 주장도 이유없다. 따라서 원고의 본소 청구는 모두 이유없어 이를 각 기각하고, 소송비용은 패소자인 원고의 부담으로 하여 주문과 같이 판결한다."

Ⅱ. 무용극의 저작권 침해 여부

판결을 요약해보면, 무용극과 영화라는 저작물 사이의 실질적 유사성을 판단할 때 ① 사상, 주제, 소재의 유사성은 중요하지 않고, ② 무용극과 영화라는 '예술의 존재양식 및 표현기법의 차이'는 감안하지만, ③ 그보다는 플롯(plot)과 스토리전개 및 등장인물의 교차성과 같은 '실질적 구성면'의 유사성이 중요하다. ④ 그리고 제명은 사상이나 감정의 표현이 아니므로 저작물이 아니다.

1. 제명의 저작권성

위 판결은 「행복은 성적순이 아니잖아요」의 무용극 제명을 사용하는 구두계약은 있었다고 보았으나, 그 제목에는 저작권이 인정되지 않는다고 보았다.

(1) 파레르곤으로서 무용극의 제명(題名)

이는 대법원의 판례에 따른 것이다. 대법원은 일찍이 "만화제명 "또복이"는 사상 또는 감정의 표명이라고 볼 수 없어 저작물(저작권법 제2조 제1호)로서 보호받을 수 없다"[4]고 판시한 바 있다. 이 무용극의 제명 「행복은 성적순이 아니잖아요」도 사상 또는 감정의 표명이라고 볼 수 없어 저작물로 인정되지 않는다는 것이다. 이 대법원 판례는 완성된 작품으로서 에르곤(ergon)과 작품 옆에서 작품에 덧붙여진 부분으로서 파레르곤(parergon)을 구분하는 이분법적 사고와 유사하다. 그러나 데리다(Derrida)는 작품에서 그 내용이 표현된 본질의 안과 밖, 중심과 주변, 본질과 잉여의 경계를 설정

---

4 대법원 1977. 7. 12. 선고, 77다90 판결. 이런 입장은 상표법의 적용에서도 마찬가지이다. 이를테면 "저작물의 제호나 캐릭터의 명칭은 그 자체만으로는 사상 또는 감정의 표현이라고 보기 어려워 저작권법 제2조 제1호에서 저작권의 보호대상으로 규정한 저작물이라고 할 수 없고, 따라서 특단의 사정이 없는 한 누구나 이를 자유롭게 사용할 수 있는 것이므로, 비록 저작물이나 그 캐릭터가 주지·저명한 것이라고 하더라도 저작물 자체 또는 캐릭터 자체에 내재된 재산적 가치는 별론으로 하고 이러한 제호나 캐릭터의 명칭에 어떤 재산적 가치가 화체되어 있다고 할 수는 없으므로, 상표를 등록하여 사용하는 행위가 저작권을 침해하는 행위라고 할 수 없는 이상은, 저명한 저작물의 제호 또는 그 캐릭터의 명칭을 모방한 표장을 사용한다는 사실만으로 저작물에 내재된 재산적 가치를 직접적으로 침해하는 행위로서 상표법 제7조 제1항 제4호 소정의 공공의 질서 또는 선량한 풍속을 문란하게 하는 행위라고 할 수 없다."(특허법원 2003. 8. 14. 선고, 2003허2027 판결)

하는 것은 불가능하다고 본다. 그에 의하면 부수적이고 외재적인 잉여를 떼어내 보면 에르곤, 즉 작품의 중심은 결핍(lack)을 가진 것이다.[5] 만약 그런 결핍이 없다면 파레르곤은 처음부터 필요하지도 않다. 이런 데리다의 이론을 응용해보면, 저작물로서 무용극 그 자체는 에르곤이고, 제명은 파레르곤이 된다. 만일 제명이 그처럼 저작물 자체에 대해 부수적이고 외재적 잉여라면, 제명이 없이도 작품은 결핍을 보이지 않을 것이다. 다시 말해 이 무용극이 「행복은 성적순이 아니잖아요」라는 제명을 달지 않아도, 마치 회화에서 제목 없이 무제(無題)라고 하여 전시되는 것처럼 그 작품을 이해하는 데 아무런 결핍도 발생하지 않아야 한다.

(2) 무용극에서 제명의 구성적 기능

그러나 무용극 「행복은 성적순이 아니잖아요」에서 제명은 무용극이 갖는 의미에서 확연하게 구성적인 기능을 한다.[6]

1) 무용극의 선이해로서 제명

첫째, 제명은 무용극에 대한 이해 전반에 걸쳐 이해를 이끄는 요소, 법이론적인 개념으로는 선이해(Vorverständnis)[7]로서 기능한다. 만약에 이 무용극도 제명을 정하지 않고, 무명(無名)으로 공연했다면, 예컨대 입시지옥의 문제의식보다 전통무용과 놀이문화의 일상

---

5 Jacques Derrida, "Parergon", *The Truth in Painting* (trans. Geoff Bennington and Ian Meleod, (The University of Chicago Press, 1987), 59쪽.

6 이런 점에서 Edna St Vincent Millay의 시 제목인 "Euclid alone has looked on beauty bare"에 저작권을 인정한 미국 판례 Heim v. Universal Picture Co., Inc., 154 F.2d (2d Cir.1946)도 같은 취지로 이해할 수 있다.

7 선이해라는 법이론적 개념은 물론 철학적 용어에서 비롯된 것이다. 그러나 법학에서 선이해는 인간의 이해에 작용하는 선험적 요소라는 의미를 넘어서, 그리고 벗어나서 널리 법률해석에 작용하는 지식들을 포함한다. 그렇기 때문에 선이해는 선지식(Vorkenntnis)이라는 개념과 호환되어 쓰이기도 한다.

적 복원과 같은 주제로 이해될 가능성도 있었을 것이다. 위 판결에서 영화「행복은 성적순이 아니잖아요」의 제작회사가 무용극의 내용은 전혀 본뜨지 않으면서도 굳이 제명 사용을 허락받기로 결정한 것은 "나중에 어떤 분쟁이 발생하는 것을 염려"하였기 때문이었다고 한다. 이 염려는 만일 그 무용극의 제명이「행복은 성적순이 아니잖아요」가 아니었다면 일어나지 않았을 염려이다. 바로 이 점은 역설적이게도 무용극의 제명에 영화를 무용극의 2차 저작물로 이해 −영화제작사 입장에서는 오해− 시킬 수 있는 가능성이 있음을 말해준다.

2) 제명의 스토리텔링적 성격

둘째, 무용극이 주는 의미는 이미 제명에 응축되어 담길 수 있다. 그런데 의미가 응축되어 담기는 제명은 그 짧은 표현에도 불구하고, 마치 수많은 춤동작에 의한 것에 못지않은 스토리텔링의 기능을 수행할 수 있다. 다시 말해 판례가 영화와는 그 구성이 다르다고 본 무용극의 취약한 스토리텔링은 예술장르상 불가피한 것이며, 영화와 대비해볼 때 그 결핍은 뚜렷하게 드러난다. 바로 그 결핍을 메우는 것이 무용극의 제명일 수 있다. 제명은 무용극에서 스토리텔링을 수행하는 춤동작의 불충분성이나 불명료성을 제거해줌으로써 무용극에서 춤과 함께 스토리텔링을 수행하는 요소로서 기능하는 것이다. 그러므로 제명은 무용극에 대한 이해를 단지 이끌기만 하는 것이 아니라, 그 자체로서 스토리텔링의 한 부분이라고 할 수 있다.

(3) 제명의 저작물성

이렇게 볼 때, 무용극과 그 제명을 분리하고, 그 제명에 대해 저작권을 인정하지 않는 사고는 데리다가 파레르곤에 대해 행한 비판처럼 일종의 '이론적 허구'(theoretical fiction)이며, 형이상학적 또는 존재신학적(ontotheological) 환상이라 할 수 있다. 그러므로 「행복은 성적순이 아니잖아요」라는 제명은 그 무용극과 함께 하나의 저작물을 형성하는 것이라 할 수 있다. 따라서 제명의 사용계약은 설령 무용극의 내용을 본뜨지 않았다고 인정할지라도, 저작물(의 일부)에 대한 사용계약이 된다. 따라서 적어도 저작자의 성명표시권(저작권법 제12조)은 보호되어야 하며, 이를 표시하지 않은 영화는 저작자의 성명표시권을 침해한 것이며, 저작인격권침해죄(저작권법 제136조 제2항 제1호)가 성립할 수 있다.

또한 영화가 무용극의 내용도 본뜬 것이라고 인정한다면, 2차적 저작물의 작성에 의한 저작재산권의 침해가 인정될 수 있고, 저작재산권침해죄(법 제136조 제1항 제1호)가 성립할 수 있다. 또한 원고의 주장처럼 무용극의 내용을 본뜨는 것을 허락하는 계약을 맺은 경우라면 그 구성내용의 면밀한 비교검토를 통해 동일성유지권(법 제13조)의 침해가 인정될 수도 있고, 따라서 저작인격권침해죄(법 제136조 제2항 제1호)가 성립할 수도 있게 된다.

2. 무용극과 영화 사이의 실질적 유사성

영화 「행복은 성적순이 아니잖아요」가 같은 제명의 무용극의 2차적 저작물인지는 그 둘 사이의 실질적 유사성에 의해 판단된다.

(1) 실질적 유사성 판단의 구조적 오류

위 판결은 가령 ① 주제 등의 유사성을 중요하지 않게 보고, ③

그것과 분리하여 플롯과 스토리전개 등 사이의 유사성여부를 중요하게 바라보고 있다. 그러나 예술장르가 이처럼 다른 경우는 ② '예술의 존재양식 및 표현기법의 차이'를 충분히 고려해야 한다. 다시 말해 장르가 다른 두 작품의 실질적 유사성을 판단하기 위해서는 두 장르를 가로지르는 비교분석이 필요하다. 여기서 무용극은 영화보다 스토리텔링이 명확하지 않는 특성을 갖고 있고, 이 불명확성을 제거하고, 춤동작에 의한 비언어적 스토리텔링을 이끌고 보완하는 것이 바로 제명에 의해 구체화되는 주제나 사상이라고 할 수 있다. 이렇게 보면 위 판결이 ① 주제에 있어 공통점이 있고, '소재에 있어서 유사한 점이 있으나' ③ 무용극은 판시된 바와 같이 "무용과 배경의 음악, 효과 등을 통해 상징적으로 표현하고 있는 반면 피고의 이건 영화는 특정된 고교 2년생들의 삶이 갖가지 구체적인 스토리로 개별로 전개되어 나가면서 그들의 욕구, 갈등, 희열, 좌절, ○○학교성적과 맞물리며 투영되는 등 그 등장인물이라든지 사건전개 등 실질적 구성면에 있어서는 현저한 차이가 있"다고 보는 것은 이 점을 간과하고 있는 것이다. ② 예술장르의 차이를 고려해보면, 바로 무용과 음악 등에 의한 '상징적 표현'이 영화의 사건과 대사에 의한 '언어적 스토리텔링'과 실질적 유사성을 갖는지를 판단해볼 필요가 있다. 판례가 주목했던 인물구성에서의 차이는 실질적 유사성을 판단하는 데 중요하지 않을 수 있다.

(2) 무용극의 상징적 표현과 영화의 플롯 및 스토리텔링의 유사성

무용극의 스토리텔링은 불완전하지만 제1장에서 제3장에 걸치는 극의 전개는 플롯이나 스토리텔링에서 영화의 그것과 상당한 유사성을 발견할 수 있다.

1) 주제의식과 스토리전개의 연관적 판단

이 유사성을 판단함에 있어 주의해야 할 점은 위 판결처럼 주제와 스토리전개를 완전히 분리해서 보면 안 된다는 점이다. 특히 무용극과 영화의 실질적 유사성을 판단할 때는 무용극의 비언적 표현들의 의미를 이끄는 주제의식이 얼마나 강렬하게 영화에서도 스토리텔링이나 영상미학 등 영화적인 표현방식에 침투되어 있는지를 함께 바라보아야 한다. 가령 무용극 「행복은 성적순이 아니잖아요」의 제1장에서 학교의 장면은 로봇과 같이 공부해야 하는 일그러진 학교생활의 현실을 뭉뚱그려 상징화하는데, 영화는 봉구, 천재, 문도, 창수 등의 다양한 인물로 각자의 '개별적인' 스토리를 만들어간다. 하지만, 이 개별적인 스토리는 로봇처럼 공부해야 하고, 그로 인해 그들의 '자기되기'(becoming self)가 억압되는 학교생활의 공통된 모습을 보여주기 위한 장치로서 설정된 것이라 할 수 있다. 그렇기 때문에 무용극의 표현과 영화의 스토리텔링 사이의 이와 같은 구조적 차이는 흔히 영화가 소설을 원작으로 만들어질 때 일어나는 변형의 통상적인 수준보다 큰 것은 아니라고 볼 수 있다.

또한 영화 속에서 시험이 다가왔을 때 친구들이 필기한 것을 빌려주지 않는다거나 교실 한편에서 싸움이 벌어져도 어떤 학생들은 자기 공부에만 열중하는 모습, 그리고 은주가 자신이 전교 석차가 32등으로 떨어졌음을 알고 절망하는 모습 등, 교우관계가 오로지 경쟁관계로 설정되는 장면들도 자기되기를 억압하는 학교현실에 대한 주제의식을 보여주는 것이고, 그런 영화의 전개와 친구를 경쟁상대로 표현하는 무용극 제2장의 다양한 표현들 사이의 차이는 주제의식의 강렬한 동일성(유사성)에 파묻히는 것이라 할 수 있다. 다시 말해 이런 차이들은 원본과의 실질적 유사성을 잃어버리지 않는 2차 저작물의 '개변'(改變)의 범위 안에 머무르는 것이라고 판단할 수 있다.

2) 극의 민중성과 영화의 대중성

무용극과 영화의 장르적 차이는 민중성과 대중성으로도 나타나며, 이 차이는 사건구성(plot)의 차이가 아니라는 점도 간과해서는 안 된다. 이를테면 무용극 제2장에서 학생들의 데모를 반대하는 장면 등이 나오지만, 영화 속에는 없다. 반면에 영화 속에는 학생들이 극장에 들어갔다가 적발되어 벌을 받는 장면이 나온다. 이것을 두고 무용극과 영화가 서로 다른 사건의 구성(plot)을 하고 있다거나 서로 다른 스토리전개를 보인다고 말하는 것은 적절하지 않다. 지금도 그렇지만, 특히 1980년대 말에는 무용극의 연극적 요소는 민중적 성격이 강하고, 영화의 영상예술은 대중적 성격이 강하다는 장르적 차이를 바라볼 필요가 있다. 그러니까 무용극에서 학생들의 데모가 민중적 사회의식의 표현이라면, 영화에서 학생들이 영화관에 들어가는 것은 대중적 시대의식의 표현이라고 할 수 있다. 이 둘은 금지되고, 제지됨으로써 학생들이 사회적 자아로 성장하는 과정을 억압하는 학교의 입시교육 현실을 공통적으로 보여준다. 그러므로 이런 사건구성의 차이는 장르적 차이이지, 두 저작물 간의 실질적인 차이라고 볼 수 없다.

3) 영화의 사건전개에 상응하는 무용극의 춤과 음악

그리고 무용극의 춤과 음악은 영화의 사건전개나 스토리텔링에 상응하는 것일 수 있다.

⑺ **춤의 비언어적 표현과 스토리텔링**　　무용극에서 춤은 비언어적인

표현이지만, 무언의 스토리텔링을 하는 것이고, 무용극과 영화의
실질적 유사성을 판단하기 위해서는 그 무언의 스토리텔링과 영화
의 스토리텔링을 비교해 보아야 한다. 예컨대 무용극 제3장에서
등장하는 브레이크댄스는 할렘의 흑인 하부문화와 MTV와 같은
상업적으로 성공한 대중문화를 서로 엮어 짠 직물(織物)과 같은 모
습, 크리스테바(Kriseva)의 개념을 빌리면 상호텍스트성(Intertextuality)[8]
을 상징한다. 이 상호텍스트성은 영화 속에서 공부를 못하는 열등
생 봉구와 공부를 잘하는 우등생 은주가 데이트하는 장면을 통해
실현되고 있다고 볼 수 있다. 다시 말해 브레이크댄스의 퍼포먼스
는 우등생과 열등생을 날카롭게 갈라놓는 경계를 해체하는 것을
상징하고, 이는 영화에서 봉구와 은주의 데이트로 형상화되어 있
는 것이다.

(ㄴ) 음향미학과 영상미학　　무용극과 영화 모두 음악을 사용하지만,
그 역할과 기능은 장르적 차이를 보인다. 무용극에서 음악은 플롯
을 형성하지만, 영화에서 음악은 흔히 배경으로만 작동한다. 그러
므로 무용극의 음악과 영화의 사건전개나 스토리텔링을 비교해 보
아야 한다. 예컨대 영화 속에서 봉구가 자살을 시도하는 꿈을 꾸
는 것과 은주가 자살하는 장면은 모두 푸른 빛의 '영상미'로 처리
됨으로써 불행한 입시지옥의 삶과 그것을 해체하는 죽음을 호환하
는 설정이다. 이 영상미는 무용극에서는 제1장의 풍물 장단이 상
징하는 시험에 지겨워하는 학생들의 삶과 제3장의 음향적 배경인
고향의 봄이 ―고향이란 죽을 때 돌아가고픈 곳이라는 상징을 통

---

8 이 개념에 대한 자세한 설명으로는 Julia Kristeva, *Semiotikè: Recherches pour
une sémanalyse* (Seuil, 1969), 144쪽, 그리고 Peter von Zima, *Textsoziologie:
Eine kritische Einführung* (Metzler, 1980), 81~85쪽; 이를 인권문제에 적용한 이상
돈, *인권법* (법문사; 2005), 58~60쪽 참조.

해 - 상징하는 죽음을 호환시키는 설정과 매우 유사하다. 물론 이와 같은 장르를 가로지르는 비교는 다소 주관적이기 쉽다. 하지만 이런 장르적 차이의 비교하지 않고는 무용극과 영화의 실질적 유사성을 판단할 수 없다.[9]

Ⅲ. 무용극 저작자의 명예훼손 여부

1. 저작인격권침해에 의한 명예훼손의 요건

저작인격권침해죄(저작권법 제136조 제2항 제1호)는 "저작인격권 또는 실연자의 인격권을 침해하여 저작자 또는 실연자의 명예를 훼손한 자"를 처벌한다. 따라서 형법상 명예훼손죄를 적용하든 저작인격권침해죄를 적용하든 또는 민법상 불법행위(민법 제750조)를 적용하든 '명예의 훼손'은 공통된 요건이 된다.

이 명예훼손의 요건을 가장 정교하게 발전시킨 형법해석학에 의하면 명예훼손의 불법이 인정되기 위해서는 ① 공연히 ② 사람에 대한 ③ 사실을 적시하여 ④ 그 사람에 대한 사회적 평가(즉, 자신이 인격실현을 통해 한 개인이 갖게 된 가치)를 훼손시켜야 한다.

무용극 「행복은 성적순이 아니잖아요」의 저작자는 영화로 인해 자신의 무용극이 피고의 영화를 본뜨거나 도용한 것으로 오인받게 됨으로써 자신에 대한 사회적 평가가 훼손되었음을 주장한다. 영

---

9 이 사건에 대한 나의 개인적인 판단을 결론지을 수 없음을 고백한다. 이유는 무용극을 직접 보지 못했기 때문이다. 다만 이 글은 무용극과 영화의 실질적 유사성을 판단하는 판례의 구조적 문제점을 지적하는 것으로 이해되기를 바란다.

화 「행복은 성적순이 아니잖아요」의 제작과 상영은 명예훼손죄의 요건인 '공연성(公然性)'을 충족시킨다. 따라서 이 사건에서 핵심은 영화의 제작과 상영이 무용극의 저작자에 대한 '사실의 적시'에 해당하는가에 있게 된다.

2. 부작위에 의한 사실의 적시 여부

(1) 사실의 적시의 의미

영화의 제작자는 무용극의 저작자에 대한 사실을 적극적으로 적시한 바가 없다. 자신의 영화를 만들고 상영했을 뿐이다. 그러므로 부작위에 의한 사실의 적시가 검토되어야 한다. 여기서 부작위는 무용극이 영화를 본뜬 것이 아님을 표시하지 않은 것이 된다. 이 때 작위란 결국 영화에서 무용극의 존재와 제명 그리고 저작자를 명시하는 것을 가리킨다. 이런 작위를 할 의무는 형법에서는 "위험의 발생을 방지할 의무"(형법 제18조)라고 규정하며, 흔히 보증인 의무라고 부른다. 즉, 영화의 제작자에게 무용극의 저작자가 영화를 본뜬 것으로 사람들이 오인함으로써 그에 대한 사회적 평가가 훼손될 위험의 발생을 방지할 의무(위험발생방지의무)가 있을 때, 영화 제작자가 무용극의 존재와 제명 그리고 저작자를 명시하지 않은 부작위는 비로소 "사실을 적시"한 것이 된다.

(2) 보증인의무의 근거

그런 보증인의무는 무용극의 제명에 저작권을 인정하는 견해에 의한다면, 제명의 사용계약만으로도 인정할 수 있다. 그러나 판례처럼 제명에 저작권을 인정하지 않는다면, 영화 제작자의 보증인 의무는 신의성실이나 사회상규 또는 조리(條理)를 근거로 인정할 수밖에 없다.[10] 그러나 이런 조리에 의한 보증인의무의 인정은 불명확하기 때문에, 묵시적 계약이나 법령의 확장해석에 근거를 둘 수 있을 때에만 인정하는 것이 바람직하다.[11] 이 사안에서 무용극의 저작자와 100만 원에 제명사용계약을 맺었다면, 그 계약이 설령 판례의 입장처럼 저작권사용계약이 아닐지라도 영화가 같은 제명을 사용함으로써 무용극의 저작자에게 일어날 수 있는 사람들의 오해를 방지하여 저작자의 명예를 보호하는 기능(Schutzfunktion)을 인수했다고 볼 수 있다. 따라서 영화 제작자가 무용극의 존재와 제명 그리고 저작자를 영화에서 밝히지 않았다면, 그것은 "사실을 적시"하는 것에 해당한다.

(3) 부작위의 동가치성

하지만 이와 같은 부작위가 적극적인 작위, 예컨대 영화에서 제작자가 Y양의 자살사건을 계기로 입시교육의 문제점을 '최초로' 다루는 작품이라는 점을 자막에 적극적으로 삽입해 넣는 행위와 '동가치성'이 있는지는 의문이 남는다. 이러한 의문은 영화 제작자의 부작위를 명예훼손죄나 저작인격권침해죄로 처벌하기 어렵게 만들며, 단지 불법행위책임만을 귀속시키는 것이 적절하다는 판단에 이르게 한다.

---

10 대법원 1996. 9. 6. 선고, 95도2551 판결 참조.
11 이러한 입장으로 이상돈, *형법강의* (법문사, 2010), 242쪽.

3. 명예의 훼손 가능성

영화 제작자의 부작위가 무용극의 저작자에 대한 사실을 적시하는 행위가 된다고 하더라도, 그 행위가 실제로 무용극 저작자의 명예를 훼손하지 않을 수도 있다. 가령 무용극의 상연이 1987년이고, 영화가 1989년에 상영되었다는 역사적 사실을 아는 사람이라면 무용극의 저작자가 영화를 베꼈다는 오해는 절대로 하지 않을 것이기 때문이다. 그렇다면 민사상 손해의 발생이 없는 것이므로, 손해배상책임을 묻기는 어려워진다.

그러나 명예훼손죄로 처벌할 가능성은 여전히 남는다. 왜냐하면 형법상 명예훼손죄는 추상적 위험범 또는 구체적 위험범으로 해석되기 때문이다. 미디어를 통해 무용극과 영화의 상연시기를 조사해보지 않는 사람들에게서는 무용극 저작자의 명예가 훼손될 위험이 발생한다고 볼 수 있다. 하지만 자유형이 적정형벌이 될 정도의 불법의 실질을 갖고 있는 행위라고 평가하기 어렵다.

찾아보기